KB187737

프랑스 문헌학자 모리스 쿠랑이 본
한국의 역사와 문화

010
그들이 본 우리
Korean Heritage Books

프랑스 문헌학자 모리스 쿠랑이 본

한국의 역사와 문화

모리스 쿠랑 지음
파스칼 그러트 · 조은미 옮김

살림

발간사

'그들이 본 우리' ― 상호 교류와 소통을 위한 실측 작업

　우리는 개화기 이후 일방적으로 서구문화를 수용해왔습니다. 지금 세계는 문화의 일방적 흐름이 극복되고 다문화주의가 자리 잡는 등 세계화라는 다른 물결 속에 있습니다. 이제 우리가 주체적으로 우리의 문화를 타자에게 소개함에 있어 진정한 의미에서의 상호 소통을 통한 상호 이해가 필요함은 주지의 사실입니다. 그리고 타자와 소통하기 위한 첫걸음은 그들의 시선에 비친 자신의 모습에 대한 진지한 탐색입니다. 번역은 바로 상호 교류를 통해 자신의 정체성을 확보하기 위한 작업이며, 이는 당대의 문화공동체, 국가공동체 경영을 위해 중요한 과제 중의 하나입니다. 우리가 타자에게 한 걸음 다가가기 위해서는 타자와 우리의 거리를 정확히 인식하여 우리의 보폭을 조절해야 합니다. 그런 의미에서 서구가 바라보았던 우리

근대의 모습을 '번역'을 통해 되새기는 것은 서로의 거리감을 확인하면서 동시에 서로에게 다가가기 위한 과정입니다.

한국문학번역원이 발간해 온 〈그들이 본 우리〉 총서는 바로 교류와 소통의 집을 짓기 위한 실측 작업입니다. 이 총서에는 서양인이 우리를 인식하고 표현하기 시작한 16세기부터 20세기 중엽까지의 우리의 모습이 그들의 '렌즈'에 포착되어 기록되어 있습니다. 그들이 묘사한 우리의 모습을 지금 다시 읽는다는 것에는 이중의 의미가 있습니다. 우선 우리는 그들이 묘사한 우리의 근대화 과정을 통해 과거의 우리를 확인할 수 있습니다. 하지만 이 작업은 다른 면에서 지금의 우리가 과거의 우리를 바라보는 깨어 있는 시선에 대한 요청이기도 합니다. 지금의 우리와 지난 우리의 거리를 간파할 때, 우리가 서 있는 현재의 입지에 대한 자각이 생긴다고 할 수 있습니다. 이런 의미에서 이 총서는 시간상으로 과거와 현재, 공간상으로 이곳과 그곳의 자리를 이어주는 매개물입니다.

이 총서를 통해 소개되는 도서는 명지대-LG연암문고가 수집한 만여 점의 고서 및 문서, 사진 등에서 엄선되었습니다. 한국문학번역원은 2005년 전문가들로 도서선정위원회를 구성하고 많은 논의를 거쳐 상호 이해에 기여할 서양 고서들을 선별하였으며, 이제 소중한 자료들이 번역을 통해 일반인들에게 다가감으로써 우리의 문화와 학문의 지평을 넓혀줄 것으로 기대합니다. 한국문학번역원은 이 총서의 발간을 통해 정체성 확립과 세계화 구축을 동시에 이루고자 합니다. 우리 문학을 알리고 전파하는 일을 핵심으로 하는 한국문학번역원은 이제 외부의 시선을 포용함으로써 상호 이해와 소통이 현실적으로 가능하도록 더욱 노력하겠습니다.

끝으로 이 총서가 세상에 나오게 힘써주신 여러분들께 감사드립니다. 특히 명지학원 유영구 이사장님과 명지대-LG연암문고 관계자들, 도서 선정에 참여하신 명지대 정성화 교수님을 비롯한 여러 선생님들, 번역자 여러분들, 그리고 출간을 맡은 살림출판사에 감사드립니다.

2009년 5월
한국문학번역원장 김주연

옮긴이의 말

    이 책은 모리스 쿠랑의 한국 관련 논문 열한 편을 우리말로 옮긴 것이다. 중국어를 전공한 저자는 한자를 사용한 우리나라의 저술에 비교석 쉽게 접근할 수 있었고 그 결과 다양한 주제의 방대한 자료를 근간으로 훌륭한 논문을 집필하였다. 한반도에서 사용되었던 화폐제도, 문자 체계, 종교 의식은 물론 한국사의 시대 구분, 한일 관계가 일본 문화의 기원에 끼친 영향, 19세기 말 열강들의 각축장이던 조선의 모습 등을 주제로 한 한국 관련 저술 스물한 편 중 열한 편이 이 책에 실린 것이다.

다만 서양인이 동양의 자료를 바탕으로 동양에 관해 작성한 기록이다 보니 오류가 수반될 수밖에 없다. 하지만 짧은 기간을 체류한 외국인이 어떤 번역 안내자의 도움도 받지 않은 채 이루어낸 기념비적인 업적이라는 점을 고려할 때 차라리 그 오류는 적은 편이라고 하겠다. 특히 인명을 한자나 로마자로 표기하는 데에 오류가 눈에 띤다. 사실 문제의 표기는 쿠랑의 것일 수도 있지만 후대에 McCune-Reischauer식으로 변경하는 편집 과정에서 생긴 것일 수도 있다. 이 경우 명백한 오류는 정정하여 번역하였는데, 예를 들어 원문에 나온 'Kyŏngsun 敬聖王'을 '경순왕'으로 하였으며 역사적 사실의 오류 또한 바로 잡아 번역하였다. 조선의 '정조'를 가리키는 것으로 보이는 원문의 'Chŏngjong正宗' 등이 그 예이다. 또한 '숭인전' 등의 건립 연도와 관련해 모호한 부분은 옮긴이 주를 달았다.

원문의 내용을 옮긴이가 임의로 변경, 수정할 수 없으나, 앞선 예들의 경우 옮긴이 주를 일일이 달지 않았음을 밝힌다. 혹시 옮긴이가 발견하지 못한 오류가 남아있다면 독자들의 양해와 지적을 바란다.

1865년 파리에서 출생한 모리스 쿠랑은 1888년 파리의 동양어학교를 졸업한 후 통역관 실습생 자격으로 베이징 주재 프랑스 공사관에서 근무를 시작하였다. 1890년 5월 23일 통역서기관으로 서울로 전속된 후 1892년 3월 서울을 떠나기 전까지 21개월을 한국에 체류하였다. 1893년 일본에 부임하였다가 1896년 프랑스로 귀국해, 「중국 음악에 관한 역사적 조명–한국 음악과의 연관 지점과 함께」로 박사학위를 받은 후 리옹 대학 동양학 교수가 되었다. 1935년 세상을 뜨기 전까지 동양학 강의에 전념한 그는 '1567년부터 1644년까지의 조선' '1392, 새 왕조의 출범' 등 유럽에서 처음으로 한국사 강의를* 개설한 동양학자이다.

초대 주한 프랑스 공사였던 빅토르 콜랭 드 플랑시의 권유와 조선 교구장 뮈텔 주교의 도움으로 한국 연구를 시작한 쿠랑은 『조선직관역대총람』 등 모두 103편의 저술을 남겼고 이중 스물한 편이 한국 관련 저술이다. 가장 대표적인 것은 『한국서지韓國書誌』로** 3,821종에 달하는 한국의 제반 학술 분야의 자료를 소개한 방대한 규모의 서지이다. 쿠랑은 한국에서는 물론 유럽 여러 곳의 박물관과 도서관

---

* D. 부셰, 「한국학의 선구자 모리스 꾸랑(하)」, 『동방학지』 제52권, 1986, 118쪽.
** 원제는 『한국서지–한국문학총람』으로 전3권 및 증보판 1권으로 구성되어 있다. 처음에는 훌륭한 한국의 소개서라 할 수 있는 서론 부분만 번역되었다가 1994년 완역되었다.
정기수 옮김, 『조선서지학서론朝鮮書誌學序論 :서양인이 본 한국문화』, 탐구당, 1989.
이희재 옮김, 『한국서지韓國書誌』, 일조각, 1994.

을 돌면서 한국 관계 도서를 조사한 뒤 도쿄와 베이징 등에서 연구를 계속하여 출간하였다. 서양인으로서 그 많은 책을 찾아 해제를 달았다는 점도 놀랍지만 '수많은 상점, 세책가貰册家, 절의 창고를 뒤져 당시의 지식층에 의해 무시되고 따라서 사서司書나 서지학자들에 의해서도 무시되어 있던 수많은 도서 …… 불교 서적, 이단 서적, 그리고 특히 한글로 쓰인 민중문학을 찾아내어 해설을 덧붙였다는 점'에서 『한국서지韓國書誌』가 갖는 의의는 더욱 크다.* 물론 현존하는 최고의 금속활자 인쇄물인 『불조직지심체요절佛祖直指心體要節』의 존재를 세상에 알린 것도 『한국서지』이다.

19세기 말 20세기 초, 정치, 경제, 문화사적으로 중대한 변화를 겪던 구한말 한반도를 방문한 많은 외국인 선교사, 여행자, 외교관들은 새로운 세계로 들어서는 동방의 작은 나라에 대해 많은 기록을 남겼다. 그중에서도 쿠랑은 오로지 중국이나 일본의 자료에만 의존하지 않고 한국을 직접 관찰하고 한국의 문헌을 연구하였을 뿐만 아니라 서울과 지방의 주요 묘소, 유적 등을 답사하여 비명을 탁본하거나 해독하였다.

* D. 부세, 「한국학의 선구자 모리스 꾸랑 (상)」, 『동방학지』 51권, 1986년, 163쪽.

이렇듯 쿠랑은 학문적 접근으로 한국을 연구한 최초의 서양인이라 할 수 있다. 그러나 그의 업적에 대한 연구는 활발한 편이 아니었다. 쿠랑에게는 후속 연구자도 없었고 특히 오른쪽 손목의 부상으로 저술 활동을 계속하지 못한 탓도 클 것이다. 한국에서도 쿠랑에 관한 연구는 활발하지 못한 편이다. 우선 지금까지 쿠랑의 한국 관련 저술 중에서 번역된 것은 『한국서지』가 유일하다. 관련 연구서도 『한국서지』의 번역과 이에 대한 해설이 대부분이고 석사학위 논문은 두 편에 불과하며 열 편 남짓한 일반 논문도 대부분 『한국서지』에 관한 것이다.*

이런 상황에서 쿠랑의 연구 성과가 번역 출간되어 우리 역사 연구의 지평을 넓힐 수 있기를 기대해 본다. 다만 다양한 주제와 한국, 중국, 일본을 오가는 쿠랑의 지식과 인용을 따라가기에는 옮긴이의 역량이 충분하지 못했다. 충실한 번역을 위해 노력했지만 미흡한 점이 많을까 우려된다. 독자들의 질정을 바란다.

끝으로 원고를 감수하고 꼼꼼히 읽어 주신 많은 분들에게 고마운 마음을 전한다.

---

* 『서울의 추억:한/불 1886~1905』, 한불수교 120주년 기념 전시 심포지엄 논문집, 프랑스 국립극동연구원, 2006 참고.

차례

1. 한반도에서 사용된 화폐에 관한 역사적 소고

『동방학지Journal Asiatique』, 제9집, 제2권, 1893년, 9~10월, 270~289쪽

I

아래에 언급한 내용들은 한반도에서 사용된 화폐에 관한 역사적 배경을 연대순으로 소개한 것이다. 이 주해는 1770년 영조英祖가 내린 칙령에 따라 여러 관리들이 편집해 40권 100책으로 구성한 『문헌비고文獻備考』(제70책)를 인용한 것이다. 『문헌비고』에 인용된 마단림馬端臨의 『문헌통고文獻通考』에 따르면 고구려는 구리 자원이 있었지만 엽전을 주조하지 않았다. 중국에서 유입된 엽전은 귀한 물건으로 여겨 보관하거나 가끔 능에 묻었을 뿐 별다른 용도로 쓰이지

않았다.

한반도에서는 숭녕宗寧 시대(1102~1106)가 지나시아 사람들이 엽전을 주조하는 법을 배우게 되었다. 이 시기부터 세 종류의 엽전이 주조되었으며, 그 엽전 면에는 '해동통보海東通寶' '해동중보海東重寶' '삼한통보三韓通寶'라고 새겨져 있었다.

『문헌통고』에 언급된 이 정보가 반드시 정확한 것이 아님을 염두에 두어야 한다. 왜냐하면 숭녕 시대는 668년에 고구려가 멸망한 이후이며 마단림이 인용한 뒷부분은 고려 왕국(918~1392)에 해당하는 것이기 때문이다. 게다가 '삼한통보'란 네 글자를 감안할 때 이 엽전은 하나의 왕조가 통치하는 한반도 전 지역에서 유통되었던 것으로 해석되는데, 668년 이전에는 한반도가 하나의 왕국을 이룬 적이 없다.

II

『문헌비고』에는 고구려, 백제와 신라에서 사용된 화폐제도에 대해 아무런 언급도 없다. 상거래는 물물교환으로 이루어졌을 것으로 보이는데, 물물교환을 할 때에 흔히 사용되었던 식량은 쌀이었다.

이러한 풍습은 오늘날의 조선어에도 남아 있는데, 사람들은 장터에 쌀을 갖고 가서 그에 해당하는 물건을 구매했으며 쌀을 사러 가는 사람을 조선어로 쌀 파는 사람이라고 불렀다.

1114년에 재정기관인 삼사三司는 직물의 판매가를 조정할 때 해당 값을 쌀로 정하였는데, 엽전 대신에 곡물을 사용하던 이러한 관습은 오늘날까지 이어지고 있다. (왜냐하면) '조세租稅'라고 하는 지세, '대동大同'이라고 하는 부역賦役 그리고 군역軍役을 쌀 또는 곡물로 지불할 수 있기 때문이다.

한국¹에서 흔히 사용되는 삼베 또한 주요한 물물교환의 수단이었다. 방사량房士良이 공양왕恭讓王(재위 1389~1392)에게 올린 상소문에 따르면, 이러한 관습은 경주와 주변 지역에서 유래한 것으로 신라에서 전해진 풍습이라고 한다. 훗날 삼베는 특별 규제 품목으로 관리되었으며 이로써 확실한 화폐로서의 역할을 한다. 그러나 이와 동시에 일상 생활에서 사용할 목적으로 만들어진 보통 천은 몇 가지 세금을 지불하는 것으로 사용되었다. 예를 들어 '보병步兵'이라고 불렸던 군역을 대신해 내는 돈으로 직물-화폐가 폐지된 후에도 오랜 기간 이러한 지불 방식이 통용되었다. 오늘날에도 여러 세금을 직물로 지불

---

1 원문의 Corée를 문맥상 한반도, 고려, 조선, 대한제국 등으로 옮길 수 없는 경우 '한국'으로 하였다(옮긴이).

할 수 있는데, 그 길이는 경우에 따라 한 포에 35~40척ᵣ이다.

요즘도 흔히 볼 수 있는 이러한 방식의 물물교환은 한반도 유사 이래 지속적으로 행해져 온 유일한 거래 방식인 듯하다. 사실 『문헌비고』는 조선의 통설, 즉 예서체隷書體가 들어간 '조선통보朝鮮通寶'가 기자箕子(기원전 1122~기원전 1083)가 통치했던 고조선시대부터 사용되었다는 설을 부인하고 있다. 고조선시대에는 예서체가 만들어지지 않았을 뿐더러 고려시대에 작성된 어느 역사서에도 이 화폐가 언급되어 있지 않기 때문이다. 따라서 조선이라는 이름을 다시 쓰기로 한 지금의 왕조가 시작된 1392년부터 이 엽전이 사용되었으리라고 생각된다.

III

명신 윤관尹瓘의 제안으로, 성종成宗 때인 997년부터 쇠로 만든 엽전을 처음으로 사용하게 된다. 1002년 목종穆宗은 물물교환을 할 때 삼베의 사용을 금지하였으며, 술과 음식을 판매하는 가게에서는 엽전 이외에 어떠한 화폐도 사용하지 못하도록 했다. 다만 백성들은 수확한 농산물을 자유롭게 물물교환할 수 있었다. 이렇게 엽전의 사용을 진작하였음에도 새 철전鐵錢의 통용은 더디기만 했다. 1101년에 이르자 엽전 주조의 감독 관청이던 주전도감鑄錢都監은 숙종肅宗에게 청을 올리는데, 이에 따라 숙종은 사직에 나아가 선왕들에게 제를 올림으로써 백성들의 엽전 사용량이 나날이 증가하고 있으며 이것이 백성들에게 유익하다는 것을 알렸다. 같은 해 숙종은 일반적으로 활구라고 부르는 입이 넓은 은병銀瓶의 주조를 허락했다. 이 병은 귀중한 화폐로 사용하는 것이 목적이었으므로 순은 1'근斤, Livres'으로 만들어졌으며 관인이 찍혀 있었다. 여러 번에 걸쳐서 구리나 다른 혼합물을 섞지 말라는 조칙詔勅이 선포되었다. 1102년에는 1만 5000 관貫 혹은 1조吊(티아오 Tiaos)^{2}의 엽전이 주조되어 관리들에게 급여로 지급되었다. 이 엽전에는 '해동통보'가 새겨져 있었고, 1년 전처럼 사직에서 제를 올렸다. 화폐 사용을 장려하기 위해 거리마다 가게(교환소)를 두었으며, 1104년에는 모든 부府에 동일한 조치가 취해졌다.

그러나 이러한 화폐개혁은 반발을 일으켰다. 1105년에 일부 관리들은 즉위한 지 얼마 되지 않은 예종睿宗에게 백성들이 받아들이지 않는 이 불편한 새 화폐제도에 대한 상소를 올렸다. 그러나 왕은 이들의 의견을 무시했다. 엽전은 계속 주조되었고, 왕실통의원회인

---

2 1티아오吊는 엽전 1,000개에 해당한다. 관貫은 티아오를 뜻하고 한국 문서에서 티아오 대신에 사용된 한자이다.

'도평의사사都評議使司'가 왕에게 올린 상소문에는 '동국통보東國通寶' '동국중보東國重寶' '해동통보' '해동중보' 및 '심한중보三韓重寶'가 새겨진 엽전이 한국의 옛 화폐로 언급되어 있었다. 그러나 공민왕恭愍王 통치하의 간관諫官들의 심의를 통해 엽전 사용에 대해 백성들의 반발이 있었음을 확인할 수 있다. 17세기에 선비 유형원柳馨遠이 말했듯, 세금을 징수할 때에는 받지 않는 엽전을 유통시키려고 했기 때문에 백성들이 반발하는 것은 당연한 일이었다.

12세기와 13세기 초반에 삼베는 사용 금지령에도 불구하고 여전히 교환 화폐로 사용되었다. 삼베 사용 금지령은 그 효력을 서서히 상실하여 정유년丁酉年인 1357년(이는 공민왕에게 올린 간관들의 상소문에 나오는 연도이다)에는 직물에 도장을 찍어서 합법적인 사용권을 부여했다. 그리하여 관인이 찍혀 있지 않은 직물의 유통은 그만큼 엄격히 통제되었다.

이러한 조치 이후 은병은 백성과 정부가 선호하는 화폐가 되었다. 그리하여 1289년에 두 종류의 은병이 공식적으로 인정받게 되었는데, 하나는 직물 14포에 해당하였으며, 다른 하나는 직물 8~9포의 가치가 있었다. 1331년부터는 크기가 더 작은 병을 유통시켰는데, 다섯 가닥의 실로 짠 오종포五綜布라는 직물 15포의 가치가 있는 병이었다. 또한 오래된 병은 환수하도록 했다. 공민왕 때에는 간관의 심의에 따라 은 덩어리도 화폐로 사용했다는 것을 알 수가 있다. 은 덩어리의 사용으로 여러 문제가 발생하자 간관들은 1근 단위의 병 화폐제도로 돌아가는 것을 제안하는 한편, 무게에 따라 그 가치를 정한 '은전銀錢'이라고 불리는 은 엽전을 정부가 직접 주조할 것 또한 요청했다. 그 당시에 순은 1냥兩은 직물 8포의 가치가 있었다. 『문헌 비고』에 이 제안에 대한 결과가 언급되어 있지 않고 또 그 후에는 아무 언급이 없는 것으로 보아, 이 제안은 시행되지 않았을 것으로 추정된다.

또한 1287년 중국 원나라는 칙령을 공포하여 중국 화폐를 한반도에 유통시킬 것을 명했다. 지원보초至元寶鈔 1관은 중통보초中統寶鈔 화폐 5관의 가치가 있었다. 1390년에 한반도에서 사용이 허락된 명나라 엽전의 공식 가치는 삼베 5포당 엽전 1,000개에 상당했다.

IV

따라서 당시 화폐에 따른 혼란은 상당했다. 교역을 할 때 왕의 조칙을 따르거나 혹은 무시한 채 이중적으로, 쌀이나 관인이 찍혀 있는 직물, 관인이 없는 직물, 은병, 은 덩어리 그리고 다섯 종류의 한국산 엽전, 중국산 엽전, 두 종류의 중국 지폐가 모두 사용되었던 것이다. 고려 왕조의 마지막 왕인 공양왕은 이 상황을 우려하여 이 문제에 대해 상소를 받았다. 간관들은 사용하기가 불편하며 상하기 쉬운 직물-화폐를 비판했다. 사실상 화폐로 사용하는 직물은 조금씩 소홀히 만들어져 품질이 점차 떨어졌으며 매우 조잡해서 쓸 수 없기에 이르렀다. 따라서 이 제도를 포기해야 했다. 같은 시기에 방사량과 간관은 왕에게 뽕나무로 만든 '저화楮貨'라는 지폐를 사용하자는 내용의 상소를 올렸다. 이것은 원나라에서 유통되었던 보초寶鈔와 송나라의 회자會子를 모방한 것이었는데, 그들의 상소가 받아들여져 시행되었다. 그러나 1392년에 심덕부沈德符가 왕에게 상소를 올림으로써 왕은 위의 조치를 중단하였으며, 어명을 내려 지폐를 찍기 위해 마련했던 나무 판들을 태우도록 했다.

고려 이후에 새 왕조는 지폐 발행 계획을 다시 실행하고자 하였고, 1401년에 태종太宗은 영의정 하륜河崙에게 지폐 제조를 맡겼다. 태종은 이 화폐가 백성들 사이에 유통되도록 칙령을 내렸다. 1408년에는 대사헌大司憲 남재南在의 상소에 따라 왕은 은병의 사용을 금지했다. 16세기의 신흠申欽은 이 금지령에 대해 다음과 같이 설명하고 있다. "고려 말기에 조공물로 중국에 은을 보내기 시작했다. 그러나 은광을 채굴하는 비용을 감당할 수 없어 수많은 백성들이 굶어 죽게 되었다. 이에 왕은 중국의 허락을 받아 은 대신 농산물을 조공물로 보내도록 하였고, 은광을 폐쇄했다. 은광 채굴 작업은 함경도에 위치한 단천端川에서만 계속되었다. 은은 중국, 일본과 왕래가 잦아짐에 따라 1592년 이후에야 비로소 화폐로 사용되었다.[3‴]

『문헌비고』에 따르면 1446년에 유일하게 유통된 화폐는 면직물인 면포綿布[4]였다. 1포의 길이는 35척이었고 폭은 7촌寸이었다. 오승五升이라고 부르는 이러한 직물은 400개의 실로 만들어졌다. 그러나 이것은 같은 책에서 먼저 언급하고 있는 내용에 어긋난다. 뿐만 아니라 1469년에 공포된 법령인 『경국대전經國大典』과도 맞지 않는다. 『경국대전』에 따르면 당시에 유통되고 있던 화폐는 지폐와 마포였다. 규정에 맞는 직물인 '정포正布'는 일반 직물인 '상포常布' 2포에 해당하였으며, 상포는 지폐 20장에 해당하였고, 지폐 1장은 쌀 1승升의 가치가 있었다. 따라서 쌀은 물물교환을 할 때 공식적으로 사용되었던 것 같다.

1492년에 편찬된 『경국대전』의 1차 『속록續錄』[5]에는 두 종류의 지

---

3 한반도의 풍부한 귀금속이 이웃 나라들의 탐욕을 불러일으킬까 우려하여 1602년에 은광 채굴이 다시 금지되었다. 1651년 이후에야 금광, 은광, 동광의 채굴을 허락하는 조칙을 찾아볼 수 있다. 또 다른 조칙으로 은의 가치를 정하였는데, 은 1냥은 400개의 엽전에 해당했다. 이는 1679년부터는 1냥에 200개의 엽전, 1744년 1냥에 0.7도 은, 정은丁銀은 200개의 엽전이다.
4 한국에 면을 들여온 사람은 1364년에 원나라 조정에 파견된 문익점文益漸이다.
5 『대전전속록』(옮긴이).

폐가 나온다. 길이가 1척 6촌이고 폭이 1척 4촌인 '저주지楮注紙'는 문사가 찍힌 종이였고, 일반 종이라고 불리는 '저상지楮常紙'는 길이가 1척 1촌이고 폭이 1척이었다.

V

1593년 조정은 화폐 개혁에 관해 논의했다. 이때 삼정승 중에 두 명의 대신이 엽전 주조를 주장하였으나 우의정 유영경柳永慶을 필두로 하는 반대 의견이 우세했다. 40년 후인 1633년에는 호조판서 김기종金起宗의 의견에 따라 비축 곡물 및 자금을 관리하던 관청인 상평청常平廳에 상평통보常平通寶라는 네 글자를 새긴 엽전을 주조하라는 어명이 내려졌다. 그러나 이 화폐는 얼마 안 가서 폐지되었다.

이 시기에 개성開城의 유수留守로 재직하고 있던 김육金堉은 여러 차례 베이징北京에 파견되어 다녀온 후에 영의정이 되었다. 그는 화폐 문제에 대해 특별히 관심을 가졌으며 유통책의 시행에 노력했다. 1636년에 베이징에 다녀온 후 중국에서 각별히 관찰한 대로 엽전과 우마차의 사용이 백성들에게 얼마나 편한 것인지를 기록했다. 1644년에 귀국한 김육은 왕에게 용전用錢 허락을 요청하였으나 받아들여

지지 않았다. 또 1646년에 개성 유수로 재직하던 중에 용전 문제에 대해 왕에게 올린 상소문을 보면, 1583년부터 개성에서는 엽전이 유통되어 모든 거래에 사용되었고 주변 부府인 강화江華, 교동喬桐, 풍단豐端이나 연백延白에서도 마찬가지로 엽전이 유통되고 있다고 기록되어 있다. 김육이 관찰한 사실은 흥미롭기는 하나 정확한 것은 아니었다. 『문헌비고』에 따르면, 현 왕조의 시작부터 1583년까지 조선통보라는 네 글자가 새겨져 있는 엽전 주조에 관한 이야기는 사실상 가설로만 언급되어 있다(본 논문의 II장 참고). 따라서 개성에서 유통된 화폐는 조선통보, 고려시대의 엽전, 혹은 중국에서 유입된 엽전이었다. 그러나 필자는 어느 것이 사실인지 판단을 내릴 수 없다. 게다가 수도에서 20리도 채 안 되는 곳에서 조정이 모르게 용전했다는 것은 이상한 일이다. 김육은 새 화폐를 서쪽의 두 지방인 양서兩西 지방, 즉 황해도에 해당하는 해서海西와 평안도에 해당하는 관서關西에서 유통시킬 것을 제안했다. 김육은 칙령이나 조칙 없이 엽전을 주조하여 몇몇 부에서 유통시킨 후에 세금과 벌금을 징수할 때 엽전으로 받을 것임을 선포하면 문제가 없을 것이라고 주장하였으나, 왕은 이번에도 그의 주장을 무시해 버렸다.

1650년에 또다시 중국에 파견된 김육은 사행使行 경비를 절약하여 중국의 동전 15만 냥을 구입해 귀국했다. 귀경(1651) 도중에 의주義州

에서 효종孝宗이 삼베의 사용을 금지하고 '훈련도감訓鍊都監'을 시켜 엽전을 주조하게 했다는 소식을 들은 김육은 가지고 있던 중국 동전 15만 냥을 경유하는 각 부의 백성들에게 나눠 주었다. 같은 해 의정부에 들어가 지속적으로 화폐 유통책에 전념했다. 서북 지방과 경상도 도지사인 권우방權雨方의 선례를 상기시키며 엽전의 주조뿐만 아니라 만력萬曆, 천계天啓, 숭정崇禎 등의 통치 아래에 주조된 중국 동전을 싼 값에 구입해 한국에서 유통시키는 것도 제안했다.

그러나 5년 후인 1656년에 연성군延城君 이시방李時昉이 상소를 올린 결과 용전이 금지되었다. 이러한 용전의 중단은 22년 동안 지속되었으며, 화폐 유통이 중단된 것은 이것이 마지막이었다.

VI

1678년에 영의정 허적許積은 교역을 할 때 은이 점점 많이 사용되고 있다는 것을 알고, 국내에 은이 부족한 상황이므로 엽전을 다시 유통시키고자 했다. 이에 좌의정 권대운權大運이 송도松都(혹은 개성), 즉 개성 일대의 선례를 들어 허적의 주장을 뒷받침하였고 숙종이 이를 허락했다. 이로써 호조戶曹, 상평청, 진휼청賑恤廳, 정초청精抄廳, 사복시司僕寺, 어영청御營廳, 훈련도감에서 엽전을 주조하였고, 지방에서는 평안도와 전라도의 감병영監兵營에서 주조를 맡았다. 그러나 민간의 주조는 엄격히 통제되었다.

다음 해에 공포된 조칙문을 보면, 구리와 다른 금속이 부족하여 엽전 주조에 많은 어려움을 겪게 되었으며 이로써 엽전을 유통시킬 수 없음을 알리고 있다. 1680년에는 은을 엽전으로 바꿀 때 환율이 자유롭게 이루어지도록 했다. 1683년에는 엽전을 주조하는 과정에서 저질의 금속을 섞는 것을 금지했다. 그 후로는 다음과 같은 관청이나 지방 당국이 엽전을 주조하도록 한다는 승인 조칙만이 보이고 있다.

- 1685년 : 공조工曹
- 1691년 : 개성부開城府에 20군데를 초과하지 않은 제철소
- 1693년 : 상평청과 훈련도감 그리고 총융청摠戎廳
- 1695년 : 평안도, 경상도, 전라도 그리고 충청도, 황해도, 강원도의 경우는 진휼청
- 1724년 : 호조
- 1731년 : 삼남三南인 경상도, 전라도, 충청도
- 1742년 : 함경도에 해당하는 함흥

- 1750년 : 호조와 선혜청宣惠廳 그리고 삼군문三軍門
- 1757년 : 총융청

VII

엽전이 유통되면서 화폐량이 많아졌으며 대출도 용이하게 되었다. 1695년에는 백성들의 빈곤화를 방지하기 위해 최고 이자율을 낮추어야 했고, 영의정 최석정崔錫鼎의 제안에 따라 차입금의 경우 6개월간의 이자는 20퍼센트로 조정하였으며, 곡물을 차용할 경우 6개월간의 이자는 50퍼센트로 유지했다.

다른 한편 조정은 이웃나라 사람들의 탐욕을 자극할까 우려하여 1701년 부산에서 일본인과 무역할 때 엽전의 사용을 금했다. 또한 함경도의 이북 지역인 난전과 평안노의 7개 부인 의주, 깅세江界, 이산理山, 창성昌城, 삭주朔州, 위원渭原 그리고 벽동碧潼에서 용전을 금지하였다(『문헌비고』에서 인용된 1744년 『속대전續大典』).

『경국대전』의 증보판이라 할 수 있는 1744년의 『속대전』에는 16세기 초에 유통되고 있던 지폐를 상목면포常木綿布로 대체하였고 또 면포 대신 엽전을 사용하였다고 기록되어 있으나 지폐를 폐지한 연도는 나와 있지 않다. 경우에 따라 곡물이나 삼베 혹은 엽전으로 다양하게 지불했던 세금을 면포로는 낼 수 없었는데, 면포의 값은 1포당 2냥으로 정하였다(『문헌비고』에서 인용된 1744년 『속대전』).

위에서 언급했듯이 엽전에는 상평통보라는 글자가 새겨져 있었다. 엽전의 무게는 1냥의 2전 5분二錢五分이었다. 엽전은 100개가 1냥이었으며, 10냥은 '1조(티아오)' 혹은 '1관'이었다. 엽전은 놋쇠인 '유鍮', 구리인 '동銅', 백색 주석인 '납鑞'과 주석인 '석錫'의 합금으로 만들었다. 이 금속은 '정철精鐵'이라고 불렸으며, 엽전을 주조할 때 '연철鉛鐵'을 투입하는 것을 금지했다. 주조용 합금은 '흑골黑骨'과 '백골白骨'을 각각 17분分으로 만들었는데, 얼마 후 흑골 14분과 백골 12분으로 낮추었다. 『문헌비고』는 '흑골'과 '백골'이 정확히 무엇이었는지는 밝히고 있지 않다.

1770년부터 오늘날에 이르기까지 엽전의 역사에 대해 구전으로 다음과 같은 정보를 얻었다.

1881년 조정은 옛 엽전을 좀 더 큰 동전으로 교체하는데, 그 값은 엽전 다섯 개인 '당오當五'에 해당했다. 새 엽전은 서울과 경기도 그리고 현재까지 당오가 사용되는 강원과 충청의 일부 지역에서 유통되었으며, 나머지 지역에서는 한 번도 사용되지 않았다. 같은 시기에 엽전을 유통시켜 사용하는 데는 성공하지 못했지만, 에나멜을 칠한 엽전 모양의 은 화폐는 유통시켜 보기도 했다.

결국 1891년 12월에 조선 화폐(피아스트르)를 찍기로 하였는데, 그 가치는 엽전의 크기를 불문하고 100개의 엽전 다섯 묶음 수준으로 맞추었다. 지폐를 만들 계획도 세웠지만 그 결과는 알 길이 없다.

VIII

직물-화폐, 종(鍾), 곡물 등과 같이 사용하기 불편한 교역 통화 대신에 아무 저항 없이 엽전을 사용하게 될 때까지 700년이 걸렸다는 사실은 주목할 만하다. 이 긴 세월 동안 조정은 유통책의 제안과 심의, 시행 및 중지를 되풀이하였다. 엽전의 유통이 백성에게는 온갖 재앙의 원인이라고 판단한 대신들이 있었는가 하면, 그 후임자들은 용전을 하지 않아 백성들이 온갖 고초를 겪는다고 주상했다. 어떤 관리는 화폐가 빈민을 더 가난하게 만든다고 주장하였고, 또 다른 관리는 엽전을 사용하면 조선이 부강한 나라로 보여 이웃 나라의 침략을 유발할 수 있다고도 했다. 엽전을 주조하면 밭에서 일을 해야 하는 농민들을 은광 채굴로 몰게 되므로 기근을 초래하게 된다고 주장하는 이도 있었다. 게다가 조선에서 채굴이 안 되는 구리나 주석으로 엽전을 만들었기 때문에 엽전의 유통을 위험한 것으로 판단하는 이도 있었다. 이들은 유형원이 주장한 대로, 아무리 가난한 조선인이라도 놋쇠로 만든 그릇이나 잔, 숟가락 하나 정도는 갖고 있으며, 절이라면 놋쇠 혹은 청동으로 된 향로나 징, 종을 반드시 갖고 있다는 사실을 잊었던 것이다. 생각들이 이렇다 보니, 귀하고 부족한 구리를 외국에서 수입해야 했으므로 백성들은 구리로 만든 도구를 사용하는 것이 금지되었다. 또한 중국과 일본이 두려워 은광과 금광을 채굴하는 활동을 중단한 후에도, 이러한 금속은 국내에 존재하지 않으니 모든 백성에게 엽전 사용을 금해야 한다고 주장했다.

이 모든 반발과 논쟁은 서로 대립하다가 저절로 사라졌고, 어떠한 헌신도 마다하지 않은 김육과 누구보다 강력한 의지를 가졌던 숙종 덕분에 엽전 유통책은 결국 승리를 거두게 되었다.

이 기나긴 갈등이 경제적으로나 상업적으로 얼마나 심각한 불경기를 초래하였는지는 쉽게 짐작할 수 있다. 고려 말기에 은병과 은괴가 사용되었다는 것은 상업 활동이 비교적 활발하였음을 증명한다. 반면에 자리만 차지하면서 별 가치도 없는 엽전을 사용하는 것에 만족하는 것으로 미루어 볼 때, 지금의 상업 활동은 500년 전 수준에도 못 미친다는 결론을 내릴 수 있다. 끝없이 개혁을 번복한 것 또한 현재 상황과 무관하지 않을 것이다.

마지막으로, 200년 전부터 엽전을 사용해 왔고 위에서 언급한 대로 수차례의 화폐 개혁을 단행했던 조선이 오늘날 진정한 혁신을 단행할 준비가 되어 있는지 의심스럽다. 요즘 추진되는 새로운 계획안과 논의는 수백 년 동안 제기되어 왔던 상황이 궁색하게 반복되고 있는 것이라고 봐야 하지 않을까?

IX 부록

한국 엽전에 대한 설명

1번, 2번, 3번 그림

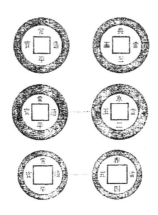

노란색 금속으로 매우 조잡하게 주조되어 있으며 엽전 표면이 돋
아 나와 있지 않다. 가운데와 가장자리 부분이 오톨도톨하며 두께가
고르지 않다. 원산지 서울.

4번, 5번 그림

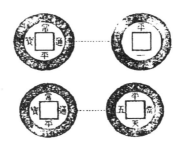

동일한 금속으로 엽전 표면이 돋아나와 있지 않다. 가운데와 가장
자리가 오톨도톨하며 두께가 고르지 않다. 원산지 평양.

6번 그림

동일한 금속으로, 엽전 표면이 비교적으로 돋아 나와 있다. 가장

자리 부분이 매끈하다. 원산지 부산.

　참고. 엽전의 뒷면 아래쪽에 새겨져 있는 숫자는 경우에 따라 수
의 배열이 다르다.

2. 한반도 역사의 주요 시대

「불문잡지佛文雜誌 Revue française du Japon」[6], 도쿄, 신선新選, 제1권(1895년 1월)부터

제17권(1896년 5월)까지

얼마 전까지만 해도 한국이라는 나라는 몇 명의 전문가를 제외하고는 서양 사람들에게 정확히 알려져 있지 않았다. 서양에서 보는 조선은 그저 아시아에서 가장 동쪽에 있는 반도 모양을 하고 있는 작은 나라에 불과했으며, 그 먼 나라에 대해 확실히 알고 있는 유일

---

6 일본의 근대법 성립에 크게 공헌한 보아소나드Boissonade가 창간하고 주재했다. 법정法政 대학 전신인 일불법률학교日佛法律學校의 기관지로 발간되었으며´ 같은 학교의 보아소나드 가 메이지明治 28년에 프랑스에 귀국한 다음에는 후임자인 미셸 르봉Michel Lebon이 지속적으로 간행 사업을 추진했다. 1892년 1월부터 12월까지 제1권에서 제12권(423쪽)을, 1893년 1월부터 12월까지 제13권에서 제24권(447쪽)을, 1894년 1월부터 12월까지 제25권에서 제36권(544쪽)을 발간했다. 신선은 1895년부터 1896년까지 이어졌는데, 1895년 1월부터 12월까지 제1권부터 제12권(576쪽)을, 1896년 1월부터 12월까지 제13권부터 제17권(196쪽)을 발행하였고, 최신선은1897년 7월부터 12월까지 이어지는데 제1권부터 제6권(203쪽)을 발행하다가 말았다(옮긴이).

한 내용은 그 나라에 대해 아는 것이 하나도 없다는 사실뿐이었다. 최근의 사태로 이곳에 유럽의 관심이 집중되었다. 한반도를 지킨다는 명분 때문인지 아니면 그러한 미명 아래서인지는 모르겠지만, 적어도 전략적인 목표가 된 한반도를 사이에 두고 크기가 전혀 다른 두 나라가, 이유는 달랐어도 그 중요성은 똑같이 컸던 두 나라(청국, 일본)가 큰 전쟁을 벌였다는 소식이 전해진 것이다. 서양 사람들은 전쟁지나 함락된 도시의 이름까지 들었지만, 이 전쟁의 일차적 대상인 민족에 대해서는 여전히 아는 바가 별로 없었다. 이 전쟁과 밀접한 관계에 놓인 600만~700만 명의 조선 사람들이 이 전쟁을 어떻게 보고 있으며 또 어떠한 영향을 받게 될 것인지를 이해하려면, 먼저 조선의 역사적 배경을 살펴보는 것이 좋을 듯하다. 과거의 역사는 때로 허무한 생각을 불러일으키지만, 판단력이 좋은 자에게는 적어도 현재를 이해하는 최선의 수단이 된다. 한반도의 역사를 담은 저서가 없기 때문에 한반도의 역사를 상세하게 서술하시는 않겠지만, 필자는 역사의 흐름에서 가장 중요한 사건들과 시대별로 큰 영향을 끼쳤던 경향을 서술하고자 한다. 따라서 현재 극동 아시아의 정치적 문제에 대해서는 단순하고도 좀 더 잘 알려진 요소에 국한하도록 하겠다. 필자의 연구 작업이 실질적인 효율성을 발휘해 시대를 재조명할 수 있으리라는 기대까지는 감히 못 하더라도, 미래를 예언하는 자들에게 복잡하게 뒤얽혀 있는 견해들을 밝혀내는 데에는 도움이 되기를 희망한다. 그리고 깊이 있게 다루지는 않겠지만 필자가 언급하게 될 인류학적, 언어학적 그리고 역사적 문제들이 동양학 전문가들의 호기심을 불러일으키기를 바란다.

그렇다고 해서 오늘날 이런 문제를 다룬 한반도의 자료가 부족한 것은 아니다. 일본과 유럽의 국립도서관에는 꽤 많은 자료가 보관되어 있다. 일본과 중국 역사가들이 자신들의 고대사 때문에라도 많은 정보를 제공하고 있는데, 특히 한반도의 고대사에 관한 다양한 정보가 있으니 참고로 하면 도움이 될 것으로 사료된다. 그러나 모든 자료의 내용은 조심스럽게 판단해야 하며, 극동 아시아에 대해 서술한 대다수의 유럽인처럼 고서든 최근 저서든 그리고 한반도에서 작성된 것이든 프랑스에서 작성된 것이든 간에, 그 내용이 설화 같고 정확하지 못하다는 사실을 간과해서는 안 된다. 우리가 철학이나 근대사에 접근할 때 상세하게 분석하는 것처럼 이 문서들 또한 그러한 각도로 보아야 할 것이다. 중국인과 조선인에 대해 이야기할 때도, 무척이나 엄숙하고 속을 알 수 없는 사람이 아니라 우리와 같은 사람이라는 사실도 잊어서는 안 된다. 이러한 원리를 토대로 영국에서 일본 역사에 대한 다양한 연구가 이어졌고 또 매우 훌륭한 성과가 나타났다. 극동 아시아의 다른 민족들에 관한 연구에서도 이러한 방식을 적용하면 마찬가지로 좋은 결과가 나타날 것이다. 특히 조선이 지금까지 어떠한 역할을 맡아 왔는지 파악하는 데 매우 유용할 것이다. 그리고 가능하다면 과거에 조선이 맡았던 역할을 인식함으로써 앞으로 조선이 극동 아시아의 문명에서 어떠한 역할을 맡게 될지 예상할 수 있을 것이다.

필자는 이 논문의 몇 페이지를 쓰는 동안 근거로 삼은 문서들을 비판할 생각도, 방법도 없다는 점을 꼭 밝혀 두고 싶다. 앞으로 언급할 사항들은 대부분 이해하기 쉽고 충분히 확인된 바로서 세밀한 토론을 요하지는 않으나, 이러한 일반적인 사실들마저 불분명하게 만드는 의문점들이 있다면 그것도 빠짐없이 지적하도록 하겠다.

I

조선에 처음 온 사람이라면 무엇보다도 조선인들의 다양한 생김새에 주목할 것이다. 어떤 이는 중국인을 닮았지만, 어떤 이는 체격이 더 크고 외모가 약간 떨어지는 몽골인을 닮았고, 키가 작고 몸짓이 빠르면서 능동적인 용모를 보여 일본인을 연상시키는 이도 있다. 마지막으로 대부분의 사람들은 토종 조선인의 독특한 생김새를 하고 있다. 다시 말하면 이들은 키가 크고 **빼어난** 근육질에다 길고 숱이 무성한 수염이 가슴까지 길게 **뻗어** 있으며, 분홍빛을 띤 얼굴색에 유럽인의 생김새와 가까운 얼굴형을 하고 있다. 민족적 단일성이 없다 해도 놀라운 일은 아니다. 사실상 한반도가 속한 극동 아시아 북쪽으로 수많은 민족들이 밀려들어 왔고 한반도는 동양과 유럽의 대부분을 지배하려는 대륙 침략의 출발점이 되었다. 한반도의 남쪽 끝은 쓰시마對馬島를 통해 일본과 근접해 있어 대륙의 약탈자나 해적이 종횡무진하는 것이 불가피한 일이었다.

역사가들은 태초부터 여러 민족들이 이곳에 공존했다는 사실을 확인했다. 북위 37도 지점에서부터 암석으로 이루어진 동해 해안 지역을 아주 가까운 산악 지대까지 거슬러 올라가 보니, 이 일대에는 이름은 다르나 근원은 같아 보이는 여러 부족들이 살고 있었다. 이 부족들의 이름은 예濊, 맥貊, 옥저沃沮, 그리고 나중에 정착하게 된 발해渤海의 물길이나 말갈靺鞨 등이었다. 이들은 북쪽으로 인접한 조소리강鳥蘇里江(우쑤리 강) 부근에 거주하였고 또 만주인滿洲人의 선조일지도 모르는 숙신肅愼(중국어로 수셴Sou chen 이라고 함)족과 숙신족의 서쪽에 살던 읍루挹婁(중국어로 일루 Yi Leou 라고 함)족, 그리고 후르카(눈강嫩江 혹은 넌장으로 해석됨)와 송화강松花江(쑹화강)이 관통하는 유역에 걸쳐 거주하던 부여扶餘족과도 별 차이가 없어 보인다. 압록강과 대동강 일대와 쑹화강과 랴오허遼河(리아오Liao)까지 만주와 인접하고 있는 한반도 지역은 선비鮮卑족이 지배했던 땅으로 보인다. 마지막으로 반도의 남쪽으로 대동강과 두 경사면으로 갈라지는 큰 산맥에서부터 황해와 대한해협에 이르는 땅은 진辰나라가 있던 지역이다.

한국의 역사가들은 위에 언급한 지역들을 대강 이 부족들의 영토로 풀이한다. 그러나 이러한 주장은 상세하게 재검토하는 것이 좋을 듯하다. 태초부터 이 부족들의 기원은 어떠했는가? 조상이 동일한가? 아니면 서로 다른 민족인가? 필자는 아직 이러한 질문들에 만족할 만한 해답을 못 찾았다. 이 문제를 풀 수 있는 요소들은 『서경書經』 『사기史記』 『전한서前漢書』 등과 같은 중국 고전에 언급되어 있으나, 그마저도 상세하게 기록하고 있지는 않다. 다만 필자가 단언할 수 있는 유일한 것은 한반도의 영토가 셋으로 나누어져 있었다는 것이다. 위에 언급한 바와 같이 그중 두 지역은 오늘날의 만주 지역에까지 이르고 있다. 따라서 가능성은 작으나 만약 이들의 기원이 동일하다 해도, 각 지역이 외부로부터 받은 영향과 이 세 부족의 차후의 발전상 그리고 이들이 처음으로 문서에 등장하는 시기에 이루고 있던 문명의 정도를 감안할 때, 각각 서로 다른 부족이었다고 볼 수 있다. 따라서 기원후 몇백 년 동안 한반도의 역사는 세 부족의 활동과 상호 관계, 그리고 한반도 전체에 대한 중국의 영향으로 이루어진다 하겠다.

중국에서 가장 멀리 떨어져 있는 동북 지역은 춥고 산악 및 밀림 지역으로 이루어져 있어 문명화는 거의 불가능한 일이었다. 중국의 영토 확장 시기에 중국인이 이곳에 설치한 점령지들은 오래 가지 못했다. 고구려를 다룰 때 필히 언급해야만 하는 부여는 거의 미지의 세계이며 반설화적인 나라이다. 이 지역의 현재 모습은 약 3,000년 전의 형세와 비슷한 것 같다. 기원전의 한漢나라 때처럼, 영고탑寧古塔의 만주인 부대와 함경북도의 도시 이외의 주변 지역은 경작하는 곳이 거의 없고 주로 사냥꾼이 거주하는 전원이다. 한반도 문명의 영향을 받은 지역은 남부뿐이며, 다시 말해서 함경남도와 강원의 해안 지역만이 한국 문명의 영향을 받았다. 7세기경부터 이들 지역에 미친 한반도 문명의 영향은 지금부터 약 3세기 전에 비로소 전국에 퍼졌다.

선비족의 땅은 서북부의 넓은 평야에 위치했고 그중 몇몇 평야는 매우 비옥했으며, 이 지역은 연燕나라와 관계를 맺었다. 연나라는 고대 중국의 여러 나라 중의 하나이며 베이징 지역에 위치했다. 중국인들은 황하黃河의 서북 지역, 즉 오늘날의 산시 성陝西省과 간쑤 성甘肅省에 훗날 전국을 통치할 진秦 왕국을 세웠다. 그들은 또한 일찍이 연나라를 향해 이동한 것으로 보인다. 이때 이동한 무리들은 부족의 우두머리들이었던 것 같다. 제사장 겸 전사인 족장들은 기근이나 패전으로 추방당했거나, 모험을 좋아해 고향을 떠났을 것이라고 생각된다. 이들은 출발할 때 자기 부족뿐만 아니라 사방에서 용감한 병사들을 모집해 오랑캐들이 거주하던 영토에 정착한 뒤, 자신들이 지닌 우월한 문명과 무력을 사용해서 그 지역의 오랑캐들을 굴복시켰을 것이다. 그러고 난 다음에 원주민들에게 사회 조직에 대한 기초적인 지식과 함께 정착 생활의 문화와 예술을 전달한 것으로 풀이된다.

이와 같은 방법으로 고대 그리스 전사의 우두머리들도 고향을 떠나 키레네 지역의 리비아인들이나 폰트 에욱신Pont Euxin 주변에 거주하던 스키타이 부족 사이에 토성을 세웠다. 이와 흡사한 방식으로 영국의 청교도들도 북미 해안 지역에 정착해 주를 세웠으며, 이러한 도시의 숫자가 인디언 부족들이 거주하던 곳에서 점차 늘어나 태평양까지 확장되었다.

한반도의 역사에 남아 있는 고대 중국의 이러한 족장 이름은 두 가지뿐이다. 그중 하나가 기자이다. 기자는 은股 황실 출신으로, 주周 왕조가 나라를 통치하게 되었을 때(기원전 1122) 한반도에 정착하러 내려왔다고 하는데, 그곳이 오늘날의 평양이다. 그로부터 훨씬 나중에 연나라의 모험가였던 위만衛滿이 기자의 후손들을 쫓아내고 그 자리에(기원전 194) 정착했다. 이렇게 건국된 국가는 조선朝鮮으로 불리었으며, 이 이름은 그 지역에 최초로 정착했던 선비과 연루된다. 우리는 중국학 전문가들이 그저 신화적인 인물로 해석한 기자가 한반도에 정착하게 된 역사적 배경을 연구하는 것이 좋을 듯하다. 그리고 위만 시대까지 중국인들이 한반도에 정착하게 된 상황을 추적하는 것도 좋을 것 같다. 그러나 이 연구를 하는 데 필요한 고서가 부족하다. 아마도 1,000년 동안 발발한 몇 차례의 제후 간 전쟁과 정변으로 인해 중국인들의 생존 조건이 너무 열악해진 결과, 조선에 정착한 동포 곁에 거주하기 위해 북동쪽으로 이동했을 것이라고 봐도 틀린 발상은 아닐 것이다.

중국에서 독립해 최초로 한반도에 만들어진 중국인 거주지는 새 질서의 길을 닦아 갔다. 중국은 한 왕조의 통치 아래 안정을 찾으면서 국경을 넓히려 했고, 한조의 군대가 현재의 광둥 성廣東省에 건국한 왕국을 굴복시킨 후(기원전 108)에 랴오허를 건너 처음으로 한국에 침입했다. 그렇게 되자 조선 왕국은 원주민에게 아무런 기억도 남기지 않은 채 사라졌다. 한국 사람들이 중국 고서에 언급된 이 왕국의 흔적을 찾아낸 것은 수 세기가 흐른 이후의 일이다. 당시 한군은 위만조선의 국경을 훨씬 넘어 침입하였고, 네 개의 행정 구역을 두었는데, 평양의 낙랑樂浪군, 강릉의 임둔臨屯군, 함경도의 현도

玄菟군, 그리고 지린 성의 진번眞番군이 그것이다. 이때 한국에서 영토를 구분하는 방식은 중국과는 달랐을 것이다. 한국의 영토는 군郡 단위로 구분되어 있었다. 그곳에서 군장郡長들은 조공물을 받고 오랑캐의 침략을 방어하며 중국 상인들을 보호하는 의무를 맡고 있었다. 쉽게 말해서 한사군漢四郡은 프랑스 정부가 아프리카에서 영토를 유지하는 것과 같은 방식을 따르고 있었다. 이 군들도 역시 오래 견디지 못했다. 그중에 낙랑군이 가장 견고했던 것 같다. 그 이유는 서해 연안이라는 아주 유리한 위치에 자리 잡고 있었기 때문이다. 오래전부터 중국의 영향이 미치고 있던 땅에 자리 잡은 낙랑군은 현지를 문명화시키는 역할을 했다. 그 주변 지역에서 일어나 낙랑군을 대신해 이 영토를 지배하게 된 토착 국가인 고구려는 낙랑군의 조직력을 이용했다. 좀 더 먼 곳에 떨어져 있던 나머지 세 군은 곧 사라졌기 때문에 흔적조차 남지 않았다. 그들 세 군이 사라진 뒤 주변 지역의 오랑캐들은 여전히 소식들이 부족한 상태였다. 위에 언급한 부여 왕국은 간접적으로 진번군의 영향을 받아서인지 건국에 성공하여 오래도록 남게 된다. 고서의 기록이 확실하다면 부여국은 기원후 494년에 역사에서 사라졌다. 한사군과 토착 국가들의 관계 그리고 부여국과 고구려의 관계는 밝히기가 매우 어려운데, 이 두 나라의 관계가 매우 변덕스러웠던 것으로 보이기 때문이다. 즉, 상황에 따라 타산적으로 복종을 하다가도 침략을 하거나, 때로는 아예 전쟁이 발발하기도 했다.

그런데 한사군의 지배는 어떻게 끝났을까? 분명히 한 왕조가 융성기를 지난 후 쇠락의 길을 걸었고, 또 토착 국가들이 형성되고 확장되었다. 그러나 한국의 고서 중에서 한사군의 멸망을 언급한 부분은 찾을 수 없었다. 당시 토착민이 보기에는 멸망이라는 사실 자체가 무의미했던 것으로 보인다. 한사군의 약화는 점진적으로 이루어졌던 것 같다. 그리고 결국 모래 속으로 사라져 간 강물처럼 그들의 영향력은 온데간데없이 사라져 버렸다. 그러나 이러한 인상을 받게 되는 데에는 한국 고서에서 한사군에 대한 정보를 얻기가 어렵다는 점 또한 원인 중 하나로 작용했을 것이다.

한반도의 남부에 있던 진나라는 기원전 3세기경까지 외국의 영향을 전혀 받지 않았다. 중국인들이 바다를 건너왔다는 이민설이 어느 정도 신빙성이 있다고 하더라도, 한국의 진辰과 중국의 진秦이라는 두 나라의 이름이 비슷한 것을 설명하고자 역사가들이 그런 설을 지어낸 것은 아닐까 하는 추측을 해 본다. 남부의 부족들은 조선 왕국에서 온 사람들을 받아들였을지도 모른다. 일부 저자에 따르면, 기자의 후손들은 기원전 194년에 조선에서 추방되어 서남부의 토착민을 176년 동안 통치했다고 한다. 또한 왕들의 명단도 완벽하게 작성되어 있다. 그러나 또 다른 저자들은 이러한 기록의 확실성을 의심하고 있다. 어찌 되었든 당시의 진족은 이름을 한韓으로 바꾸었다. 한족은 79개의 씨족으로 나누어져 있었고 그들의 우두머리는 서로 달랐다. 이들 중 서쪽에 위치한 54개의 씨족들은 마한馬韓 연방을 구성했다. 이들을 구성하고 있는 민족의 혈통은 덜 순수했다고 보이는데, 폐위를 당한 고조선 왕이 그들 사이에 정착하였던 것이다. 한편 동쪽에는 변진弁辰이라고도 불리는 변한弁韓이 산악 지대와 낙동강 사이에 위치했다. 낙동강의 좌안左岸에는 북쪽으로 산까지, 동쪽과 남쪽으로 바다까지 이르는 지역에 진한辰韓의 백성들이 살았다. 진한과 변한은 약간의 수정은 있으나, 종족의 이름을 유지했다. 진한족은 중국인이나 동북쪽 지역의 사냥꾼들과 아무런 공통점도 없었으며 정착 생활과 농경 활동을 하였다. 또 족내혼의 풍습이 있었는데, 이는 중국인들의 풍습과 매우 다르다. 이 족내혼이나 다른 여러 풍습의 특징 그리고 훗날에 신라에서 ㅗ 흔적을 볼 수 있는 언어 구성을 살펴보면, 진한은 오히려 기원전부터 관계를 맺고 있던 일본인들과 비슷했다. 진한은 한반도 내에 정착한 것에 대해 정확한 기억을 갖고 있지 않았던 것 같고, 진한의 한반도 유입에 대해 알 수 있는 것은 그저 이들이 바다를 건너왔다는 사실뿐이다. 토착민의 역사는 땅이 낳은 신화적인 두 인물과 강에서 태어난 세 번째 인물로 시작하고 있다. 마한은 이방인들의 피가 섞임에 따라 그때부터 진한과 다른 운명을 맞이하게 되었으며, 그 운명은 지속적으로 이어졌다.

이렇듯 한반도와 주변 북쪽 지역에는 기원전 1세기에 한사군이 자리를 잡고 있었다. 그들 중 하나는 중국과 가까웠고, 중국인들과 중국의 풍습이 서서히 유입되고 있었으므로 사실상 중국이나 마찬가지였다. 나머지 세 군都은 지구 위에서 알려져 있는 세상 끝, 오랑캐 부족들 사이에 자리 잡은 군사적 전초 기지였다. 이들 한사군 남쪽에는 한족들이 살고 있었다. 세 부류의 연맹체로 구성된 이들은 반┌문명화가 된 상태였다. 가장 서쪽에 위치했던 한족 연맹체는 그 당시에 이미 국가를 형성하고 있었으며, 북쪽에서 온 우두머리가 통치하고 있었다. 그 우두머리는 아마도 중국에서 온 사람으로 추측된다. 나머지 두 연맹체는 씨족의 조직성을 유지했다. 그들이 정착한 지역의 서쪽과 북쪽은 산으로 둘러싸여 있었기 때문에 외부 사람들과 피가 섞이는 일이 거의 없었으나 일본인들과는 관계를 맺었다. 중국이 한국의 서북 지역을 식민지로 삼았다는 것은 근래에 발견된 유일한 역사적 사실이다. 다른 지역에 대한 명확한 기록은 남아 있지 않다. 그러나 확실한 것은 오랑캐 부족들이 교양을 쌓게 되었고 체제를 갖추기 시작하였다는 점이다. 그때부터 본토에 독립 국가가 형성됨에 따라 수세기 동안은 중국의 영향력이 사라지고 일본과의 관계가 빈번해진다. 그리고 처음에는 별다른 영향을 미치지 못했던 중국의 문명이 점차 그 역할이 커지면서 급격한 양상을 띠게 된다.

II

기원전 1세기 중반에 부여의 왕자인 주몽朱蒙은 가까운 사람들 몇몇과 고향을 떠나 남쪽으로 향한다. 아마도 적대 관계와 가족 갈등 등이 원인인 것 같다. 주몽은 압록강 유역에 정착하고 주변 지역에 살던 여러 부족들을 복속시켜 고구려라는 이름의 국가를 세웠다. 이것이 기원전 37년의 일이었다고 한다. 그러나 주몽의 탄생과 탈출 및 새 왕국의 시초에 대한 이야기는 다양한 경로를 거쳐 전해져 왔고 기적적인 설화를 토대로 하고 있기 때문에 내탁적인 내용만 진해진다. 그로부터 약 20년 후(기원전 18)에 주몽의 두 아들인 비류沸流와 온조溫祚도 역시 아버지가 그랬듯이 고향을 떠났다. 그리고 비류는 미추홀彌鄒忽(제물포)에, 온조는 위례慰禮(직산稷山)에 정착했다. 얼마 안 있어 비류가 죽자 그의 신하들은 비류의 동생을 찾아가 합류했다. 온조는 자신이 건국한 왕국을 백제라고 불렀으며, 자신이 부여 출신이었으므로 자신의 성姓을 부여라 했다. 한편 고구려 왕들은 고高라는 성을 썼다. 이들은 떠나온 나라와 밀접한 관계를 유지하였고 그곳에서 조상들에게 제물을 바쳤다.

이리하여 송화강 유역을 떠난 부여의 부족들은 몇 년 사이에 위도 37도까지 한반도 서쪽으로 전진했다. 이 지역은 이민자가 많지 않았던 것으로 보이며 인구밀도가 낮았다. 옛 왕국의 영토에 거주하게 된 독립적인 부족들은 서로 원수지간이거나 동맹 관계에 있었다. 새로 정착하러 온 그들은 이 지역의 원래 거주자들 주변에 별다른 어려움을 겪지 않고 자리 잡은 듯하다. 이들은 얼기설기 엉켜 있는 듯 보이는 매우 좁은 계곡에 정착했다. 그리고 그곳에서 일부 부족을 쫓아내기도 하고, 동맹을 맺은 부족의 여인들과 혼인을 하였으며, 산길에는 울타리를 세우고 큰길에는 여러 개의 구렁을 파는 식으로 자신들이 선택한 숙영지를 통치했다. 그럼에도 이 나라의 형세는 여전히 불안했던 것 같다. 단지 짐승을 사냥하는 부족이 많아졌을 뿐이다. 적어도 처음의 상황은 그랬던 것으로 보인다. 그런데 초기의 고구려와 백제라는 왕국을 고려할 때 국國이라는 글자 때문에 그 두 나라의 형세를 과대평가하면 안 된다. 국 자의 의미는 아주 애매하며, 보통은 조직적인 국가를 말하는 단어임에도 때로는 표면적인 통일성밖에 없는 한 집단의 영토를 가리키는 데 사용되기도

하기 때문이다. 예컨대 역사학자들은 마한족, 진한족, 변한족과 한 반도에 기주한 다른 씨족을 다룰 때 국이라는 글자를 사용한다.

　부여인들은 어쩌면 더 호전적이고 생각보다 훈련이 더 잘 되어 있었을지도 모른다. 종족도 다르고 더구나 적대적이기도 한 토착민 사이에 낀 채, 안으로는 뭉치고 외부로는 적극적으로 나서야 할 필요성을 느낀 부여인들은 한국의 북부와 중부에 정착하면서 약소국인 토착민들 사이에서 빠르게 우위를 차지했다. 사실상 서부의 진족이나 마한족, 북부의 선비족은 족장을 중심으로 한 가장 원시적인 조직 체계에서 벗어나지 못하고 있었다. 한반도의 여러 왕국에 대해 말하자면, 마한국을 세운 우두머리들은 중국 계통이었으며 그들은 성벽을 쌓아 자신들의 거처를 보호하고 주위의 부족들을 통제했을 뿐이었다. 그리고 더 먼 곳에 거주하고 있던 씨족들, 특히 산악 지역의 씨족들은 낙후한 상태로 남아 있었다. 외부에서 온 이들도 토착민보다 문화가 더 발달한 것은 아니었으며 문명화 수준도 한결 낮았을 것이다. 그러나 이들은 정착한 영토에 나라를 세우면서 주변의 약소 국가들을 하나둘씩 모두 흡수해 버렸다. 조직의 수준이 다소 낮은 상태로 흩어져 살던 부족들이 역시 원시적인 다른 민족의 침략의 영향으로 하나의 왕국으로 통일되는 경우는 역사상 흔한 일이다. 이는 앵글로색슨 민족이 7두頭 정치를 행하려고 브르타뉴 지방에 왔을 때 이루어졌던 일과 흡사하지 않은가? 한반도에서는 영토를 차지하려는 대립이 있었고 토착민과 이주민 사이에 약탈이 일어났지만, 민족 간의 투쟁은 없었다. 왜냐하면 민족 간의 갈등으로 발전하기에는 이주민과 토착민의 문명화 수준이 모두 너무 낮았고 또 서로 너무 미개한 민족이었기 때문이다. 침략과 더불어 점차 동화 현상이 생겨났으므로 새로 건국된 이 왕국들은 곧바로 내적 통일성을 이룰 수 있었다. 예를 들어 고구려의 백성들 사이 또는 백제의 백성들 사이에 내부적인 갈등이 생긴 일은 결코 없었다.

한반도가 외부의 이주민들에게 영향을 받은 유일한 흔적은 침략자의 후손이라고 할 수 있는 귀족들의 존재이다. 다시 말해서 백제에는 여덟 개의 귀족 가문이 있었는데, 왕가도 그중 하나였다. 북부의 왕국에서도 마찬가지로 멸망할 때까지 씨족 혹은 부족이라 할 다섯 개의 귀족 가문이 있었는데, 그들은 시대에 따라 다른 성을 지니고 있었다. 왕가는 계루桂婁라는 씨족에 속하였으며, 한때 그들의 이름은 내부內部라 불리기도 했고 황부黃部라 불리기도 했다. 이 두 왕국에서는 중국에서 관리를 분류하는 것과 비슷한 방법으로 위에 언급한 귀족들에게 등급을 매겼다. 고구려의 건국과 비슷한 시기에 탄생한 이러한 분류법은 백제의 경우 260년에 행해지는데, 아마도 중국의 영향을 받은 것 같다. 그러나 극동 아시아에서의 위계

질서는 본능에 가까웠으므로 어떠한 영향을 받았는지를 따질 필요는 없다고 본다. 왕권은 거의 항상 맏아들이 이어받았는데, 아들이 없거나 설령 있다고 해도 너무 어린 경우에는 왕의 아우나 측근이 보위를 이어받을 때도 있었다. 가끔 주요 대신들이 새 왕을 선정하거나 즉위를 승인한 적도 있었다. 위에 언급한 두 국가의 중앙집권 체제는 주로 군부를 통해 형성되었고, 왕들은 위대한 전사였으며 능숙한 사냥꾼들이었다. 이 두 국가는 오랫동안 자주 도읍을 이전했고, 유목민의 습성이 남아 있었던 것으로 여겨진다. 조정의 조직 체계는 매우 단순했던 것 같다. 왕의 측근 중에 장교는 드물었고, 군현을 다스렸던 군수는 주로 군사적인 임무를 맡았다. 게다가 이 두 국가는 5도로 나누어져 있었는데, 이는 고대부터 중국이나 한반도 군대의 5대 조직을 모방한 것이다. 고구려는 각 도를 다섯 개의 씨족에게 맡긴 것으로 보인다.

  사실상 이 두 국가의 소식에 대해서는 막연하게 생각해 볼 수밖에 없다. 왜냐하면 상세한 행정 정보와 날짜가 기록되어 있는 경우가 드물기 때문이다. 행정 문건이 다루는 시대는 기록되어 있지 않지만 이 왕국들이 이어진 600년 동안에 많은 변화가 없었다는 사실은 받아들이기가 어렵고, 그나마 있던 정보마저 반 이상이 유실되었다. 이러한 정보들 중에서 중국에서 들여온 것은 여행자나 사신의 기술인데, 늘 불충분하거나 해석하기 어려울 때가 많다. 한편 가장 오래된 한국의 역사서인 『삼국사기三國史記』는 11세기 초에 편찬되었다. 고구려와 백제가 멸망한 지 400년이 지난 때이다. 한문에 능숙하고 옛 오랑캐들을 무시했던 당시 문인들로서는 국가가 편찬한 역사적 문서들 중에서 남아 있는 것을 해석하는 데에 많은 어려움이 있었을 것이다. 해당 기록들은 4세기 말에야 편찬되었는데, 이전 시대에 대해서는 백제의 경우 구전 자료를 토대로 하였고, 고구려의 경우에는 역사학자들이 훨씬 앞선 시대의 개인 회고록을 원전으로 여기고 있지만 이 시기에 글자가 자리 잡게 된 것 같다. 그리고 정식 역사 편찬은 600년대에 이르러서야 시작되었다. 두 왕국의 영토 팽창과 이웃 나라와의 관계에 대해서는 중국과 한국에서 그에 대해 저술한 책을 토대로 짐작하는 것이 더 쉬울 것이다. 왜냐하면 군사적 원정 활동은 즉각 사람들의 상상력을 자극하며 또 상세하게 기록되기 때문이다. 반면에 풍습의 변화는 서서히 이루어지며 자칫 간과되기 쉽다.

고구려에 비해 백제의 역사는 흥미가 덜하다. 말갈의 침입을 물리치는 투쟁과 주변 영토 그리고 동쪽의 신라, 중국의 점령지였던 북쪽의 낙랑군, 남쪽의 마한 등에 대한 약탈 이야기가 주를 이룬다. 마한은 얼마 지나지 않아 백제에 흡수되었으며 서기 9년에 멸망했다. 이로써 백제는 바다까지 이르는 한반도의 서남부 지역 전체로 팽창했고, 간혹 북쪽으로는 현재의 서울에 해당하는 지점을, 동쪽으로는 전라도의 경계를 넘었다. 제주도 탐라耽羅(켈펠트 섬Quelpaërt)는 오래된 독립국의 역사를 뒤로하고 이웃 육지 국가의 우월성을 인정하고(476) 조공물을 바쳤다. 그리고 그 대신 탐라 왕들은 백제에게 명예에 불과한 칭호를 받았다. 그러나 영토 분쟁은 늘 같은 식으로 재발했다. 백제가 중국이나 일본과 맺은 관계 그리고 당시 정치 구도에 미쳤던 백제의 독특한 역할은 4세기 후반에 이르러 드러나게 되었다.

한반도의 고구려는 백제와 마찬가지로 산악 지역과 동부 해안 지역에 거주하는 부족들의 위협을 받았을 것으로 보인다. 하지만 고구려는 백제에 비해서 이 부족들과의 관계가 아주 나쁘지는 않았던 것 같고, 필요한 경우에는 이들을 남쪽의 이웃 나라와 싸우도록 유도할 수도 있었던 듯하다. 고구려는 신라(245) 및 백제(369)와 늦게나마 관계를 맺었다. 이 두 나라와 관계를 맺으려는 노력들이 성과를 얻지 못했던 이유는 한반도의 한가운데에 있었던 낙랑군 때문이었다. 300여 년 동안 고구려는 한반도의 강대국이라 하기 힘들었다. 이는 고구려가 압록강 유역을 중심으로 자리 잡고 있었던 데다가, 초기에는 압록강 상류 지역만을 지배하고 있었기 때문이다. 『삼국사기』에 따르면 114년에 고구려 왕이 남쪽 바다까지 내려갔다고 되어 있는데, 한국의 지리를 살펴보면, 이 지역은 서한만이 된다. 기원전부터 고구려는 선비족을 부분적으로 복종시키고, 중국의 흥노匈奴(중국어의 발음은 흥누Hiong nou)와 맥족 그리고 부여와 전쟁하였으며, 부여의 중심 지역을 194년에 병합했다. 이때 아마도 일본해(동해)까지 침입했던 것 같다. 또 전한前漢 말기의 혼란을 기회로 삼아 왕망王莽 황제의 종주권을 거부하였으며(서기 12), 2년 후에는 그 위치를 정확하게 파악할 수 없으나 중국의 행정 구역인 고구려를 병합했다.[7] 그리고 37년에는 낙랑군을 장악하여, 낙랑의 백성들이 신라로 피신하기에 이르렀다. 하지만 후한後漢을 세운 광무제光武帝는 고구려의 공격을 가만히 두고 보지 않았으며, 전쟁을 통해 중국의 지배권을 다시 세웠다(서기 44). 그럼에도 49년에 모본왕慕本王은 현재 직례直隷의 북부 지역인 중국 행정 구역들을 침략했고, 태원太原(현 산시성山西省)을 위협했다. 모본왕의 뒤를 이어 즉위한 태조왕太祖王은 랴오허의 상류 지역 10여 곳에 요새를 세웠으며, 121년에는 숙신족에게 종주권을 인정받은 후 124년에 이르러서는 랴오둥 반도의 중국군을 공격했다. 이 시기의 고구려 영토는 서부로는 랴오허까지, 남으로는

---

7 고구려와 발음이 비슷한 지명으로 생각됨(옮긴이).

해안과 낙랑군까지 확장되었던 것 같다. 그리고 북쪽과 동쪽으로는 어디까지 영토를 넓혔는지 그다지 분명하지 않으나, 고구려의 영향권은 일본해, 우쑤리강과 송화강까지로 확대되었다. 중국은 랴오둥 반도(랴오양遼陽의 동쪽에 위치함)에 위치한 서안평西安平과 한반도에 낙랑군과 현도군을 유지했다. 현도군의 지리적 위치는 별로 중요하지 않았으며 11세기부터는 거의 언급되지 않는다. 중국은 평상시 조공물을 바쳤던 고구려와 좋은 관계를 유지했다. 이 조공은 예전에 지금의 태국을 말하는 샴과 버마[8]가 그랬듯이 공손함의 표시일 뿐이었다. 후한조 때 그토록 약화됐던 사대 관계는 후한조의 멸망과 함께 시작된 중국의 혼란이 6세기까지 이어지면서 더욱더 느슨해졌다. 이와 동일한 시기에 로마 제국이 그랬듯이, 중국도 북쪽 오랑캐들로부터 제국을 보호하기 위해 그들의 우두머리 몇몇에게 영지와 사령권을 하사하면서 국경을 지키는 임무를 맡겼다. 이러한 조치가 가져온 결과는 유럽보다 중국에서 더욱 빠르게 나타났다. 즉, 선비족과 흉노족과 당唐족은 영지나 사령권을 세습 등을 통해 장악했다. 또 중국 군수 몇몇은 이를 모방하여 부왕이나 왕의 자리를 얻어내거나 스스로 부여하기도 했으며, 아예 중국 황실의 성과 체면을 찬탈한

8 지금의 미얀마(옮긴이).

이들도 있었다. 따라서 낙랑군에 왕도 생기고, 랴오허 유역에서 황하 유역까지 이어지는 전체 영토에 석石과 탁파拓跋라는 성을 가진 선비족들이나 모용慕容 혹은 우문宇文이라는 성을 가진 흉노족들이 위魏, 조趙, 연燕, 진秦과 주周라는 이름의 독립 국가를 건국했으며, 유劉라는 중국 성을 가진 이들과 요姚 같은 당족도 있었다. 이들의 연대기는 중국의 왕조 실록에 속한다. 중국에 반하여 이 모든 오랑캐 국가들을 세운 것은 고구려와 비슷한 부족들이었지만, 이들 국가는 고구려만큼 왕성한 생명력을 지니지는 못했다. 이들은 고구려보다 훌륭한 조건을 갖고 있었지만 한족의 무정부적인 상황에 영향을 받았으며, 장기적으로 안정을 찾은 국가는 없었다. 그러나 이와 같이 갈라진 제국의 영향력은 여전하여, 북부 부족들은 중국의 문화를 받아들였다. 따라서 고구려는 이 왕국들과 때로는 분쟁 관계를, 때로는 우호 관계를 맺었다. 이러한 시기를 거치는 동안 고구려는 랴오허 쪽으로는 국경을 지킨 반면에, 고구려와 비슷한 조직을 갖고 있던 주변의 적대국들에게는 이전 시대 중국 군장들이나 흩어져 있던 부족들에게 했던 만큼의 영향력을 행사하지 못했다. 이로부터 얼마 후, 378년에 이르러 선비족과 친족 관계에 있던 거란契丹(중국어의 발음은 키탄Khi tan)족은 힘을 키우기 시작했고, 그로부터 6세기 후에 북중국을 지배하고 나섰다. 북부와 서부에서 부족간 이동과 전투를 통해 세워지거나 멸망한 왕국들은 고씨 왕들의 야심에 걸림돌이 되었고, 그 결과 고구려는 남부를 노리게 되었다. 이러한 방향 변화는 천도로 이어져, 고구려는 압록강의 우안右岸 유역으로 도읍을 옮겼다가 평양 주변의 대동강 유역에 자리를 잡게 된다. 고구려는 중국으로부터 독립한 한사군을 쉽게 장악했다. 한사군은 4세기에 멸망했으나 아직 그 확실한 연월일을 찾지는 못했다. 1세기 후인 413년에 멸망 직전의 진晉나라가 본국의 위력을 다시 확고히 하고자 낙랑군에 대한 종주권을 주장했다. 진의 이러한 노력은 장수왕長壽王을 낙랑공으로 봉한 것과 중국의 선조들이 2~3세대 전부터 이미 소유하고 있던 영토를 고구려에 봉토로 인정해 주는 것에 그쳤다. 그러자 고구려 왕들 사이에는 한군漢郡에 대한 공작이라는 작위와 함께 요동공(435), 북 직례에 위치한 영주榮州와 평주平州의 대군처럼 작위를 가지는 것이 유행했다. 비슷한 시기에 백제의 군주는 왕王과 함께 동쪽 영토의 대군을 의미하는 신동鎭東과 같은 벼슬을 받게 되었고, 중국 황제들은 백제의 후손들에게 이러한 작위들을 지속적으로 하사했다. 이와 같이 한반도의 서남부 왕국은 372년부터 중국에 조공물을 바치기 시작했다.

이러한 발전에 힘입어 고구려는 50여 년 전부터 신라와 접경했던 것처럼 4세기 초에는 백제와 마주 보고 국경을 접하게 되었다. 고구려는 이 두 나라보다 영토가 넓고 호전적이어서 신라와 백제는 할 수 없이 종주권을 인정해야 했다. 고구려는 저항하는 두 나라와 전쟁을 벌여 여러 차례 승리를 거두면서 굴복시켰다. 기원전 100년경에 설치된 한사군의 멸망과 함께 한반도는 토착 부족이 세운 세 왕국의 지배에 놓이게 되었다. 그로부터 약 4세기 동안은 이들 사이에 승리와 패배를 거듭하는 기나긴 전쟁이 이어졌다. 4세기 말에 외국의 개입이 없었다면, 역사학자들은 세 나라 사이의 투쟁에 대해서 별로 관심을 기울이지 않았을 것이다. 외국의 개입에 대해서는 앞으로 언급할 것이다.

4세기 후반 한반도 문명에서 가장 중요한 두 가지 사건이 벌어졌다. 불교의 유입과 승려들이 한자를 보급한 것이 그것이다. 한조 이후 대부분의 중국 왕조는 인도의 종교에 호의적으로 응했다. 진晉과 진秦, 남북조南北朝의 북위北魏와 북주北周는 승려들과 번역사들을 지원했다. 372년에 고구려 왕에게 불화와 경전 및 승려를 보낸 사람은 진秦의 부견符堅 황제였다. 384년에 인도의 승려 마라난타摩羅難陀가 고구려와 백제 땅을 디딘 지 50여 년이 지난 후 불교는 신라에도 전해졌고 신자도 늘어났다. 불교 신자가 되려면 불보佛寶를 읽는 것이 불가피한 일이었기 때문에 한자를 알아야만 했다. 따라서 한자 공부는 불교 신자에게 도덕적인 의무가 되었다. 고구려 사람들은 아주 오래

전부터 한자를 알고 있었던 것 같다. 이웃 국가인 중국과 고구려가 맺었던 돈독한 관계 그리고 기원후 1세기경 이후 고구려 군주들의 이름이 『삼국사기』가 주장하는 바를 뒷받침하고 있다. 그러나 한자를 보급하는 데에는 불교 또한 크게 기여했으며, 4세기 후반에 이르자 왕릉에 한자가 새긴 비석을 세우게 되었다. 『삼국사기』에 따르면, 백제에서도 한자로 쓰인 기록이 비슷한 시기에 나타났다. 일찍이 극동 지역의 거주민은 사건의 흔적을 남길 필요성을 늘 느끼고 있었으나 다만 한자가 유입되기 전까지는 문자가 없어서 불가능했을 뿐이다. 또한 한반도 토착민의 것이든 외국인의 것이든 유물이나 문서에서 이 시기 이전에 글자 체계가 있었다는 흔적은 찾아볼 수 없다. 몇 가지 제목을 빼고는 『삼국사기』를 쓰는 데에 저자가 이용한 것 이외에 고구려나 백제에서 서적이 작성된 흔적은 전혀 남아 있지 않다. 하지만 『삼국사기』에도 인용된 책은 없다. 1888년경에 초기 고구려의 중심지(중국의 회인현懷仁縣)었던 압록강의 우안에서 비석이 발견되었는데, 이 비석[9]은 414년에 호태왕好太王의 능에 세워진 것으로, 호태왕은 『삼국사기』의 광개토왕廣開土王과 같은 인물이다. 이 비석에는 그 전에 벌어진 일들이 새겨져 있어 한국의 고대사를

---

9 본 비문의 탁본은 도쿄에 있는 우에노上野 박물관에 소장되어 있다.

증명하고 있다. 만주에 속하는 이 지역과 한국의 북쪽을 좀 더 상세히 탐사하면 이와 유사한 것을 또다시 발견할 수 있을지도 모른다. 백제나 신라의 영토에는 그 정도로 오래된 비석이 아직 발견되지 않았다.

어쨌든 한반도 서부 지역에서는 실질적인 역사가 4세기 후반에 시작된다. 이 시기에 한반도 서쪽의 두 국가에서 문명이 발달했다는 것을 보여 주는 몇 가지 제도들이 나타난다. 우선 태학太學의 설립과 승려들의 왕래를 들 수 있다. 373년에는 고구려 최초의 성문법[10]이 반포되었다. 그때까지 고구려와 백제는 오랫동안 낙랑군 때문에 서로 왕래가 없었으며, 민족의 뿌리도 서로 달랐고 언어도 달랐던 것 같다. 고구려와 백제의 왕가는 친족 관계가 있었으나 이를 전혀 중요하게 여기지 않았던 것 같다. 백제의 왕은 선조였던 고구려와 부여의 옛 왕들의 무덤에 제사를 지내지 않았으며, 백성들의 종교는 미신적인 숭배에 불과했다. 고구려와 백제는 신앙이나 신념에서 공통적인 것은 없었고, 싸울 때 외에는 거의 접촉한 적이 없었다. 승려들이 불교를 포교하면서 고구려와 백제 그리고 나중에 신라에까지 전달한 것은 무엇보다도 종교적인 신념이었고, 이와 함께 자신들도

---

10 율령격식律令格式을 말함(옮긴이).

모르는 사이에 유교 사상을 전파했다. 특히 한자를 전파함으로써 생각을 표현하는 방법과 이를 전달하는 수단, 다시 말해서 지적인 통일을 이룰 수 있는 훌륭한 도구를 가져다주었다. 민족과 사회가 서로 다르고 끝없이 전쟁을 거듭했음에도, 고대의 수많은 부족의 후손들이 건국한 네 개의 왕국은 좁은 한반도 안에서 조금씩 서로 가까워지다가 마침내 통일된 국가를 이루었다.

III

부여에서 온 사람들이 건국한 두 왕국이 군사적으로 발전하여 영토를 확장하는 동안, 이러한 위협에 처해 있지 않은 한반도의 동남 지역은 아주 다른 양상으로 발전했다. 기원후 초기에 진한족과 변한족은 더욱 탄탄히 조직되어 100년 전부터 마한족들이 지향하던 중앙 정권의 움직임이 생겨났고, 이는 백제에까지 영향을 끼쳤다. 백제에서 가장 방어하기 쉬운 지역에 확실한 영지를 확보하고 있던 씨족들은 가까운 이웃을 향해 일종의 종주권과 보호 영역을 확장해 나갔다. 25개가 넘었던 초기의 부족들 대신에 점차 12개 정도의 작은 국가가 탄생했다. 역사학자들은 예전의 부족장보다 더 강력한 힘을 가진 이 작은 우두머리들을 왕이라고 부르게 되었다. 부족들의 옛 이름이 사라지고 그 대신에 사벌沙伐(오늘날의 상주尙州) 왕국, 감문甘文(오늘날의 개령開寧) 왕국, 골벌骨伐(오늘날의 창원昌原) 왕국, 신라 왕국과 가야伽倻 제국諸國 등 여러 국가가 그 자리에 나타났다. 이들 작은 왕국에 관해서는 몇몇 왕의 이름이나 왕국의 위치 혹은 멸망한 시기 이외에 다른 흔적은 거의 없다. 대부분의 경우에 왕국들이 어떻게 탄생했는지는 모르나 멸망했다는 사실은 역사에 기록되어 있고, 외부에서 온 사람들이 이 지역에 정착했다는 기록은 아무 데도 없다. 그러므로 결국 이 왕국들은 먼저 정착하고 있던 한족 부족들의 자리를 장악하고 세운 것이라고 보아야 할 것이다. 게다가 중국과 한국의 역사학자들도 이러한 혈통을 주목하고 있다. 뿐만 아니라 『삼국사기』에 따르면 가야와 신라 두 국가는 여러 부족이 연합하여 건국되었다. 따라서 이름만 알려진 다른 왕국들의 역사도 근본적으로는 그다지 다르지 않았으리라고 생각해도 무방할 듯하다. 가야와 신라가 더 잘 알려져 있는 이유는 당시의 상황 때문인데 이들 나라가 정복이나 족장 가문 사이의 혼인 혹은 부족 간의 자유로운 합의를 통해 주변 나라들을 흡수했기 때문이다. 결국 가야와 신라가 삼킨 이 작은 나라들은 거의 잊혀졌다. 그런데 초기의 신라는 차후의 운명을 예상할 수 있는 나라가 아니었고, 영토라고는 수도인 금성金城

(오늘날의 경주)과 인근 지역뿐이었다. 한편 가야 연방을 구성하고 있던 다섯 왕국은 낙동강 하류 산 쪽에 자리 잡고 있었는데, 이들이 하나로 통합된 적은 없는 것 같다. 이 왕국 중 가장 남쪽에 있는 가락駕洛국은 후에 금관金官(오늘날의 김해金海)이라 했으며, 일본은 이 국가를 미마나(임나任那)라 불렀다. 가락국은 한반도의 남부 지역에서 중요한 역할을 담당했는데, 2세기 초에는 남부의 모든 소국들을 지배했으며 신라도 예외는 아니었다. 이는 무엇보다 가락국의 수로왕首露王이 보여 준 정신적 영향력 때문이었다. 그러나 가락국은 532년에 자발적으로 신라에 복속되었다. 그러다 6세기 초가 되자 신라 법흥왕法興王은 가야 연방에 속한 다른 두 국가인 아시량阿尸良, 즉 아군가야阿郡加耶(오늘날의 함안咸安)와 대가야大伽倻(오늘날의 고령高靈) 왕국을 정복했다.

신라의 건국 설화는 고구려보다도 풍부하다. 첫 번째 왕인 혁거세赫居世는 신비한 알 속에서 나왔다고 하며, 현재 경주가 있는 이 지역을 지배한 6촌의 촌장들은 그가 10세가 되던 해에 왕으로 추대하였다고 한다. 혁거세는 계룡鷄龍의 딸을 왕비로 맞아들였는데, 이 둘의 덕이 높아 일본인과 낙랑군의 사람들은 신라를 공격하지 않았으며 변한족은 스스로 복종했다고 한다. 마한의 국왕은 새로 형성된 왕국과 진한의 조공 중지에 대해 다소 불만을 표하였으나 전쟁을 선포할

용기는 없었다. 신라의 혁거세는 60년 동안 통치하다가 죽었는데, 이 기간은 딱 육십갑자六十甲子에 해당한다. 이는 혁거세가 즉위한 연도(기원전 57)로 알려진 해가 간지의 첫해라는 점에서 볼 때, 다분히 중국 간지를 따르려고 만들어 낸 듯한 인상을 준다. 실제로 역사가들에 따르면, 처음으로 육십갑자를 응용한 것은 황제黃帝 61년(기원전 2637)이며, 그해가 육십 간지의 첫해였다고 한다. 이러한 사실에 사로잡힌 신라의 역사가들이 점성술에 의미가 있는 신라의 기원을 만들고자 했으리라는 해석은 별 무리가 없어 보인다. 따라서 신라는 기원전 1세기 말에 건국되었다고 보는 게 옳을지도 모른다. 한편 진한에 살던 부족들이 단결한 것은 백제가 한반도 서부에 자리 잡게 한 침략의 이차적인 결과였을 뿐이다.

이 시기를 다루고 있는 모든 설화에 대해서 몇 가지 염두에 두어야 할 사항이 있다. 첫째는 진한에 관한 마한국왕의 태도에서도 알 수 있는 진한의 우월적 위치 혹은 우월했다는 주장이다. 그다음으로는 차후에 언급할 일본과의 관계이다. 마지막으로는 신라의 국가 형성 과정, 다시 말해서 처음으로 공동의 우두머리를 세운 여섯 부족의 자발적 연합을 말한다. 고구려나 백제와는 상당히 다르게 형성된 신라는 씨족 사회가 연합하여 탄생한 고대 로마의 쿠리아를 연상시킨다. 우선 신라는 느리지만 지속적으로 영토를 확장해 갔다. 영토 확장은 어떤 경우에는 전쟁을 통해 또 어떤 경우에는 자유로운 합의 아래 주변의 작은 국가들을 흡수하면서 이루어졌다. 또 이들 국가는 반은 독립을 유지하면서 신라 왕의 친족이나 옛 우두머리 후손들의 영지로 남았다. 그리고 반란이나 분리주의자의 시도에 맞서 지배 왕국과의 연합을 힘으로라도 유지하려 했다. 게다가 끊임없이 시도한 동화 정책은 조금씩 성과를 이루면서 하나둘씩 주변의 소국들을 흡수해 신라에 편입시켰다. 이때 소국들은 어느 정도 자주적인 삶과 군사력을 누렸으며, 군사력은 물론 지배 국가를 위해 사용되는 것이 원칙이었다. 이러한 신라의 정책은 한반도의 다른 곳에서는 볼 수 없던 겨레의 동질성 혹은 서로 다른 부족들의 융합을 보여 준다. 또 한편 신Sin족의 후손들은 그 이웃이었던 선비족, 흉노족이나 숙신족과 달리 조직력이 뛰어났다. 한편 영토를 확장하면서 세력이 강해진 신라는 곧 북쪽에서 진한족과 연합하여 실직悉直(오늘날의 삼척三陟)을 빼앗는 등, 예족이나 맥족의 영토를 침범했다. 이 과정에서 때로는 침입한 맥족을 물리쳐야 했으며, 때로는 동맹을 맺기도 했다. 서기 1세기 후반부터는 가야 연방의 북부까지 영토를 확장하였고, 이로써 접경하게 된 백제와 투쟁을 벌이게 되었다. 후에 정벌하게 되는 가야 연방과는 몇 차례 전쟁이 있었지만 평상시에는 서로 좋은 관계를 유지했다. 좀 더 시간이 지난 3세기 중엽에 이르자 신라는 영토가 훨씬 넓고 문명 수준이 높으며 군사력이 강한 고구려와 관계를 맺었다. 신라는 고구려의 종주권을 인정할 수밖에 없었고, 종주국에 인질로 사람을 자주 보낸 사실이 확인되었다. 낙랑군과는 거의 관계가 없었다. 고구려가 낙랑성을 함락시킬 때(서기 37)에 신라는 피난민들을 받아들였다. 이때 이후로 낙랑군은 금성의 기록에 거의 언급되지 않는다.

신라에는 박씨朴氏, 석씨昔氏, 김씨金氏의 세 왕족이 있는데, 그 탄생은 모두 다 신화이다. 역사학자에 따르면 그 이름들이 탄생 설화와 연관이 있다고 한다. 그러면 예를 들어 김씨 왕족은 신라의 수도 금성과 관계가 있는 것으로 해석하고, 김씨 왕족의 수도를 금성이 아니라 김성이라고 읽어야 하는 것이 아닐까? 세 왕족은 내척內戚 관계를 고려하지 않은 채 자신들끼리만 혼인했는데, 이는 중국의 풍습을 받아들인 나라에서는 절대 불가능한 일이었다. 이 세 왕족의 여성들은 자국 출신이 아닌 남성과는 혼인할 수 없었다. 이러한 법이 기록에 언급되어 있음에도 가야국이나 일본 왕자와 혼인한 경우가 있었는데, 이것은 그들이 동족이라는 것을 뜻하는 것은 아닐까? 왕이 죽으면 박씨 왕족과 석씨 왕족 중에 가장 나이가 많은 우두머리가 즉위하였다. 두 왕족과 이미 인척 관계였던 김씨 왕족은 262년에 이르러서야 처음으로 백성의 요청에 따라 권좌에 올랐다. 그리고 김씨 왕족은 356년부터 박씨와 석씨 왕족을 밀어냈고, 이들은 김씨 왕족에게 딸을 시집 보내는 특혜를 얻었다. 김씨 왕족은 912년까지 왕정을 끊임없이 유지하였고, 신라는 이 왕실의 통치 아래 전성기를 맞았다. 그러다 같은 해 박씨 왕족이 다시 정권을 장악하여 15년 동안 왕정을 유지하게 되었고, 반면에 석씨 왕족은 오래 전부터 정권과는 멀어져 있었다. 이러한 상황 속에서 가장 흥미로운 점은 이 모든 변화가 오로지 선왕이나 백성들의 선택에 따라 비폭력적으로 이루어졌다는 것이다. 여성도 왕위를 계승할 수 있었고, 이 왕조가 유지되는 동안 왕권 승계의 자격이 있는 세 여성이 왕위에 올랐다. 신라가 정식으로 왕의 칭호를 쓰기 전인 503년까지는 신라만의 칭호를 사용하였는데, 초기에 사용된 단어는 차차웅次次雄으로 이 말은 통치자(왕)가 혼령들에게 제를 올리는 제사장을 뜻한다. 417년부터 503년까지 사용된 마립간麻立干이라는 칭호에는 왕이 모든 신하 위에 있다는 것을 의미한다. 그 사이의 400년 동안 사용한 임금의 칭호로 이사금尼師今[11]이 있는데, 이러한 칭호는 연장자이면서 가장 슬기로운 사람이, 다시 말해서 연치年齒의 많음에 따라 왕위를 이은 데서 유래한다. 이를 통해 신라 사람들이 호칭에 대해 가진 생각을 엿볼 수

11 尼斯수의 오기인 듯(옮긴이).

있다. 세 왕족이 번갈아 가면서 왕위를 계승한 이 이상한 법은 신라의 건국신화 자체를 말해 준다. 태초에 여섯 개의 마을(6부) 촌장이 연방을 구성하여 하나로 합쳤을 때, 자신의 부족에서 연방의 임금을 추대할 권리를 아무도 포기하려 하지 않자, 연장자이며 가장 슬기로운 사람으로 왕위를 이어 가던 최초의 원칙을 유지하기로 했다. 유사有史 시대에 6부 중 석씨 왕족이 단절된 것과 같은 이유로, 이름도 남아 있지 않은 대부분 씨족들의 가계가 단절된 듯하다. 6부와 그들의 씨족이 신라의 유력한 호족이었다는 사실에서 6부의 상당한 영향력을 알 수 있으며, 이를 통해 그들이 받는 특혜가 많았다는 것을 알 수 있다. 왕조의 초기부터 6세기 초까지 신라 영토는 여러 개의 영지로 나뉘어 있었으며, 그것을 하사받은 것은 호족의 주요 대군들이었다. 대군들은 영지를 반독립적으로 다스렸으며 왕위를 이을 군주도 그들 중에서 선택되었다. 또 왕족은 정복된 나라에 수장으로 파견되었으며, 그 지배권을 후손들에게 물려주었다. 당시 신라는 훨씬 이후에 쓰여진 역사 기록에 몇몇 특징이 설명되어 있는 초기 일본과 흡사한 면을 보이는데, 호족 출신의 대군들 가운데 한 명에게 최고권을 부여하는 반半부계적이며 반半봉건적인 연방을 이루었던 것 같다. 신라 왕실은 영토를 대규모로 확장하던 7세기에도, 더 이상 대를 이어 세워지는 수장으로서가 아닌 신라에 충성을 바치며 정복한 지역의 거주민들을 차차 동화시키는 귀족으로서 새 영토에 친족들을 파견했다. 원래 각 지방의 통치자, 장군이나 고문들은 지배권을 장악한 신라의 여러 씨족 가운데에서 선택되었다. 이후 거의 모든 관리들은 이 왕족의 후손들로서 급여를 받는 것이 아니라 영토와 마을을 하사받는 등의 많은 혜택을 누렸으며, 이를 왕실 정부의 간섭 없이 직접 관리했다. 이와 같은 제도는 7세기 말까지 이어졌으며, 여섯 부족의 영지는 줄곧 수도에 거점을 둔 관할 행정의 통치 아래 놓여 있었다. 가야와 백제에 접경한 서북부(사벌) 지역은 2세기 중엽부터 장군의 통치 아래에 두고 상주上州라 불렀다. 기록에는 서기 90년부터 군주에게 전국 상황을 보고하는 임무를 맡은 특사가 언급되어 있다. 일찍이 관리들은 각각 특별한 명칭이 붙어 있는 17등급으로 나뉘었으며, 1등급부터 5등급까지는 왕족만이 임명될 수 있었다.

부족으로 나뉘어 있다가 가무상석 소식으로 통합되면서 왕족과 백성 간에 접촉이 이루어지는 이점이 생겨났다. 백성들은 정착 생활과 농경 생활을 했다. 비록 원시적이나 산업도 존재했으며, 2세기에 내려졌던 사치 단속령을 감안할 때 부富가 있었다는 것도 알 수 있다. 또한 동쪽에 이웃한 적(일본인)들만큼 대담한 해양 민족은 아니었어도, 신라 군주들 중 두 왕이 일본 정복 계획을 세울 정도로 항해술을 파악하고 있었다. 그러나 일본 원정은 나라를 피폐하게 만들었다.

　한국은 381년 이전에는 중국과 관계를 맺지 못했고, 같은 해에 신라 왕은 진나라의 부견(符堅) 황제에게 조공물을 바쳤으나 그후 관계가 끊겼다. 5세기 중엽이 되어서야 고구려의 승려들이 신라에 정착하는 것을 볼 수 있다. 그들의 포교 활동은 금방 성과를 얻지는 못했으나, 528년부터 불교가 궁궐에 유입되어 왕도 개종했다. 이 두 시대 사이에는 불교와 무관하지 않은 큰 변화가 있었다. 백제에 대해 언급한 것과 유사한 이유로 신라에도 그때까지는 글자가 없었다. 신라 사람들은 평화롭고 정주적이어서 불교와 동시에 중국어와 한자를 공부하는 데에도 남다른 열정을 보였다. 그때부터 공식적인 벼슬들이 중국의 형식을 닮아 가기 시작했다. 503년에 신라의 군주는 옛 칭호를 버리고 중국 칭호인 왕(王)을 받아들이는 동시에 신라라는 국호의 한자 표기를 정했다. 이러한 변화들만 보아도 신라 사람들이 중국의 역사를 잘 알고 있었다는 것을 능히 헤아릴 수 있다. 불교와 중국어 학습과 함께 유교에 관한 서적들도 신라에 유입되었다. 신라 왕들은 이러한 서적을 통해 권력 유지에 유용한 사상을 찾고 받아들여 시행했다. 중앙 정권은 강화되고 대군과 신민 간의 거리는 멀어졌으며 왕국의 옛 시조에 대한 숭배를 확고히 했다. 514년부터 신라 왕들은 승하한 후 경칭을 얻게 되었으며 이와 관련한 법규가 공포되었다. 신라는 나라를 도道로 나누고, 군사권을 갖는 관찰사를 두었다. 이와 같이 행정 구역을 개혁하고, 군마다 해당 관리를 배치하여 지방을 더욱 확실히 통제했다. 또한 각 지방의 중심 지끼리나 각 도들 간에 그리고 도와 왕실의 수도王京의 관계를 원활히 유지하기 위해 이차적인 수도를 세웠는데, 그 수가 다섯이나 되었다. 신라는 더 과학적이고 강력한 지배권을 확립하였으며, 그로써 512년에는 아슬라주阿瑟羅州, 대가야국과 우산于山(혹은 다즈레 섬île Dagelet)국을 귀속시킬 수 있었다. 521년에는 양梁나라에 사신을 파견하여 조공물을 바치고 중국과 국교를 열었으며, 549년에는 양나라에 불경을 바쳤으며, 진陳나라에는 565년에 불교의 경론 1,700권 이상을 보냈다. 같은 해에 북제北齊는 신라 왕을 책봉하며 호를 주었고 낙랑군공樂浪郡公으로 삼았다. 신라가 중국을 모방한 사실은 연호年號를 사용한 것(536)과 『국사國史』를 편찬하고(545) 유학을 추진한 데에서 찾아볼 수 있다. 517년에 병무兵部를 설치하면서 시작된 중앙집권체제의 개혁은 지역 단위 부대가 만들어지고 군기軍旗, 연맹聯盟이 생겨나면서 계속되었다. 이와 같이 조직된 신라는 훨씬 더 광활한 영토를 가진 고구려와 국경을 맞대게 되었고, 고구려의 우월적 위치를 흔들 만한 힘을 키워 갔다. 또 한편으로는 해마다 백제의 영토를 조금씩 침범하고 더불어 532년에는 가야국을 완전히 정복하였으며,

이로써 한국 동남부 지역의 유일한 지배자가 되어 백제보다 넓은 영토를 차지하게 되었다. 이와 같이 신라는 한반도의 다른 두 왕국과 어깨를 나란히 하게 되었다.

기존의 작은 국가들을 점차 흡수하면서 후대의 학자들이 흔적조차 찾을 수 없을 정도로 그들을 역사의 어두운 저편으로 몰아낸 고구려와 백제 그리고 신라, 이 세 왕국이 한반도를 나누어 통치했다는 잘못된 생각을 하기 쉬운데, 사실상 이 세 나라는 대다수가 쇠약했던 경쟁자들 가운데 마지막까지 살아남은 국가일 뿐이다. 마침내 경쟁과 침략으로 점철된 마지막 시대가 열렸으니, 불교와 중국 문화를 통해 만반의 준비를 마친 신라가 한반도를 통일하기에 이르렀다. 그리고 이 마지막 난국에 외국 세력인 일본과 중국이 주요 역할을 맡게 된다. 필자는 중국의 지배력이 커지기 시작해 확장과 멸망에 이르는 과정과 한반도의 세 나라에서 점차 커져 간 중국 문명의 영향을 묘사한 바가 있다. 신라가 전성기를 맞이하게 되는 최후의 전쟁을 진술하기에 앞서, 꽤 오래전인 이 시기에 일본이 한국에서 맡았던 역할을 설명하고자 몇 마디를 덧붙이겠다.

IV

일본과 남부 한반도의 관계가 고대부터 존재했다는 것은 『삼국사기』에 뚜렷이 나와 있다. 이들의 관계에는 필자가 언급한 것처럼 백제와 신라 해안 지역을 그토록 자주 괴롭힌 일본의 해구海寇 행위만 있는 것이 아니었다. 기원전 신라의 대신大臣 중에는 한 명의 일본인이 있었고, 특히 석씨 왕족이 일본에서 왔다는 점을 주목해야 한다. 『삼국사기』에 따르면 마침 석씨 왕족의 시조는 초자연적인 방법을 통해 1,000리里 정도 떨어진 일본의 동북 지역에서 왔다고 한다. 그렇다면 원시시대의 한국인에게 일본은 어떤 나라였을까? 실제로 규슈九州 군도와 고구려의 동북부에서 1,000리(한국식 리)의 거리를 가늠해 보면 도쿄 주변이나 혼슈本州의 중부 지역에 이르게 된다. 따라서 석씨족이 일본 동부 요충지 출신이라고 추정할 수 있는데, 필자는 일본과 신라의 언어와 풍습 등이 유사함을 이미 간략히게 언급하였다. 일본의 역사 고서나 한국의 연대기에는 사신의 왕래, 열도 사람들의 한반도 침입 그리고 동맹 관계 등이 기록되어 있는데, 『삼국사기』에는 왜구라고 표현하는 반면에 일본에서는 그것을 조직적이고 정기적인 원정이라고 부른다. 한국 사람들이 선물을 보내면 일본 사람들은 조공물을 받았다고 하고, 신라 사람들과 동맹 관계를 맺을 경우에는 신라가 일본의 속방屬邦이 되었다고 한다. 같은 사실을 가지고 그토록 다르게 해석하는 이유는 한편으로는 극동의 언어 차이 때문이며 또 한편으로는 이 언어에 내포되어 있는 민족적 자부심에서 유래한다. 외국인을 절대로 동등하게 생각하지 않는 데다가 외국인이 우월하다고 여기는 경우는 상당히 드물며, 대부분의 경우에는 문명의 혜택을 받지 못한 미개인으로 본다. 외국에서 온 사람이 선물을 가져 오면 조공물을 바치러 왔다고 여기고, 선물을 안 가져 오면 반항하는 것으로 보며, 공격까지 하면 도적이나 해적이라 부른다. 이것이 바로 중국의 어법이다. 사실상 고대의 원정은 약탈에 가깝고, 선물이란 강력한 이웃 나라의 선의를 얻어서 전쟁의 가능성을 억제하기 위한 것이었다. 선물을 보내는 것은 대부분의 경우 국력의 열세를 고백하는 것과 마찬가지이다. 그렇다고 해서 선물을 받은 나라의 종주권을 승인했다는 뜻은 결코 아니다. 따라서 한반도를 통치했던 왕국들은 중국과 일본에 선물을 보냈고, 탐라 왕국도 백제와 신라 그리고 일본에 선물을 보냈다. 그러나 선물을 받은 나라는 늘 그것을 조공물이라고 여겼다. 처음에는 이런 조공물이 긴밀한 의존 관계의 상징은 아니었을 듯한데, 선물을 조공물로 여기며 받은 군주는 얼마가 지난 후에야 조공을 바친 나라가 다른 나라에도 그렇게 하는 것을 보며 심기를 불편해했다.

그런데 이러한 설명만으로는 한반도와 일본 열도 역사서의 차이를 이해할 수 없다. 예를 들어 일본은 200년에 신공황후$_{神功皇后}$(진구 황후)가 이끌었다고 하는 그 유명한 원정으로 한반도에 일본군이 주둔하게 되었고 신라, 미마나, 백제, 고구려가 일본의 종주권을 승인하여 수세기 동안 조공물을 보냈다고 한다. 그러나 한국에 대한 일본의 이런 모든 주장은 『삼국사기』에 전혀 언급되어 있지 않은 반면, 17년에 신라가 일본의 비미호$_{卑彌胡}$[12] 여왕과 맺은 동맹에 대해서는 자료가 남아 있다. 진고오 공주라는 이름으로 중국 고서에도 나타나는데, 비미호 여왕으로 밝혀졌다. 마침 198년 기근에 시달리던 일본인들이 신라에서 쌀을 얻어 간 점을 감안할 때 두 나라가 전쟁을 벌였다고 해석하기는 어렵다. 한편, 한국 역사가들이 자국의 자랑거리가 될 수는 없는 부분이므로 의도적으로 언급하지 않았다는 해석이 불가능한 이유는, 232년에 금성이 일본군에게 포위 공격을 받은 사실과 신라의 명사들이 패배힌 경우를 여러 번 기록하였기 때문이다. 백제와 관련해서는 이러한 해석 차이가 더 분명해진다. 백제 왕의 아들인 전지$_{腆支}$가 일본에 인질로 간 후 백제 왕이 죽자, 일본은 전지가 왕위를 계승하러 귀국하는 것을 허락했다. 일본과

---

12 呼의 오기(옮긴이).

한국의 고서에 모두 이 사실이 기록되어 있으나 일본 측에서는 왕자의 출발을 277년으로, 귀국을 285년으로 기록한 반면에 한국에서는 같은 일들을 397년과 405년으로 기록하고 있다. 따라서 정확히 육십 간지가 두 번이나 돌아간 120년이라는 시간의 차이가 나타난다. 일본 기록에 따르면 얼마 후 4세기 말에 전지와 흡사한 이름을 가진 백제의 왕자 한 명이 일본에 온 것으로 되어 있다. 이러한 중복 현상은 추가해서 써 넣는 과정에서 생긴 일로 보인다. 『삼국사기』가 언급한 397년이란 연도는 앞에서 언급한 고구려 비석을 통해 간접적으로 확인된다. 비문을 보면 391년에 왜인들이 한국의 남부를 복종시켰다는 내용이 들어있다. 따라서 이로부터 몇 년이 지난 후에 왕자가 인질로 갔다가 다시 자국으로 돌아온 사실이 그리 놀라운 일은 아닐 것이다.

결론적으로 397년은 한반도의 역사와 일본 역사의 기록이 처음으로 일치하는 연도이다. 한편, 일본의 옛 『서기』에는 앞뒤가 맞지 않는 내용들이 수없이 담겨 있어 좋은 평가를 받지 못하는 반면에, 한국 역사가들의 기록은 완벽하리만큼 자연스러워 보이고 1세기에 일어난 일들조차 내용이 서로 맞아떨어지는 것을 볼 수 있다. 『일본서기日本書紀』는 8세기에 작성된 것이 보존되어 있어 참고할 수 있지만 그보다 먼저 기록된 한국 역사는 11세기에 다시 손질한 보완본을 볼 수 있으며, 더구나 그 내용은 최근 압록강 우안 지역에서 발견된 비문을 통해 확증되었다. 삼국시대를 더 정확하게 파악하기 위해서는 한국과 일본 그리고 중국의 역사서를 서로 비교해 봐야 할 것이다.

해석이야 어떻든 간에 한반도 남부 해안 지역에 일본군이 자주 출몰했다는 것은 부인할 수 없는 기정 사실이고, 대륙 일에 간섭한 일본의 의도도 분명하다. 신라와 당연히 적대 관계에 있던 일본은 신라와 서쪽 국경을 맞대고 있던 미마나(가락)와 백제를 늘 보호했다. 일본에 인질로 갔다가 선조의 뒤를 이어 옥좌에 오르고자 귀국한 백제 왕자의 이야기는 대륙에 대한 일본의 정치 노선이 어떠한 것이었는지를 말해 준다. 일본은 한반도 서남부 지역의 국가들과 반드시 우호 관계를 맺어 이들에게 권력을 보장해 주었다. 거리 탓인지 모르겠으나 고구려와는 접촉이 빈번하지 않았으며, 두 나라 또한 관계에 그다지 큰 의미를 부여하지는 않은 것 같다. 그러니 고구려 사절들이 일본 조정을 여러 번 방문했으며, 졸본卒本[13]의 왕들은 4세기까지 일본이 쥐고 있던 남부 왕국들에 대한 종주권을 빼앗았다는 사실을 자랑으로 여겼다.

13 고구려의 첫 번째 수도.

신라와 일본의 적대 관계 그리고 일본과 한반도 서부 국가들의 동맹 관계는 7세기 삼국시대의 마지막 난국에서 다시 볼 수 있다.

중국은 백제와 고구려가 일본과 동맹 관계를 맺게 된 것과 유사한 이유로 그들과 원수가 될 수밖에 없었고, 따라서 신라에 의지해야 했다. 수세기에 걸친 내란의 소용돌이에서 비로소 중국 대륙을 건져 낸 수나라는 한 왕조의 초기에 그랬듯이 영토를 확장하려 했다. 지혜와 결단력으로 통치를 할 때 어김없이 발휘되는 역동성과 유연성 그리고 풍요로움으로 무장한 수나라는 다시 한 번 한반도를 정복하고자 했다. 지리적으로 더 가까운 곳에 있었던 고구려가 제일 먼저 침략을 받았다. 612년에 수나라 병사들이 랴오허를 건넜지만, 수의 황제인 양제煬帝의 노력에도 불구하고 612년과 614년의 고구려 원정은 끝내 성과를 거두지 못했다. 수의 멸망에 이어 당나라가 세워지면서 그 건국 초기의 어려움을 극복하는 동안, 한반도는 잠시나마 휴식기를 가질 수 있었다. 이때를 이용해 고구려와 백제는 동맹을 맺어 신라를 여러 차례에 걸쳐 침략했다. 특히 선덕여왕善德女王과 진덕여왕眞德女王 때(632~654)에 여러 차례 승리를 거두며 해마다 동쪽으로 영토를 확장해 나갔다. 이에 신라가 도움을 요청하자 중국은 동맹국에 압력을 가해 여러 번 휴전을 시켰다. 이후 당 태종太宗은 고구려 왕이 신하에게 암살당했다는 것을 핑계로 직접 군대를 이끌고 랴오허를 건넜다. 그리고 승리를 거두기 전에는 돌아오지 않겠다는 의지로 랴오허의 다리들을 끊어 버렸다. 당 태종은 신라의 도움에 힘입어 고구려에 커다란 패배(645)를 안겨 주었다. 육군을 지원하던 함대가 악천후로 어려움을 겪는 바람에 고구려 정복은 이루지 못했으나, 적어도 랴오둥 지방은 확실히 지배하게 되었다. 15년 후 당 태종의 아들 고종高宗은 신라를 돕고자 백제를 공격했다. 645년에 원정군을 이끌었던 이세적李世勣, 소정방蘇定方과 유인궤劉仁軌는 수많은 군사를 징병하여 바다를 건너갔다. 신라의 무열왕武烈王은 해로와 육로로 군사를 이끌었고 백제는 일본의 도움을 받으며 이에 치열하게 맞섰다. 그러나 의자왕義慈王과 효孝 태자는 북비北鄙성[14]의 긴 포위 공격 끝에 항복하였고(660), 88명의 고위 관리와 함께 중국에 포로로 가게 되었다. 중국에 도착한 이들에게는 벼슬과 생활 자금이 주어졌다. 한편 일본에 인질로 갔다가 일본인의 손으로 왕위에 오르게 된 왕족 풍의 지도 아래 전쟁은 계속되었다. 그러나 풍이 선사하사 그의 아들 충忠은 자신이 이끌던 한국 병사 및 일본 병사와 함께 항복할 수밖에 없었다(662). 그때 황제는 의자왕의 아들 융隆을 웅진 도독熊津都督과 대방帶方 군왕으로 봉하고 백제의 정복을 마무리하고자 백제

---

14 사비성으로 보임(옮긴이).

로 돌려보냈다. 융은 중국 장수 및 신라 왕과 함께 한반도 남부의
두 왕국 간에 동맹 관계와 영구적 우호 관계를 유지하겠다는 맹세를
해야 했다. 다음 해에 신라, 백제, 탐라, 일본 등 각 나라는 황정皇廷에
대신을 파견하여 이 약속을 재확인하고 태산泰山으로 가서 같은 맹세
를 되풀이해야 했다. 그러나 불안이 채 가시지 않은 신라 왕은 왕자
융이 고국인 백제에 머무는 것을 허락하지 않았다. 융의 손자인 경敬
은 대방 군왕의 직을 이어받았음에도 계속 중국에서 살 수밖에 없었
으며, 이로써 백제 왕실은 경과 함께 역사에서 영원히 자취를 감추
게 되었다. 이 과정에서 일본의 지원을 얻은 백제는 671년에 마지막
반란을 시도하다 완전히 진압되었다.

　마침 당나라와 신라의 군대는 백제를 거의 다 장악한 668년에
전쟁으로 쇠잔해진 고구려를 다시 공격했다. 이때 공훈을 세운 당나
라의 주요 장군들은 유인궤, 이세적, 설인귀薛仁貴 등이었다. 도성이
점령되고 왕은 자신의 아들들과 함께 항복했다. 이들은 왕족에 걸맞
은 대우를 받았다. 그 후 670년 고구려에서 부흥 운동이 시작되자,
마지막 왕의 외손자 안순安舜(안승安勝)이 반란을 제압하는 임무를 맡
게 되었다. 대부분의 반란군(고구려 부흥군)은 중국의 통치 아래서
벗어나고자 신라에 복종하는 것을 택했다. 안순은 랴오둥 도독 조선
군왕의 관직을 얻었으나 얼마 안 있어 말갈족과 비밀리에 내통한

혐의로 소환되었고, 고구려 왕실의 다른 후손 중 두 명이 차례로 그 직책을 대신하게 되었다. 기록상 마지막으로 언급된 고씨 왕족의 후손은 보덕왕報德王이라는 봉작을 받았다. 보덕왕의 영토는 683년에 신라에 점령되었다. 신라의 왕은 보덕왕의 성을 고씨에서 김씨로 바꾸고 관직과 영지를 하사했다. 이렇게 해서 고구려는 사라지고 말았다.

일본이 지원했던 국가가 다 멸망해 버린 이때도 일본이 여전히 한반도에 영향력을 행사했다는 증거가 있다. 바로 신라가 여러 해 동안 백제와 고구려 그리고 662년부터 신라에 복종한 탐라의 이름으로 일본에 사신과 선물을 보냈다는 점이다. 일본 조정은 이러한 형식적 표시에 만족하였고 694년까지 계속되었다. 신라는 이미 150년 전 가야를 병합했을 때(532)도 같은 노선를 취한 바가 있다. 이때도 일본은 한참이 지난 후에 사신을 보내는 것(571)으로 불편한 심기를 표현한 게 전부였다.

이번 전쟁으로 중국은 백제에서 76만 가구 그리고 고구려에서만 69만 가구, 총 145만 가구를 지배하게 되었다. 실제로 고구려의 경우에는 그것이 645년 전쟁 이후 남아 있는 가구 전부였다. 중국은 이 영토를 14개의 도독부都督府로 조직했고, 그중 일부는 이미 언급한 대로 옛 왕의 후손에게 맡겼다. 중국의 정복 전쟁을 열심히 도왔던 신라는 얻은 것이 별로 없어 불만을 표했다. 불만은 669년부터 극에 달해 673년에는 2년이 넘는 전쟁에 이를 정도가 되었으나, 결국 신라는 자기의 잘못을 인정하고 용서를 얻었다. 당 고종은 국사보다는 커다란 야망을 품고 있던 무황후武皇后에게 더 많은 열정을 보이고 있었다. 고종이 세상을 뜨자(684) 무황후는 연약한 후계자를 밀어내고 황실에 충성하는 자들에 맞서 권력을 강화하는 일과 불교 신앙에 몰두했다. 이때 신문왕神文王은 이러한 상황을 이용하여 황제의 뜻에 반하면서 자신의 아버지가 차지했던 영토를 확보했다. 그 후 중국 장수들이 쫓겨났는지 권력을 잃었는지는 알 수 없으며 그들에 대한 기록은 남아 있지 않다. 아무튼 685년에 신문왕은 한반도 남부 전체 지역은 물론이고 평양까지 장악하게 되었다. 즉, 현재 한반도의 3분의 2를 차지한 것이다. 신문왕은 왕국을 아홉 개의 주州로 나누었는데, 그중 세 주는 6세기의 신라에 또 세 주는 백제에, 마지막 세 주는 고구려의 땅에 해당했다. 이웃 나라로는 북쪽에 고구려 유민들이 세운 발해渤海와 거란이 있었다. 발해는 동해 그리고 숙신족과 부여의 옛 영토에까지 걸쳐 있었다.

이와 같이 한국은 드디어 본토 민족이 다스리는 하나의 나라를 이루게 되었다. 물론 이것은 당 태종과 당 고종이 원했던 결과는 아니었다. 그러나 한반도에서 중국의 세력이 또다시 제거되었다 해도 그 영향력은 중요했다. 또한 4세기부터 한반도에서 큰 역할을 하던 일본은 이제 여럿으로 나누어진 나라가 아닌 강력한 하나의 국가를 상대하게 되었다. 그 결과 일본은 수백 년 동안 대륙의 역사에서 밀려나게 되었다.

V

삼국의 통합으로 평온과 번영의 시대가 열리게 되었다. 한반도 북쪽의 발해는 오랑캐들을 견제하면서 대동강(浿江) 유역에서 신라의 야영 부대와 마주한 채, 금성에 있던 신라의 조정과 사절을 주고받았다. 당나라는 고조(高祖), 태종(太宗)과 고종(高宗) 때만큼 강력하지 못했다. 중국은 그렇게 돌아가고 있었고 그후로도 오랫동안 그러했지만, 이는 중국의 위대한 창건자들이 남긴 활기 덕분이었나. 중국은 이제 정벌의 의지를 보이지 않았고 신라 왕이 표하는 경의에 만족했다. 이에 따라 신라는 매년 한 번씩 조공을 보내고, 중국은 찬사나 축사 내지는 조사(弔辭)의 뜻을 전하려 신라에 사신을 파견하는 것이 양국 관계의 전부였다. 738년에는 산둥(山東)의 등주(登州)까지 침입한 발해와 말갈과의 전쟁에서 중국을 도왔으며, 819년에는 반란을 일으킨 세력을 진압하기 위해 3만 명의 병사들을 중국 황제에게 보냈다. 이렇게 서쪽 이웃과 관계가 좋았으며, 670년에 일본日本이라는 국호를 채택한 이웃 열도와의 관계도 평온했다. 한반도와 일본 열도 간에 거의 해마다 바다를 건너 사신들이 오갔다. 일본 왕정은 자신이 받은 선물을 계속해서 조공물이라고 불렀지만, 내용과 빈도에 대해 예전처럼 까다롭게 굴지는 않았다. 이와 동시에 신라 왕은 조금씩 더 많은 요구를 하면서, 742년과 753년의 경우에 확인된 바와 같이 일본 사신들이 왕실의 법도를 완벽하게 따르지 않으면 대접하지 않았다. 때로는 양국 왕정끼리 동맹을 이루기도 했으나 일본이 대륙 문제에 참여하는 일은 이제 불가능하게 되었다. 해적들의 출현 또한 뜸해졌다. 즉, 통합과 번영을 이룩한 신라에 스스로 자신을 방어할 힘이 생긴 것이다. 오히려 신라에서 온 해적들이 쓰시마와 규슈 해안에 나타나 끊임없이 극성을 부렸다. 반면에 일본은 이를 방어하고 원정 계획을 준비하면서 중앙 권력의 쇠퇴, 궐내 음모 등, 11세기의 대내란(939년에 일어난 다이라노 마사카도平將門의 히타치노구니常陸國 습격 사건) 이전까지 피비린내 나는 분쟁을 겪느라 바빴다.

이와 같이 평화가 유지되었던 250여 년 동안 한반도는 두 번 다시 오기 어려울 정도로 번성했다. 땅은 물이 풍부하여 논밭을 일구기에 용이했으며, 이미 오래전부터 오늘날과 비슷한 방식으로 벼농사를 짓기 시작했다. 오랜 동안 기근을 겪고 있던 일본은 신라나 백제의 원조를 받아야 했다. 한편 삼과 모시풀을 이용해 베를 짰고, 이 베와 곡물은 화폐로 사용되거나 식료품과 교환할 때 값을 매기는 기준으로 사용되었다. 진에서 철 공업 기술이 있었다는 것은 이미 고대의 일이다. 그로부터 얼마 후 한반도 사람들은 금, 은, 구리와 강철을 다루는 법을 배웠고 아주 가벼운 청동으로 화병을 비롯해 매우 세련된 디자인의 숟가락을 만들었다. 이러한 물건 중 일부가 꽤 오래된 시대의 고분에서 출토되었다. 한반도는 6세기 말부터 불상을 주조했다. 7세기에는 신라가 당 고종에게 금실로 짠 옷감을 보내기도 했다. 또한 여러 종류의 견직물이 생산되어 여성들과 왕비의 비단옷에도 수를 넣었고, 피혁도 다루었다. 669년에 신라가 중국에 자기 화병을 보냈다는 기록도 남아 있다.

중국이나 일본에 보낸 선물의 명부를 보면 당시 사람들이 무엇을 귀하게 여겼는지 알 수 있는데, 그 안에서 다음과 같은 물품들이 돋보인다. 금, 은, 금으로 된 보석, 무늬를 새겨 넣은 매사냥 쇠 방울, 인삼, 우황牛黃, 어아주魚牙紬와 조하주朝霞紬처럼 부드러운 흰색 옷감, 호랑이 가죽虎皮과 표범 가죽豹皮, 바다표범 가죽海豹皮, 개, 나귀, 낙타, 물소, 양, 공작, 앵무새, 조랑말 같은 기이한 동물들과 불상, 불경 등의 목록이 보인다. 일본은 한국에 수많은 예술과 제조 기술의 비법을 알려 달라고 요청했다. 그리하여 도기, 대장, 주조, 비단, 여직, 마구류, 기와, 술, 종이, 먹, 벼루, 그림, 토목, 사찰 건축, 상像 주조, 촛대, 향로 등의 불교 용품 그리고 조선造船, 음악, 무용, 의술醫, 역술易, 월력을 작성하는 점성술 분야에서 신라와 백제 최고의 전문가와 기능공들이 계속해서 일본으로 건너갔다. 일본에도 몇 가지 기술은 이미 있었을 것이다. 그러나 한국 장인의 우월한 기술이 제대로 자리를 잡게 되면서 일본은 수세기 동안 한국 장인들의 재주를 지속적으로 이용할 수 있었다. 이와 같이 해외에서 온 직공들이 도착한 날짜 목록은 한 페이지를 넘을 것이다. 일본의 입장에서는 이들이 온 것은 평화적 침입이었다. 수적으로 보았을 때 로마로 건너간 그리스인보다도, 16~17세기에 프랑스에 건너간 이탈리아 사람들의 수보다도 많았는데, 일본의 옛 민간 풍습에 이러한 흔적들이 남아 있다. 일본이 한국에서 수입한 물품 중 가장 큰 영향을 끼친 것은 위에서 언급하지 않았다. 5세기 초에 중국 서적을 가져오고 한자를 일본 조신들에게 가르친 스승들은 백제에서 온 사람들이었으며, 100년 후에 일본에 건너온 최초의 승려들도 한국에서 온 사람들이었다. 신라 왕국이 몰락하고 수세기가 지난 1460년에 아시카가 가문의 쇼군將軍이 한반도에 책, 구리로 된 종, 악기, 초롱, 안장, 비단, 삼베, 모시, 종이, 화문석花紋席[15] 등을 주문했다. 같은 가문의 또 다른 쇼군이 한반도에서 인쇄된 불교 경전을 얻어 갔고 이 불경은 오늘날 도쿄에 보관되어 있다. 16세기에 일본 인쇄술이 부흥할 수 있었던 것은 한반도에서 건너간 인쇄술 덕분이었고, 일본 자기가 당연히 인정받아 마땅한 가치를 지니게 된 것도 한반도 도공들의 힘이었다.

신라의 도읍에는 귀중한 목재로 지어 화려하게 장식한 사찰과 구리나 금으로 주조한 불상과 청동으로 만든 커다란 종이 있었으며, 이 중 일부는 아직도 남아 있다. 적어도 20여 개의 궁궐과 10여 개의 정원으로 구성된 왕정은 참으로 호화로웠다. 이 중 한 정원에는 눈길을 끄는 동물과 식물의 거의 모든 종류가 갖춰져 있었다. 679년에 조성된 이 정원을 보면, 당시 사람들이 이미 외부 세상에 대해 많은 호기심이 있었다는 것을 알 수 있다. 세자가 일상생활을 하는 데 필요한 물품과 관련해서 모든 상세한 사항을 담당하는 여덟 개의 관청이 있었고 왕과 관계되는 관청만 해도 60곳이 넘었다. 이러한 정보가 절대적인 것이 아니고 또한 극동 지역이 다른 어느 곳보다도 책에 기록된 내용과 현실 사이의 거리가 멀다는 점을 상기한다고 해도, 그토록 다양한 목록과 수많은 관계 부처를 둔 것으로

---

15 조선을 방문해 본 적이 있는 사람이라면 다 아는 돗자리에 대한 최초의 기록.

미루어 볼 때 적어도 이 정도 규모의 호사스러움에 대한 생각이 이미 형성되어 있었다는 것을 알 수 있다. 일상생활 속에서 세련미를 즐길 줄 알았고, 평민들에게 귀금속, 귀한 목재, 비단, 호랑이 모피의 사용을 금지한 것을 감안하면 이 세련된 삶이 일반 백성들에게 펴져 가고 있었다는 것을 알 수 있다. 최고 신분의 귀족 집은 폭 24척尺 이상을 넘을 수 없었고 평민의 경우에도 15척을 초과할 수 없었다. 중국산 기와, 일부 귀한 목재, 물고기 모양의 조각품은 왕의 전용이었다. 880년에 헌강왕憲康王은 도성 성벽 위에 올랐다가 사대문 안에 있는 대부분의 집들이 기와집이며 굴뚝으로 빠져 올라가는 연기의 색으로 미루어 보아 거의 다 숯을 사용하고 있다는 것을 알게 되었다. 오늘날에는 굳이 성벽에 올라가지 않아도 대다수가 초가집이며 서울 사람들은 장작으로 난방을 했음을 알 수 있다.

당시에는 공업이 번영했으며 상업은 왕의 보호를 받았다. 508년에 동시전東市典이 있었다는 기록이 있으며, 695년에는 서남양시전西南兩市典이 개설되었다. 역사 기록에 배를 만드는 사람과 일본이나 중국을 방문한 신라 사람들에 대한 기술이 있다는 것은 해상海商이 발전했다는 것을 의미한다. 필자는 장인, 상인, 농부들의 계층에 대해서는 아는 바가 없다. 노예나 농노일 수도 있고 아니면 폐쇄적인 동업조합(길드)에 속하거나 자유롭게 일했을 수도 있겠다. 지금까지도

이 문제에 관해서는 아무런 정보도 못찾았다. 그래도 신라사新羅史를 읽어 보민 노예에 대한 이야기가 거의 없다는 것을 볼 수 있다. 다만 역사가들은 신라가 몰락하게 된 사회적 혼란기에 많은 자유인들이 강력한 수장의 보호를 받기 위해 자진해서 노예로 팔려갔다는 사실을 기술하고 있다.

신라는 이러한 물질적 번영 외에도 정신적인 소양의 연마 또한 소홀히 하지 않았다. 아직도 궁에서 볼 수 있는 여러 종류의 무용과 다양한 악기가 신라에서 생겨났다. 사람들은 음악, 그림, 점성술, 역술, 의학, 법을 공부했고, 그로써 직책을 맡을 수 있었다. 그러나 신라인의 정신을 정복한 것은 불교와 중국 사상이었다. 왕과 귀족이 서로 경쟁하듯 사찰을 짓거나 기부금을 냈으며 아직까지도 남아 있는 사찰들이 있다.[16] 또 여러 차례에 걸쳐 살생을 법으로 금했다. 왕궁에 수많은 사람이 관장하는 법당이 있었고, 왕은 전국의 사찰을 방문하고 법경의 해석을 명하였으며, 성설과 녹피의 의식을 대규모로 올리도록 하고 거기에 참석했다. 851년에 중국 황정이 부처의 치아를 보내자 문성왕文聖王은 고위 관리와 승려를 이끌고 도성 밖까지 나가 맞이했다. 불법을 공부하러 중국으로 간 승려들도 있었고,

---

16 경상도 합천의 해인사海印寺가 그 예이다.

불법을 전하러 일본에 간 승려도 있었다. 일본인들 또한 불교를 더 배우려고 신라에 왔다. 승려들은 중국에 가는 사절단의 역할도 자주 담당하였으나, 오래된 귀족 계급의 특권 때문인지 국내와 궁내 문제에 나서는 일은 별로 없었던 듯하다. 불경은 필사나 인쇄를 통해 복사되었고, 이러한 복사본을 810년부터 중국 황제에게 보냈다. 왕들 중 일부는 죽음을 앞두고 옥좌에서 물러나 승려가 되었고, 대부분은 불교 의식에 따라 화장을 선택했다. 불교에 대한 백성의 열정은 지나칠 정도여서 온 가족이 출가하기도 했고, 신자들의 보시가 지역 전체를 빈곤하게 만들기도 했다. 그리하여 조정에서는 인구가 감소하여 일꾼의 수가 줄어들지 않을까 두려워할 정도였다. 결국 여러 차례에 걸쳐서 사찰의 신축이나 사찰 내에 금과 자수의 사용을 금하는 조치가 취해졌고, 승려가 되려면 특별 허가가 필요한 지경에 이르렀다.

한반도에 불교가 성공적으로 유입된 이유는 다른 극동 지역의 경우와 같다. 불교는 사람들이 최초의 미개 상태에서 벗어난 직후 인간의 운명에 대해 생각해 볼 때 해답을 주었고, 기존의 생각들을 흡수하고 백성들의 미신과 섞이기에 충분한 유연성을 지니고 있었기 때문이다. 승려들이 원했던 것은 아닐 터이나 불교와 함께 들여온 유교는 신라의 문화 수준에 맞지 않았다. 절대 권력을 옹호하고 제후들에 맞서 황제의 편을 드는 유교가 귀족 계급으로 형성된 신라의 체제에 잘 들어맞지 않았던 데다가, 엄격하고도 현실적인 유교의 도덕성은 한국인의 타고난 열정적 상상력과 거리가 멀었다. 유교는 불교의 기적, 환생설, 호사스러운 만신전萬神殿과 의식에 대적할 수가 없었다. 717년에는 김수충金守忠이 중국에서 공자와 그 제자들의 성화를 가져와 국학國學에 보관하고 이를 기리는 종교적인 예를 올렸다. 필자가 틀리지 않는다면 그것이 당시의 유교 숭배에 대한 유일한 언급이다.

중국의 엄밀한 사상은 문학, 역사와 통치 방식을 통해 한국인의 정신에 영향을 끼치기 시작했다. 신라 사람들은 성전을 읽으려고 한문을 배웠으나, 그들의 지적 호기심은 이러한 공부만으로는 충족되지 않았고 그리하여 문학을 열심히 공부하게 되었다. 위에 언급한 바와 같이 6세기 이후에 중국의 행정, 의식 그리고 문화가 신라에 유입되기 시작했다. 신라는 낭나라와 동맹을 맺고, 더욱 빈번한 관계를 가짐으로써 변화를 가속화할 수 있었다. 690년부터 신라의 청년들은 중국으로 유학을 떠났으며, 태학에 입학한 이들 중 몇몇은 중국 황실 정부의 행정을 관장하는 관리의 자리를 얻었다. 가장 유명한 경우가 최치원崔致遠으로, 그의 부친은 12살의 어린 아들을 중국에 보내면서 10년 안에 박사 학위를 따지 못하면 용서하지 않겠다고 엄명을 내렸다. 결국 최치원은 18세에 급제하여 880년과 888년 사이에 비교적 주요 직책을 맡고 나서 신라에 귀국해 큰 환대를 받았다. 지금까지도 일부 전해지는 그의 저술은 한국인이 붓으로 쓴 가장 오래된 한문 작품으로 유명하다. 비록 오래전부터 한반도에서 한자를 사용했고 여러 명의 중국 서기관을 고용하기는 했으나, 처음으로 한반도에서 중국 저자들의 표현을 빌려서 비교적 우수한 잡문집雜文集이 편찬되었다고 볼 수 있다.

고대 일본에서도 유사한 경우가 있었다. 아무튼 최치원 같은 청년 수백 명이 중국 유학길에 올랐다. 그 수를 정확하게 파악하는 것은 불가능한 일이지만 상당수에 이르렀을 것이라고 추측할 수는 있다. 예를 들어『삼국사기』에 따르면, 890년에 105명의 유학생이 귀국했다고 한다. 끊임없이 왕래를 거듭하면서 중국의 사상은 점차 신라에 스며들었다. 중국을 모방함으로써 718년에는 천문가天文家, 714년에는 통문박사通文博士, 692년에는 시의侍醫 그리고 한림학사翰林學士 등을 배출했다. 682년에 신문왕이 국학을 설립한 이후 742년에 경덕왕景德王은 그 교육 기능을 강화하였으며, 국학은 사서오경四書五經[17]과 주요 사상가와 역사가에 대한 교육을 실시했다.

17 『역서시易書詩』『주례예기周禮禮記』『춘추春秋』『효경孝經』『논어論語』와 『맹자孟子』.

7세기 말에는 한문 교육이 대단히 발전했다. 그때까지 한반도에서 국어는 글로 쓰어진 적이 없었으며 사서오경을 배울 때는 한역 없이 오직 스승의 설명만을 의지하며 직접 원전을 공부했다. 692년에 설총薛聰은 한국어의 경우에 일어와 마찬가지로 어미 변화와 동사 변화, 전치사와 접속사, 구두점과 경어 대신에 쓰는 접미사와 조사를 표기하기 위해 한자의 음音을 차용할 생각을 했다. 이러한 발상에 힘입어 한국어 고유의 문장을 쓸 수 있었던 것은 아니지만, 적어도 한국어 구조를 정확하게 표시할 수 있게 되었다. 한문에 한국어 조사를 덧붙이면서 문장들이 한국어의 틀 안에 들어가게 되었고, 학생들은 이제 구문론構文論 때문에 고민할 필요가 없었다. 설총이 만든 문자 덕분에 단어 간의 관계가 표시되어 학생들은 한자어의 뜻만 알면 해석을 할 수 있게 된 것이다. 이 표기 제도는 이문吏文이라는 이름으로 오늘날까지 통용되고 있는데, 중국 문화를 널리 보급하는 단초가 되었다. 따라서 한국인들은 유교의 성인聖人을 모시는 사당에 지금도 설총을 모시고 있다. 100년 후인 788년에 문학 연구의 중요성이 계속 확대되어 중국의 과거와 유사한 시험제도가 실시되었고, 799년부터 과거에 급제한 국학생들은 급료를 받게 되었다. 과거는 사서오경과 철학가와 역사가들을 다루었으며, 급제한 응시생들이 가진 지식의 해박한 정도에 따라 세 등급으로 나누어 직책을 맡겼다. 『삼국사기』에 따르면 그 이전까지만 해도 활 쏘기 대회로 관리를 뽑았다고 한다. 선발 원칙이 바뀌는 과정에서 신라는 중국의 방법을 정확하게 받아들였다. 이러한 민주적인 응시 제도가 어떠한 경로로 귀족 체제와 타협을 찾게 되었는지는 파악하기가 어려운 일이나, 확실한 것은 과거 제도를 통해 관리를 선출하는 것이 적어도 귀족들의 몰락과 멸망의 전조前兆가 되었다는 것이다.

당시의 작은 왕국 신라는 200~300년 동안 찬란한 문화를 꽃피웠다. 같은 시기의 일본에서 보았을 때 신라는 예술과 고상함의 땅이자 일종의 콜키스,[18] 르네상스의 이탈리아였다. 16세기까지, 즉 다이코사마太閤様가 한국에 군대를 보냈던 바로 그때도 이러한 생각은 일본인들의 뇌리에서 떠나지 않았을 것이며, 어쩌면 지금도 일본 국민의 의식 속에 잠들어 있는 것은 아닌지 모르겠다. 또한 2년 전 전쟁이 발발했을 당시에 이러한 생각이 어떤 영향을 끼친 것은 아니었는지 그 누가 알겠는가? 당나라의 한 황제는 신라가 슬기로운 사람들의 나라라고 말했으며, 소문에 따르면 신라에 대한 좋은 평판이 신라와 교역했던 아랍 상인들을 통해 아라비아에까지 알려졌다고 한다. 신라를 7세기와 10세기 사이의 유럽과 비교한다면, 확실히 후자

18 흑해 남동부의 해안 지방(옮긴이).

가 우세하다고 할 수 없을 것이다. 수많은 왕궁과 절, 청동과 금으로 만든 불상, 종, 고서古書, 옛 왕들의 능陵이 있는 왕국의 도읍 금성은 신라가 몰락한 후에도 오랫동안 한국의 성도聖都였다. 그러나 16세기 일본의 침략군은 전국에 불을 질러 당시의 기념물과 고서 중에 남은 것이 거의 없다. 신라에 이어 다른 왕국이 들어섰지만, 성향도 달랐고 신라의 지적 수준에 필적하지 못했다. 많은 공업도 사라졌고, 사방팔방으로 흩어진 이 위대한 문명의 유적을 겨우 모아 볼 수 있을 뿐이다.

신라 왕국은 내분 때문에 몰락했다. 초기에 한 요새를 둘러싸고 여러 부족이 연맹을 이루며 시작한 신라는 이웃 영토에 살던 같은 계통의 부족을 통합해 가면서 영토를 크게 확장하였다. 당시의 신라 왕국은 그다지 넓지는 않았어도 외부의 공격에 버틸 정도는 되었고, 자기 힘으로 살아 남았으며, 지속적인 내부 발전이 가능했다. 7세기 중반까지 신라는 옛 연방 전통에 충실하면서 단 한 명의 왕 및 왕가 출신 귀족층 그리고 통일 국가에 필요한 단일 군사 조직 등을 잘 조화시킬 수 있었다. 각 영지와 거의 모든 옛 부족들은 금성의 통합적인 통치 아래서 어느 정도의 자치권을 유지할 수 있었기 때문에 중앙 정권을 존중하였으며 지방에서 반란이 일어나는 일은 매우 드물었다. 따라서 왕권 이양이 평화적으로 이루어지지 않는 경우가 거의 없었다. 그러나 고구려와 백제를 통합하면서 국토 면적이 한꺼번에 세 배로 늘어났고, 수세기 동안 다른 정권 아래 살았던 사람들이 복속되었다.

한편 빈약한 자료나마 그것을 바탕으로 추측해 본 결과는 다음과 같다. 고구려와 백제는 왕과 그 측근들이 중국으로 끌려간 동안에도 군신들이 독립을 위해 치열하게 저항하고 싸웠다. 그러나 20여 년간의 억압 끝에 이런 노력이 아무런 소용이 없다는 것을 깨닫고 신라에 복종했다. 그들 중 일부는 북쪽으로 올라가 발해를 건국했으나 683년 이후로 그 이상의 반란은 언급된 바 없다. 귀족 계급이 감소하고 거의 사라짐에 따라 고구려와 백제에는 평민만 남게 되었다. 이들은 민족적인 갈등은 느끼지 않았고 국사나 나라의 독립에는 별로 관심이 없었기 때문에, 신라로서는 매우 유리한 상황이었다. 그러나 갑작스런 영토 확장은 과대한 일이었다. 새로운 영토에 세워진 다섯 개의 2차 수도에 거처를 옮긴 왕족 출신의 귀족들은 토착 주민들과 별 인척 관계가 없었고 지도자의 역할도 해 내지 못한 것 같다. 신라가 가깝게 있어서 쉽게 이루어진 이러한 식민지화는 토착민의 관습에 영향을 끼쳤을지는 모르나 지배자와 피지배자 사이에 있음직한 관계는 전혀 맺어지지 않았다. 그 이유는 한편으로는 행정이 중앙으로 집중되어 왕권이 더욱 강력해지고 절대화되면서 백성들과 거리를 두게 되었기 때문이다. 이러한 상황은 전쟁을 벌이고 영토를 확장하는 과정에서 불가피하게 발생한 일이었다. 또 한편으로는 중국의 사상에 영향을 받았기 때문이다. 즉, 조정을 조직하고 주요 관청을 설치하였으며, 9주 밑에 군郡·현縣을 두어 그 아래로 하급 행정 단위를 채택하였고, 관료 시험을 도입함으로써 661년부터 생긴 총관總管 같은 지방 관원 제도를 둔 것이 그 예이다. 또한 새로운 관료 선발 제도로 과거 귀족들과는 다른 관료 계급이 생겨났다. 한마디로 행정기구가 복잡해지고, 규칙적이며 공허한 요식이 넘쳐 흐르게 된 것이다. 왕과 귀족 및 백성들이 맺었던 친밀한 관계, 옛 신라의 힘이었던 이 관계가 해이해졌다. 새로 정복된 곳에서는 이러한 관계가 맺어지지도 않았다. 처음으로 통일 국가를 이룬 지 20세기나 된 중국도 민족 통합에 도달하지 못했는데, 신라가 2~3세기 만에 이와 흡사한 과제 앞에서 무릎을 꿇은 것은 그리 이상한 일도 아니다. 신라는 중국보다 지방의 다양성이 덜했고 군주에 대한 집착도 너크지 않았다. 중국처럼 군주가 강력한 권한을 손아귀에 쥐고 있는 한 백성들은 복종했다. 하지만 군주, 백성, 귀족이라는 세 요소의 관계가 느슨해지는 날에 왕권은 흔들리고 대중의 폭동 및 군란과 함께 국가가 사라지는 것이다. 신라는 필자가 앞에서 묘사한 훌륭한 문화의 불씨를 품고 있었고, 그런대로 지속되었던 주변국의 평화적 상태와 군주의 임무를 중시한 신문왕(재위 681~692), 성덕왕(재위 702~737), 경덕왕(재위 742~765), 원성왕(재위 785~798), 애장왕(재위 800~809) 같은 군주들의 뛰어난 통치에 힘입어 국가 와해의 시기가 늦추어진 것이다.

VI

그러던 신라는 헌덕왕憲德王(재위 809~826) 때부터 나락의 길을 걷기 시작했다. 헌덕왕은 조카를 죽이고 왕위에 올랐고, 이 살인은 여러 사람의 욕심과 보복을 불러일으켰다. 헌덕왕의 통치 기간에 웅천熊川(오늘날의 공주公州)의 주도독州都督 김헌창金憲昌의 반란이 일어났다(822). 부친이 왕위를 뺏긴 것에 원한을 품은 김헌창은 스스로 장안왕長安王이라 칭하고, 충청 및 전라와 경상도까지 장악했다. 장안왕은 1년이 못가 패하였으나, 825년에 그의 아들이 북한北漢(현재 서울이 위치한 곳의 북쪽)에서 반란을 일으켰다. 838년에 희강왕僖康王이 반란으로 인해 숨졌고, 그 뒤를 이어 즉위한 민애왕閔哀王은 839년에 살해되었다. 문성왕(재위 839~857)은 통치 기간의 대부분을 청해진대사淸

海鎮大使인 장궁복張弓福과 투쟁하느라 보냈다. 장보고는 일찍이 당나라에 건너가 활동하다가 828년에 신라로 돌아와 진라도의 남쪽에 위치한 완도莞島에 정착했다. 그곳에서 낭인을 고용하고 자주권을 얻었다고 여기어 모든 반란에 참여하였으며, 그 과정에서 왕위의 후보자들을 지지하여 즉위나 폐위를 시키면서 그들의 공격을 받기도 하고 때로는 공경도 받았다. 문성왕이 왕위에 오른 뒤에 그를 진해장군鎭海將軍으로 삼았으나, 그의 딸이 왕실의 후손이 아니라는 이유로 혼인을 거부했다. 846년 궁복은 정식으로 반란을 일으켰고, 이 반란 세력을 멸하는 데에 5년이라는 세월이 걸렸다(851).

이러한 소요들로 신라는 국력이 약화되었고 무질서가 이어졌다. 귀족들은 체통이 무너지고 영향력이 약해지면서 세력이 분열되고 위신을 잃었다. 수완이 좋거나 난폭한 사람이 실질적인 권력을 장악하게 되었고, 그 주위에는 가난하고 열심히 일을 하지 않는 사람들이 모여들었다. 기근으로 굶어 죽게 된 백성들은 쌀이나 약탈의 전리품을 약속해 주는 자를 따라갔다. 그리고 난 후 다시 40여 년 동안은 비교적 평온한 시대였으나, 상황을 이해하고 해결하려는 이가 없었다. 진성眞聖 여왕 통치 때에 또다시 반란이 일어났다. 891년에 궁예弓裔가 북원北原(혹은 원주原州)과 주변 지역을 점령한 것이다. 궁예는 헌안왕憲安王의 아들로, 불길한 날에 태어났다 하여 강제로 승려가 되었다. 그는 왕실 정부가 약해지는 기회를 이용해 지금의 경기도 대부분 지역으로 지배 영역을 넓혔으며, 898년에는 수도를 송악松岳 (개성開城)으로 이전했다. 궁예는 세력이 강해지자 반란을 일으킨 또 다른 세력을 복속시키며 스스로를 마진왕摩震王이라 칭하였고(901), 903년에는 철원鐵圓을 수도로 삼아 신라를 모방한 왕국을 세웠다. 그는 금성을 위협해 가며 북부와 서북부로 지배 영역을 확장해 갔으며, 특히 자신의 부하 중 하나인 왕건王建 덕분에 육상과 해상의 지배력을 확고히 했다. 911년 궁예는 자신의 왕국을 태봉泰封이라 불렀는데, 오늘날 이 왕국은 마진이라는 이름으로 더 잘 알려져 있다. 궁예는 나이가 들면서 지나치게 의심이 많아지고 잔인해져, 결국 부하들의 손에 폐위되고 죽음을 당했다. 그리고 왕건(918)이 그의 자리를 대신했다.

892년에 농부의 아들로서 신라의 관리가 되었던 이李가 왕권을 상대로 봉기를 일으켜 자신의 이름을 견훤甄萱으로 고치고 후백제後百濟의 왕이 되었다. 서북부와 북부에서 궁예가 그랬듯이 견훤은 전라도와 충청도의 일부분을 점차 점령하며 서남 지역에 왕국을 건국하였고, 이에 따라 신라 왕의 영토는 660년 이전보다 더 작아지게 되었다.

궁예의 뒤를 이어 즉위한 왕건은 출신이 모호했다. 송악에서 태어난 그는 스스로의 힘으로 그 자리에 올랐고, 왕의 병적인 의구심을 누그러뜨리면서 없어서는 안 될 존재로 자리를 잡았다. 왕건은 늘 왕에게서 멀리 떨어져서 더욱 안전한 국경 지역의 사령권을 얻고자 노력했다. 그러던 차에 군대를 통해 왕좌에 앉게 되자 국호를 고려로 고치고 자신의 고향으로 수도를 이전했다. 그리고 신라가 후백제보다 덜 위험하다는 판단에 따라 견훤을 적으로 삼았고 옛 왕들의 지지를 얻은 것으로 여겼다. 그러면서도 그다지 정당하지 못한 자신의 지위를 포기하지 않았다. 신라의 왕은 선의적 제안을 재빨리 받아들여 920년에 동맹을 맺었다. 왕건은 곧이어 견훤을 물리치고, 왕국 북부를 점령한(921) 달고Talgo. 達故 투르크족[19]을 격퇴한다. 그 후 몇 년 동안 견훤의 반격과 소규모의 충돌이 이어졌고, 견훤을 지지하던 이들이 이탈하는 일이 생겼다. 그리고 신라나 백제를 외면하고 왕건에게 복종하는 마을이 해마다 늘어났다. 고려 왕은 귀화한 사람들을 잘 대해 주었고, 고향과의 인연을 완벽하게 낳노록 하려는 듯 새로운 이름을 주었다. 신라에서 온 사람 중에 고려에 귀화한 왕족(김씨 성을 가진) 장군들은 거의 모두 왕씨王氏로 개명되어 일종의 피보호자 관계로 왕건과 연결되었다. 927년에는 신라와 고려가 견훤을 공격

---

19 551년에 이미 투르크족(돌궐突厥)이 고구려에 침입했다.

했으나 성공하지 못했다. 한때 견훤은 기묘한 방법으로 적을 교란시켜서 금성의 성벽 앞까지 전진하였으며, 당시 후궁과 관리들과 함께 시를 쓰고 술을 마시다가 붙잡힌 경애왕景哀王은 스스로 자결했다. 전쟁은 고려 왕과 그의 수하 유금필庾黔弼 같은 장군의 지휘 아래 계속되었다. 935년에 결국 견훤은 스스로 왕위에 오른 아들에 의해 투옥되었다. 탈출에 성공한 그는 왕건의 가호를 구했고, 왕건은 그에게 벼슬과 노비를 하사했다. 다음 해에는 후백제가 완전히 복속되었다. 925년에는 탐라耽羅(켈펠트 섬Quelpaert)가, 930년에는 울릉鬱陵(다즈레 섬 Dagelet)이 고려에 복속되었고 전쟁이 끝나기도 전에 왕건에게 조공을 바쳤다.

경애왕의 뒤를 이어 왕위에 오른 경순왕敬順王은 고려의 도움에 여러, 감사의 뜻을 표시했다. 경순왕은 즉위한 지 얼마 지나지 않아 고려 왕에게 알현을 요청했다. 왕건은 이 요청에 응하여 금성까지 갔으며(930), 경순왕은 성 밖까지 나가 그를 마중했다. 양쪽은 엄숙히 우의를 표하고, 왕건은 경순왕과 왕비 그리고 대신들에게 귀중한 선물을 했다. 얼마 후 왕건은 또 다른 선물을 보냈고, 너그럽게도 백성과 군대 그리고 승려들에게까지 선물을 내렸다. 전쟁 때문에 오랫동안 굶주림에 시달리던 신라의 백성들은 자기들의 왕을 호위한 고려 병사들이 규율을 따르는 것을 보고 감탄했다. 고려 병사들은 약탈 행위도 강간도 일절 저지르지 않았다. 두 왕은 헤어질 때에 다시 한 번 서로 선물을 했다. 935년에 신라 왕은 나라가 쇠약해지고 있으며 은인인 왕건을 해치지 않고서는 나라를 재건하기가 불가능하다는 것을 깨달았다. 그리고 자국민은 가난해지고 고려는 번영하기 시작한 것을 보고 왕권을 포기하기로 결정했다. 경순왕은 신하들의 의견을 물었으나 의견이 나뉘었다. 경순왕의 아들은 1,000년이 넘는 역사를 지닌 혈통과 그 과거를 포기하는 것에 분개하여 아버지에게 항의했다. 그러나 왕이 끝내 자신의 뜻을 굽히지 않자 아무 저항 없이 홀로 산으로 올라가 신라의 혈통이 끝난 것을 슬퍼하며 마치 상중인 듯 삼베 옷을 입고 야초野草를 먹으며 살았다. 경순왕은 왕건에게 자신의 왕국을 양보하고 싶다는 뜻을 비쳤다. 그리고 신하를 모두 이끌고 송도로 갔다. 향로, 우마차, 가마, 화려하게 마구를 단 말들의 행렬이 길게 30리에 이르렀고 수많은 백성들이 길가에 나와 구경했다. 고려 왕은 친히 도성 밖으로 나가 경순왕을 맞이했다. 그리고 궁궐과 하인들과 쌀 1,000석石을 제공하며 정승공正承公으로 봉했다. 왕건은 경순왕을 자신의 아래이자 세자보다 높은 자리의 최고직을 주고, 신라의 영토를 경주慶州라고 고쳐 경순왕의 영지로 삼았다. 또한 고려 왕은 경순왕의 맏딸을 낙랑공주樂浪公主로 봉하고 혼인하여(936) 왕자를 얻었다. 이 왕자는 왕좌에 오르지 못했으나 그 아들이 현종顯宗이 되었다. 얼마 후 경종景宗은 신라 왕의 또 다른 딸을 비로 맞았고, 신라 왕은 963년에 숨을 거둔 후에 왕의 칭호를 받았다.

신라가 몰락한 시점에서 주목할 만한 것은 이러한 몰락을 일으킨 내란이 길게 이어지는 동안 그리고 경순왕이 하야할 당시에 외부의 어떠한 간섭도 받지 않았다는 점이다. 흔히 있었던 일이지만 당시의 중국은 문호를 굳게 닫은 상태였고 일본 또한 마찬가지로 내부적인 어려움에 처해 있었다. 어떠한 외국 세력도 신라 왕정의 최후를 이용하려는 기미를 보이지 않았기에 평화롭게 사라질 수 있었던 것이다. 문화의 발전, 빈번한 교류, 공동의 이해 관계로 인해 현대의 국가들은 병든 이웃 나라에서 무슨 일이 벌어지면 계속 외면할 수만은 없게 되었다. 그러나 병든 나라가 이러한 외부의 간섭으로 회복할 수 있겠는가?

경순왕의 하야는 실제로 어떠한 상황에서 이루어졌을까? 아마 이에 대해서는 『삼국사기』가 알려 주는 사실 외에는 더 알 수가 없을 것이다. 즉, 고려 왕이 남기고 싶었던 것 이외에는 그 상황을 파악할 도리가 없다. 그렇게 오래된 혈통의 후손인 경순왕이 선조의 땅과 조상이 헌신해 지켜 온 것을 포기하고 혈통이 모호한 외부인에게 옥좌를 물려주게끔 납득시키느라, 왕건은 분명 자신이 가진 최후의 수완을 발휘했을 터였다. 이미 왕건은 궁예의 일개 부하로서 의혹을 사지 않으면서도 없어서는 안 될 사람으로 나섰을 때 그리고 관리들과 백성들에게 왕권을 이어받았을 때에도 자신의 역량을 발휘하였다. 기록에 따르면, 왕건에 대한 경순왕의 감정은 보기 드물게 숭고했다. 신성에 가까웠던 왕통의 마지막 후예가, 10세기에 걸친 권력과 위대함으로 세련되었으나 동시에 약화된 국가와 왕가의 조락을 인정하며 새로운 세력에 복종한 것이다. 거기에는 자신이 은인이라고 부른 사람에 대한 고마움과 자신의 백성이 번영한 삶을 누리길 바라는 사랑이 있었을 것이다. 경순왕은 운명이 손을 들어 준 자에게 간단하면서도 품격 있게 자신이 쥐고 있던 권력과 수세기 동안 왕족을 보호해 준 옥대를 전달했다. 필자는 실제로 그런 사실이 있었는지는 모르겠으나 그랬으면 하는 바람으로, 신라 왕의 긴 행렬이 백성들의 환송을 받으며 새로운 도성 송도로 가는 것을 즐거운 마음으로 상상해 본다. 이 행렬은 바로 고대 한국의 끝을 의미한다. 즉, 반$\ddagger$가부장적 정부의 종말이다. 옛 왕족들이 뿌리내렸던 땅에서 벗어남으로써 신성했던 왕조가 석양과 같이 찬란한 빛을 발하며 사라져 간다. 말하자면 고대의 세습과 정통의 원리가 천명天命이라는 중국식 사상 앞에서 사라진 것이다. 천명은 권력을 정하는바, 신라의 최후와 더불어 여러 징조가 나타나고 있었다. 이제 새로운 시대가 열린 것이다. 조정은 더욱 통합적인 조직으로 거듭 태어나며 행정조직이 강화되고 행동보다 말이 많아졌다. 왕들은 귀족 계층을 관료 계층으로 대체하여 관리 및 문인을 자기 옆에 두고자 할 것이다. 군주들은 신화적이고 태곳적인 탄생 설화가 보여 주었던 위대함을 잃고, 이제 천명을 갖게 되었다. 그런데 중국의 역사를 보면 알 수 있듯이 천명은 매우 변덕스러웠다.

그럼에도 불구하고 왕건은 뛰어난 정치인으로서 안전한 왕권 인수가 가능하도록 모든 수단을 도모한 결과, 신라 공주와 혼인 관계를 맺은 것이다. 이것이 매우 중요한 부분인데, 권력을 전달하거나 때로는 권력을 장악하기까지 한 존재가 여성이었기 때문이다. 왕건의 후손들은 합법적인 왕인 동시에 천명을 받은 신성한 왕이 된 것이다. 한동안 별다른 변화는 일어나지 않았다. 즉, 직책과 행정 제도는 거의 변하지 않았으며 민사와 군사 계급을 구별하지 않았고 지방의 행정 지역까지 똑같았다. 왕건은 새로 병합한 영토를 지키고자 남부에 통감을 임명하였고, 새로운 기초 위에 군대 조직을 구성하도록 했다. 또 기존의 말을 공용어로 계속 사용했고, 관료 선발 시험을 소홀히 했다. 얼핏 보기에는 왕조와 도읍만 바뀌었을 뿐이고 고려국이 된 한국은 200년 전의 신라시대와 다를 게 없어 보였다. 20년 만에 갈등 상황이 완화되면서 모든 것은 제자리를 찾게 되었다. 10세기 중반에 고려 왕조 내내 영향력을 발휘한 것으로 두 가지 세력을 들 수 있다. 이미 강력했던 불교가 그 하나이며, 점차 영향력을 행사할 수 있는 기반을 닦아 가기 시작한 유교가 또 다른 하나이다.

3. 한국의 여러 문자 체계에 관한 소고

『일본아시아협회Transaction of the Asiatic Society of Japan』, 제23권, 1895년 12월, 5~23쪽

I

필자가 이 분야에 권위가 있는 애스턴W. G. Aston 경에 이어 발언하
는 이유는 애스턴 경과 다른 문서를 연구하여 그와 매우 비슷한 결
과를 얻었기 때문이다. 필자로서는 반가운 일이며, 이제 연구 결과
가 일치했던 것을 염두에 두면서 한반도에서 사용된 여러 문자 체계
를 대강 설명해 보고자 한다.

이 연구는 근본적으로 12세기에 고구려, 백제와 신라라는 세 왕
국의 역사를 다룬 고려 고위 관리 김부식金富軾의 『삼국사기』를 토대
로 한 것이다. 이것은 한반도 역사에 관한 가장 오래된 저서이다.

필자는 1770년에 출판된 역사, 지리 그리고 행정에 대한 자료집인 『문헌비고』도 많이 인용했다.

한자가 어떤 경로로 한반도 전역에 퍼져 나가 이를 이용하게 되었는지에 관한 자료는 많지 않으나, 우선 『삼국사기』에 기록된 흥미로운 사실 중에 하나는 당시 한반도의 여러 국가가 이용했던 한문이 나라마다 서로 상이했다는 점이다. 한반도의 서북부에 있었던 고구려는 영토 확장 과정에서 현재 만주 지역의 꽤 넓은 부분을 차지하게 되었다. 이러한 위치 때문에 고구려는 중국 북부의 왕국들과 교역은 물론 전쟁도 하게 되었다. 설화나 역사서에 따르면 단군檀君, 기자箕子, 위만衛滿은 고구려가 세워진 지역에 건국되었던 나라들로, 기자와 위만은 난민들이었기 때문에 바로 이 지역에서 문명이, 적어도 중국식 문명이 처음으로 나타난 것 같다. 실제로 『삼국사기』에는 영양왕嬰陽王 11년인 서기 600년에 영양왕이 태학박사太學博士인 이문진李文眞에게 옛 역사서를 요약해서 집필하도록 명했다고 기록되어 있다. 이문진은 다섯 권의 책을 만들었는데 『삼국사기』는 다음과 같이 덧붙이고 있다.

"국가의 건립 초기부터 한자를 사용하기 시작했고, 이 시기에 여러 사람들이 집필한 기록물이 100권에 달했다. 이 기록물을 '남기기 위해 쓴 글'이라는 의미로 『유기留記』라고 하였는데, 이 시기에 와서 완성본을 만들었다."

고구려에서는 제한적이긴 했어도 아주 오래전부터 한자를 사용하였는데, 이는 서기 53년에 왕위에 오른 태조太祖가 통치를 시작할 때부터 왕의 이름을 모두 중국어를 바탕으로 했다는 사실로도 입증된다. 4세기 말까지 군주의 이름과 그의 왕릉이 위치한 지역의 지명은 한자로 표시되었다. 그 이후에 한자로 표기된 것은 불교에 대한 내용이다. 소수림왕小獸林王 2년인 서기 372년에 고구려에 도입된 이 새로운 종교는 중국학에 대한 연구를 촉진하였다. 이에 따라 중국에서 불경을 가져온 뒤 소수림왕은 고구려의 젊은이들을 교육시키기 위해 태학을 창설했다.

『삼국사기』는 고구려의 남쪽인 한반도 서부 해안에 위치한 백제에서 근초고왕近肖古王(재위 346~375) 때 크고 작은 일들을 기록하기 위해 한자를 사용하기 시작했다고 더 오래된 자료를 근거로 하여 전하고 있다. 그렇다면 이것은 단지 연대 기록이 기술되기 시작한 시발점에 불과했을까? 문자의 기술을 파악한 나라에서 350년 이상 어느 누구도 중요한 일들을 기록할 생각을 못했다는 것이 가능할까? 필자는 고구려가 이 시대까지 글을 몰랐으며 불교를 포교하려고 한 반도에 들어온 승려들이 한자를 가져왔다고 믿는 쪽이다. 100여 년이 지난 후에야 백제 왕들의 이름은 의미는 없이 음만 표시한 한자 대신에 사찰 이름과 같은 양상을 띠게 되었다. 게다가 신라에 통합될 때까지 고구려와 백제에서 개인의 이름은 단순히 소리만을 전사한 한자 표기에 지나지 않았다.

285년에 백제의 왕인王仁이 일본에 『논어論語』와 『천자문千字文』을 가져갔다는 사실이 일본 고서에 기록되어 있는데, 유럽의 학자들은 대부분 이 기록을 사실로 받아들이고 있다.

그런데 애스턴 경은 일본 고서가 얼마나 믿음직하지 못한지를 밝혀 냈다. 그는 우선 일본 고서의 저자들이 기존 문서에서 받은 신화적 연대에 빠진 부분을 채우려고 백제와의 관계에 대해 한 시기 전체를 가필한 것을 보여 주었다. 일본 학자 모토오리本居와 마찬가지로 애스턴 경은 이 시대의 사건들을 서력西曆 대조표對照表에서 육십갑자六十甲子의 두 번 순환에 해당되는 120년 앞선 일로 여긴다. 이에 따르면 한자가 일본에 유입된 것은 5세기 초의 일이며, 이것은 마침 5세기 백제에서 한문이 사용된 것과 맞아떨어진다. 같은 시기에 언급된 『천자문』이라는 제목이 별 문제를 야기하지 않은 이유는 6세기에 간행되어 오늘날까지 전해진 이 저작물보다 먼저 쓰여진 최초의 문서가 있었던 것 같기 때문이다.

신라는 한반도의 동남부 지역에 위치하여 이웃 두 나라보다는 중국과 거리가 멀었고, 한반도의 동부는 아직 미개한 지역으로 여겨지고 있었다. 따라서 유리왕儒理王 9년인 서기 32년에 신라의 6현縣에 거주하는 사람들에게 중국 성씨인 이李, 최崔, 손孫, 정鄭, 배裵, 설薛이라는 성씨를 하사했다는 사실이 『삼국사기』에 기재되어 있다는 것은 놀라운 일이다. 왕족 출신의 세 집안의 성씨는 박朴, 석昔과 김金이었다. 이러한 주장이 증명된다면, 신라 사람들이 이처럼 한자를 오래전부터 알고 있었다는 결론을 내릴 수 있다. 이 가정을 근거로 진辰나라나 진시황제秦始皇帝의 폭정을 피하여 중국인들이 진辰이나 진한辰韓으로 내려와서 보니 그곳의 이름이 자신들을 쫓아낸 왕조와 같았다는 설이 빠짐없이 인용될 것이다. 중국 역사가들은 이 두 이름을 비교해 볼 기회가 있었다. 또한 『삼국사기』의 앞부분부터 언급된 한반도 북부 기자에서 온 난민들은 중국에서 도래했겠지만, 이모든 사실은 전설의 늪 속에 묻혀 있을 따름이다. 사실상 『삼국사기』 자체를 살펴보면 한자로 만들어진 이름을 가진 인물은 6세기 말 이전에는 등장하지는 않는다. 그때까지 사용된 모든 이름에는 외국어를 한자로 표기한 모습이 뚜렷이 드러난다. 일본의 고문서에 등장하는 옛 한국 이름도 모두 한자어와 아무 상관이 없었다. 6세기 초부터 왕족인 박, 석, 김의 세 성씨의 흔적이 남아 있는 것은 사실이지만, 이들 이름에 대해 『삼국사기』는 적어도 세 단어 중 두 단어가 한국어의 발음과 닮은 소리의 한자를 대신 사용하게 되었다는 설명으로 한자의 용도를 밝히고 있다.

　마지막으로 문제의 성씨가 신라가 건국될 당시부터 사용되었다 하더라도 한자가 흔히 사용되었다는 결론을 내릴 수는 없다. 과거에 중국인들이 이동했다는 것을 확실한 사실로 인정한다면, 그 후손들이 조국인 중국의 문화를 거의 다 잊고 글을 쓰는 습관까지 잃었지만 가장 기본적인 문명의 풍습, 무엇보다 자신들의 성을 표기하는 방식에서 신비스러운 문자 전통은 유지했다는 것은 이상한 일이 아니다. 하지만 이것은 가설일 뿐이다. 『삼국사기』를 읽으면서 확인한 사실은 6세기 후반까지 문제의 이름들이 사용되지 않았다는 점이다.

　이제 신라 왕들의 이름을 살펴보면, 402년에 즉위한 실성왕實聖王까지는 중국어가 아닌 한국어로 구성되어 있었다는 것을 확인할 수 있다. 실성이라는 이름 자체는 한자어답다 하더라도, 그의 후계자인 눌지왕訥祗 또는 訥支(재위 417~458)의 이름이 두 가지로 표기되어 있는 것을 보면 한국어 소리를 한자로 표기한 것 같다. 그 뒤를 이은 자비왕慈悲王(재위 458~479)이라는 이름은 불경에서 가져온 것 같으나, 그 뒤를 이은 왕의 이름을 두 가지 방식으로 표기한 것 중 하나인 비처왕毗處王은 중국어와 전혀 상관이 없다. 왕의 이름을 표기하는 데 사용된 한자들은 이때부터 해석이 쉬워지고 또 중국의 사찰 이름과 비슷하게 나타나기 시작했다.

503년에 한국식 호칭인 마립간(麻立干)을 버리고 처음으로 왕(王)이라는 중국식 칭호를 사용한 것은 지증왕(智證王)이다. 이때 대신들은 왕국의 이름을 확실히 정할 것을 왕에게 요청했다. 그때까지 신라는 사라(斯羅)나 사로(斯盧) 등으로도 불렸는데, 관리들은 새로울 신 자는 도덕성이 항상 새로워지는 뜻을 나타내며 '라'는 동서남북 지역을 통합하는 뜻이라는 점을 지적하면서 마지막 이름인 신라로 선정할 것을 권했다. 왕이라는 칭호를 받아들인 것은 중국의 역사 책에 나온 왕이나 황제의 제(帝) 자를 사용한 것이 동기가 되었으며, 이는 이웃 나라인 중국의 언어에 대해 해박한 지식이 있었다는 것을 증명한다. 500년이 넘는 오랜 기간 동안 신라가 정해진 이름이 없었다는 설명은 믿기가 어렵다. 발음상 사라, 사로, 신라가 상당히 가깝고 아마도 하나의 토착어를 표기하는 방법이 여러 가지였을 뿐일 것이다. 당시 국명에서 고정되지 않았던 것은 이를 표기할 한자였다. 변함이 없는 표기법에 대한 필요성은 한문의 영향이 커지고 한자가 행정 언어가되어 가는 시대상과 관련이 있다. 비슷한 시기(517)에 한자만으로설명할 수 있는 행정 관직의 상당수가 『삼국사기』에 나와 있다. 『삼국사기』에는 517년 이전의 관직이나 관청의 이름이 언급된 바가별로 없으며, 이 이름들은 한국어에서 옮겨진 것이다.

신라 눌지왕 때 고구려에서 승려 묵호자墨胡子가 왔고, 비처왕 (479~500) 때 또 다른 승려 이도阿道가 제자들과 함께 신라에 정착한 것으로 미루어 볼 때, 신라에 불교가 도입된 것은 5세기였다고 생각할 수 있다. 그러나 『삼국사기』에 따르면, 이러한 내용의 정확성에 대해 이의를 제기한 이들이 있었다고 한다. 정확한 포교 활동은 528년 법흥왕 때에 시작되었는데, 새로 도입된 이 종교는 빠른 속도로 전파되었다. 이와 함께 한자 교육도 같은 속도로 이루어져서, 진흥왕眞興王이 신라의 역사서를 만들라고 지시한 시기에 중국을 모방한 태학이 창설된다. 이때 한문에 숙달한 김춘추金春秋와 그의 아들 김인문金仁問 같은 신라 사람들이 언급된다.

따라서 4세기에 고구려에서 한문의 전개가 시작된 시기에 백제는 한자를 도입했으며, 반면에 신라는 한참이 지난 후인 6세기 중에 한자라는 문명을 누리게 된 것인데 이 시기는 일본보다도 늦은 때이다.

필자가 보기에는 『삼국사기』에 기록된 사실들은 두 부분으로 나누어야 할 것 같다. 첫째는 가장 오래된 사실과 관련된 것으로서 문자 도입 이전의 사실들인데, 구전으로 전달되었으므로 절반밖에는 믿을 수 없는 사항들이다. 둘째는 한자 도입 시기나 그 이후의 사항들인데, 『삼국사기』는 기존의 자료를 인용하거나 요약한 책이고 또 저의 없이 성실하게 작성된 것으로 보이므로 확실히 믿을 만하다고 하겠다.

승려들이 가장 먼저 가져온 것은 불교 서적이었다. 다음으로 중국 고서로 역사, 천문학, 점성술과 의술에 대한 서적 및 도교 서적이 도입되었다. 한국 사람들, 특히 한반도의 왕들이 창설한 태학에서 공부한 것이 바로 이러한 책들이었다. 화랑花郞이라는 젊은이들도 중국 고서의 해독에 능했는데, 이들은 화랑으로 선정된 후 건강한 육체와 세련된 정신을 함양하는 모든 교육을 궁궐에서 받고 가장 높은 직책에 임명되었다. 또한 신라에는 8세기 말에 위의 저서들을 중심으로 한 시험 제도가 도입된다. 가장 영향력이 있는 호족의 자제들은 한문을 열심히 공부했고 640년부터는 아예 중국에 유학하기 시작했다. 신라 정계에서 유명한 김흠운金歆運, 김유신金庾信, 왕의 아들인 김인문 같은 인사들의 해박한 문학 지식은 널리 알려져 있었다.

외국의 서적을 공부하는 것으로 만족하지 못한 한국인들은 스승의 언어로 문장을 작성하기도 했다. 예를 들어 『문헌비고』에는 중국어로 쓰여진 가락국의 왕조 기록 문장 하나가 인용되어 있는데, 그럴 가능성은 적지만, 기록에서 직접 취한 것인지 아니면 다른 기록에서 재인용한 것인지는 밝히고 있지 않다. 아무튼 가락국은 532년에 신라에 복속했으므로 그 이전부터 한반도의 남부 지역에 중국어로 문장을 작성할 줄 아는 사람들이 있었다는 생각을 할 수 있다.

『삼국사기』에 게재된 세 왕조(고구려, 백제, 신라)의 기록이나 다른 옛 기록 또 조칙이나 상소 내용은 한문으로 작성되어 있다. 얼마 후 신라 왕 또한 당나라가 파견하는 특사에게 서한을 보낼 때 한문을 사용했다. 한반도 사람들이 사용했던 문체와 같은 시대 중국인들의 문체 사이에는 별 차이가 없다. 중국 북부의 타타르족이 흔히 그랬듯이 처음에는 중국인 비서관이 한반도에 고용되었을지도 모르는 일이다. 아니면 한국인 저자가 여러 책에서 문장들을 잘라 내어 이어 붙였을 가능성도 완전히 배제할 수는 없다. 실제로 고대의 일본인들은 이렇게 모자이크식으로 서적을 작성하는 데 아주 능숙했다. 어니스트 새토우Ernest Satow 경에 따르면, 일본 저자들은 단지 일본에 관한 주제를 다룰 때에도 중국 고서에서 빌려다 쓰지 않은 문장이 단 하나도 없었다고 한다. 한반도에서 최초로 한문으로 집필한 사람이 최치원(9세기)이라고 하는 이유도 이러한 모자이크 방식의 문장이 이미 있었기 때문일지도 모른다. 그리고 최치원 이전의 한반도 문인들은 유명한 중국 저자가 이미 만들어 놓은 표현들을 빌려다 다시 이어 붙이는 정도에 그쳤을 수도 있다.

같은 시기에 한반도에서는 한국말의 음과 고유명사 혹은 관직명 등을 표기할 때도 한자를 사용했다. 실제로 이러한 한자의 음성적 사용은 중국의 전통과도 완벽하게 일치하는데, 중국인들도 당연히 외국 고유명사의 발음을 표기하기 위해 같은 제도를 사용한 것이다. 그러나 한반도에서는 동쪽에 있는 이웃 나라처럼 한자를 모방하여 소리마디Syllabaire(가나仮名)를 만든 적이 없다. 아무튼 그런 흔적은 남아 있지 않다. 그리고 7세기 말까지 한반도 사람들은 고유명사나 직함 이외에는 토착 언어로 쓴 것이 거의 없었다.『문헌비고』제83권에 따르면, 692년에 설총이라는 학자가 "학생들을 위해 구경九經을 우리말(방언)로 뜻을 푸는 데以方言解義九經訓導後生 성공했다"고 한다.『삼국사기』에 나오는 설총의 전기에 따르면, "설총은 구경九經을 우리말方言로 풀어 읽게 하여 후생들을 가르쳤으므로 지금에 이르기까지 학자들이 그를 높이 받든다[20]"고 되어 있다. 마지막으로『어제훈민정음御製訓民正音』에 정인지鄭麟趾가 쓴 머리말은 다음과 같다.

옛날 신라의 설총이 처음으로 이두吏讀 글자를 만들었는데, 관청과 민간에서는 지금까지도 그것을 쓰고 있다. 그러나 모두 한자를 빌려서 사용하므로, 어떤 것은 어색하고 또 어떤 것은 들어맞지도 않는다. 비단 속되고 이치에 맞지 않을 뿐만 아니라, 말을 적는 데 이르러서는 그 만분의 일도 통달치 못하는 것이다.[21]

---

20 以方言讀九經訓導後生至今學者宗之(옮긴이).
21 昔新羅薛聰 始作吏讀 官府民間 至今行之. 然皆假字而用 或澁或窒. 非但鄙 無稽而已 至於

최근까지 계속되는 표기법은 정인지의 발언과 일치한다.

『문헌비고』의 아주 명확한 표현, '해의解義(뜻을 풀다)' 대신에 『삼국사기』는 '독讀(큰 소리로 읽다)'이라는 표현을 사용하고 있다. 동사가 다르다는 점을 빼면, 문장의 주요 뜻은 양쪽이 똑같다. 『삼국사기』의 저자는 『문헌비고』의 내용을 베낄 때 '독' 대신에 시대에 더 잘 맞는 표현인 '해의'를 썼는데, 이 표현이 좋지 않은 이유는 '해의'는 번역이나 해설을 가리키는 것 같으나 문어로의 번역이 불가능하기 때문이다. 한국어는 이때까지만 해도 구어口語에 불과했고 설총이 굳이 구어 번역을 언급할 이유가 없었다. 이는 한반도에서 중국 고서들을 공부하기 시작한 지 이미 오래되었고, 구어로 한 설명은 해석자가 사라지면 함께 사라졌을 것이기 때문이다. '큰 소리로 읽다'의 뜻은 매우 다르다. 이 훈독으로 무슨 뜻을 나타내는지, 현재 한국 선비들이 한문을 읽는 방법과 얼마나 일치하는지 그리고 정인지가 서론에서 묘사하였고 아직도 사용되는 이두 문자가 지닌 성격으로 어떻게 해석될 수 있는지 알아보자.

중국, 일본과 한국에서 쓰는 한자의 발음 차이는 고려하지 않는다고 하더라도 이 세 나라에서 같은 한문으로 작성된 문서를 읽는 방

言語之間 則不能達其萬一焉(옮긴이).

법은 근본적으로 다르다. 중국어로는 각 한자를 나오는 순서대로 발음하는데, 문서에 없는 어떠한 소리도 발음하지 않는다. 일본어의 경우에는 한자로 적혀 있지 않은 다양한 어미를 덧붙이고, 중국어만의 발음을 순수한 일본어 어휘로 바꾸며, 일본어의 문장 구성과 일치하는 어순에 맞추기 위해 단어의 순서를 자주 바꾼다. 한국어의 경우에는 한자를 쓰여진 순서대로, 중국어에 다소 익숙한 사람들이 알아들을 수 있게끔 중국어와 어느 정도 가까운 발음으로 읽지만, 원문에는 없는 단음절이나 2~4개씩 묶인 음절을 중간 중간 삽입하여 읽는다. 일본어 어미에 해당하는 이러한 음절들은 한국어로 표현된 조사와 활용어미이며, 모국어의 원리와 완전히 다른 언어인 한문을 읽을 수 있도록 돕는 안내 표시로 사용된다. 그러나 한국인은 중국어의 구문에 대해 많은 지식을 가지고 있기 때문에 원문이 왜곡되는 경우가 거의 없고 토착 언어의 조사가 정확한 자리에 붙는다. 어미의 종류나 자리가 틀리면 오독이 된다.

설총의 업적은 한문을 읽는 데 사용되는 한국어의 조사를 표시하여, 소리를 내어 읽는 것과 이해하는 것을 용이하게 했다는 것이다. 필자는 여러 저작물을 통해 고전 한국어와 행정 언어의 가장 주요한 접사의 목록을 작성할 수 있었다. 이두 혹은 이문으로 조사, 불어의 전치사를 대신하는 한국어의 접미사, 동사의 법, 시제, 접속사나 구두법 그리고 경어체를 나타내는 동사의 어미 활용을 표시한다는 점을 확인했다. 그 이외에도 흔히 쓰이는 부사들과 행정 언어에 속하는 여러 용어들을 이두로 쓰는 것이 가능하다. 설총의 표기법은 이렇게 문장의 문법적인 골격을 이루고 있지만, 그 골격은 한자로 채워져야만 하는 비어 있는 틀이다. 예를 들어 이두만으로 완전한 문장을 쓴다는 것은, 마치 라틴어에서 어근은 없애고 어미변화나 동사활용에 전치사나 접속사만 가지고 생각을 표현하려는 것처럼 불가능한 일이다. 이로써 필자가 설총의 발명에 관해 유일하게 알고 있는 것으로 앞서 언급한 세 인용문의 의미가 쉽게 이해되었을 것이다. 이두는 언어에서 꼭 필요한 부분을 표현하지는 못했지만, 교양이 부족한 한국인이 소리 내어 읽거나 문서를 이해하는 데에는 절대적으로 도움이 되었을 것이다. 이두가 중국 문화 보급에 큰 역할을 했을 것이니 설총이 받은 인정과 사후의 벼슬弘儒侯은 당연한 것이며, 위대한 인물로 사당에 모셔진 것도 자연스러운 일이다.

이문에서 쓰는 한자들은 대부분 일상적으로 사용되는 것이었고, 약자나 만들어진 한자는 몇 개에 지나지 않았다. 이런 한자는 외자나 두세 자 또는 일곱 자의 묶음으로 사용되었다. 한자가 한국어 어미를 나타내는 데에 사용되는 경우가 많았는데, 중국 발음에 한국어 어미의 소리와 비슷한 것이 많기 때문이다. 이 경우는 한국어 표기를 위해 한자를 음차한 것이다. 때로는 한자의 뜻이 표기하는 한국말의 뜻과 유사하기도 했다. 조사 노릇을 하는 한자들은 대략 다음 조사와 비슷한 뜻을 나타낸다. 예를 들어 할 '위爲' 자는 늘 '하다'라는 동사의 어간인 '하' 발음으로 읽힌다. 또 이 '시是' 자는 '이다'라는 동사의 어간에 해당하는 '이' 소리를 포함하는데, 의미상 이 동사가 올 필요가 없는 한자가 결합할 때조차도 '이' 소리로 사용된다. 전혀 관계없는 한자들이 임의적으로 쓰인 경우도 많다. '은隱' 자는 전체를 다 쓰든 약자로 쓰든 그 사용법이 흥미롭다. 이 글자는 '하' 자와 합치면 '한'으로, '호' 자와 합치면 '혼'으로, '나' 자와 합치면 '난'이라고 읽게 하는 어미 'ㄴ' 자에 해당한다. 일반적으로는 같은 소리는 항상 같은 방법으로 표기하는데 예외도 있다.

상소, 기소장, 아문衙門 관리들의 서한이나 판결문에서는 이두의 조사가 한국 구문에 맞춰 자리 잡고 있으며, 때로는 한자들에 비해 작은 글자로 삽입되기도 한다. 이두 조사가 중국 고전을 읽는 방법을 표시하는 데 사용될 경우에 위쪽 여백에 올리는데, 사실 이렇게 표시된 책은 한 권밖에 본 적이 없다. 고전의 어미변화는 아문의 문체에서 사용되는 것과는 다르다. 동일한 어미변화도 있지만 대부분의 경우에 다른 한자로 표기된다. 고전 문서의 경우에 조사가 더 짧고 더 단순하며 경어의 형태가 많이 사용되지 않는다.

이두는 일본의 표기 제도와는 다른데, 일본에서는 음가를 더 많이 이용하고 소리마디를 만들이 말하는 그대로 쓰는 데에 성공했다. 설총의 발명은 이러한 운명을 따르지 않았고, 한국어를 다 표기하는 데에는 부족하여 이용하기 불편했음에도 오늘날까지 살아 남아 있다. 다만 정보가 부족해서, 요즘의 이두가 본래의 상태 그대로인지 아니면 발전한 상태인지는 판단할 수가 없다.

지리서 『도리표道里表』의 첫 장을 보면 한자로 게재된 간략한 머릿글이 있는데, 그 본문 사이에 한국어 조사가 있을 만한 자리에 한자들이 들어가 있다. 그것은 대부분 필자가 아는 두 개의 이두 목록에 없는 것으로서, 필자가 물어본 한국인들도 설명해 주지 못했다. 따라서 더 자세한 정보를 얻기 전까지는 이러한 이두 기호가 음성적으로 차용한 한자를 생략해 쓰는 가타카나片假名와 마찬가지로 한자의 정자 대신에 사용된 약자라고 보아야 할 것 같다. 이러한 방법은 일상적인 이문에서도 어느 정도는 이미 존재하는데, 예를 들면 라羅 Ra와 ㅅ, 나飛 Na와 ㄱ, 이伊 I와 ㄹ, 등等 Tŭng과 木, 저底 Chŏ와 厂, ß Ŭn과 은隱으로 완전한 형태와 단축된 형태로 모두 나타난다. 이 중 마지막 자 '은'은 앞의 기호와 결합하여 [n]의 음가를 갖는다. 『도리표』에서는 약자 표기나 한자 조합이라는 이중의 표기법이 많이 사용되어 음절이나 낱소리로 쓰인다. '에이' 소리는 '에ㅌ' 표음에 '이ㅓ'

라고 읽는 표의 문자를 합침으로써 '에이Ei' 소리가 나게 하고, '게Ke' 음절 앞뒤에 '이i' 기호를 붙이면 '이게이Ikei'라고 읽게 된다. 유감스럽게도 설총 이두의 이 같은 활용에 대해서는 다른 정보가 없으며, 이런 용법을 설명하는 문서 자체에도 단지 12개만 언급되어 있을 뿐이다.

그러나 한국 문자의 발전은 이 단계에 멈추지 않았다. 한국인들은 반절半切이라고 부르는 자모 체계에 도달했으며, 이 반절로 작성한 문서를 언문諺文이라고 부른다. 토착민의 말을 표기하기 위해서가 아니라 한문을 읽기 위해 이문이 만들어진 것과 마찬가지로, 반절은 한문의 올바른 발음을 기록하고 한국인들이 통상적으로 사용하는 문자를 확립하려는 목적으로 발명되었다. 반절로 한국어를 표현하는 역할은 부차적인 것이었다. 한국어는 한문을 파악한 자들에게 별로 중요하지 않았기 때문이다. '백성에게 제대로 읽는 것을 가르치기 위해 임금이 만든'『어제훈민정음』이라는 제목을 감안할 때 이러한 경향이 쉽게 이해된다. 이런 이유로 성삼문成三問을 비롯한 여러 관리들이 수차례에 걸쳐 한자의 음독에 대해 묻고자 랴오둥에 유배되어 있던 명나라의 한림학사를 찾아갔다. ㆆ(여린 히읗), ㅿ(반시옷)과 닿소리 ㆁ(옛이응)과 같은 초기의 한글 자모에 있던 낱자들은 중국어를 표기하고자 만들었으나, 한국어 발음이 아니어서 점차 사라졌다. 언어학상 같은 이유로 받침의 소릿값 ㅇ(이응)과 모음 앞에 자음이 안 나온 경우에 쓰는 이응이 같은 기호로 형성되었다. 세종世宗대왕과 신하들은 이러한 자모들로 한국인이 일상적으로 사용하는 언어를 쉽게 쓸 수 있다는 점을 밝혔지만, 최우선 목표는 한문을 좀 더 쉽게 익히도록 하는 것이었다.

한글의 역사는 『문헌비고』 제51권에 다음과 같이 언급되어 있다.

1446년 세종이 『어제훈민정음』을 만들었다. 이 왕은 세상의 모든 백성들이 각자의 언어를 기록하고자 문자를 발명한 것을 보고, 조선만이 문자가 없는 것을 깨달아 28개의 자모字母를 만들어 이를 언문이라 불렀다. 궁중에 학문 연구 기관인 집현전集賢殿을 설치하여 정인지, 신숙주申叔舟, 성삼문과 최항崔恒 등으로 하여금 이 자모들을 확정하라 명했다. 글자들은 옛 인형印形 문자와 비슷하며, 첫소리, 가운뎃소리, 끝소리로 나누어진다. 또 자모 수가 많지 않음에도 (순서)를 쉽게 바꿀 수 있어 모든 발음을 표기할 수 있으므로, 일반 한자로 표기하지 못한 것도 다 표기할 수가 있다. 명나라의 한림학사 황찬黃瓚에게 음운에 관한 지식을 얻어 오라는 어명을 받아 성삼문 등은 당시 랴오둥에 유배 중이던 그를 13번에 걸쳐 찾아갔다.

정인지는 서문에서 일반적으로 고찰한 내용을 언급한 뒤 신라의 설총이 창제한 이두 글자를 진술하고 언문에 대해 이렇게 칭송했다. 판결을 용이하게 하며 바람 소리, 학의 울음소리, 닭 우는 소리, 개 짖는 소리까지도 글로 적을 수 있다는 것이다. 그리고 자신이 동료들과 더불어 새로운 글자를 스승의 도움이 없어도 깨우칠 수 있도록 설명하라는 명을 왕에게 받았다고 덧붙였다.

『문헌비고』 또한 다음과 같은 세종의 생각을 인용하고 있다.

> 우리 동방의 나라말은 중국 말과 달라 어떤 것은 어색하고 어떤 것은 (우리말에) 들어맞지 않는다. 그래서 백성들이 전달하고자 하는 만분의 일도 통달하지 못하는 경우가 허다하다. 이것을 근심하는 짐은 누구나 익힐 수 있는 이 28자를 창제하였으니 이를 일상적으로 사용하도록 하라.

조선인들이 한 번의 발성으로 내는 각 음절을 분석해 보면, 중국이나 일본 사람들보다 한 걸음 더 나아갔다는 것을 알 수 있다. 일본어는 적어도 예전에는 자음과 모음 각각 하나씩으로 구성된 받침 없는 음절로 이루어지는 특징이 있었다. 그래서 모든 자음 뒤에 모음이 오는 음절과 심지어 모음만으로 이어지는 소리마디(가나)를 구성했다. 세월이 흐르면서 또 한자어의 침입으로 인한 언어적인 영향을 받아 말이 변하게 되었을 때, 일본인들은 원래의 음절 문자(가나)에는 없던 인위적 장치를 통해 이중자음과 끝소리 'ㄴN'[22]을 적을 수 있게 되었다. 한편 중국인들은 불교의 포교 활동이 시작되면서 산스크리트어를 공부하게 되었는데, 산스크리트어의 한 음절과 발음이 같은 한자를 이용해 중국어와 너무도 다른 산스크리트 단어들을 옮겼다. 하나 이상의 자음으로 시작하는 음절에는 여러 한자를 연이어 쓰면서 이들의 발음이 융합되도록 했다. 이와 같이 중국 학자들은 중국어의 모든 소리에서 늘 단순 자음 하나[23]로 되는 첫소리와, 단모음 하나나 이중모음 하나가 단독으로 혹은 'ㄱ, ㄷ, ㅂ, ㅇ, ㄴ, ㅁ'과 같은 자음 중 하나와 결합된 끝소리를 구별하게 됐다. 중국어의 특성 때문에 그보다 더 쉬운 표기법에 도달하는 것이 어렵다고는 해도, 이 방법은 새로운 소리를 내려면 머릿속에서 첫 번째 한자의 끝소리와 두 번째 한자의 첫소리를 없애고 읽어야 했기에 매우 불편했다.

조선 사람들이 한글의 창제자라 하는 세종은 중국어의 방식을 받아들여 첫소리와 끝소리를 구분하였으나, 필요한 경우에는 끝소리

---

22 히라가나平假名의 'ん'과 가타카나의 'ン' 글자(옮긴이).
23 만일의 경우 이 자리에 자음이 없으면 자음의 부재를 나타냈다. 사실상 중국 북부 방언에는 첫머리 자음이 없는 단어가 없으며, 남부 방언에는 'ㅇ' 발음이 첫머리 모음 앞에 위치한다.

를 단모음이나 이중으로 된 중성(가운뎃소리)과 끝소리로 구분했다. 그런데 이 끝소리들이 첫소리들과 동일한 경우도 있었다. 그 결과 조선인들은 모음과 자음이라는 철자를 구성하게 되었고, 일본의 '가나'보다 훨씬 더 완벽한 도구를 고안하여 한자도 쉽게 표기하고 이중모음과 이중자음을 이용해 한국어도 정확히 쓰게 되었다. 한글은 지극히 간단하다. 언어의 특성을 비교해 보면 산스크리트 문자에 가까운데, 모음을 받쳐 주는 무성 첫 철자가 산스크리트어에도 있기 때문이다. 이러한 유사점들이 나타나는 것은 아주 자연스러운 일이다. 왜냐하면 세종은 산스크리트어를 모방하였거나, 아니면 더 신빙성 있는 가정인데, 산스크리트어의 영향을 받은 한자의 첫소리들을 본떠 한글을 만들었기 때문이다. 한글 모양도 매우 간단하며 합리적이다. 모음의 기본 구성은 수직선이나 수평선인데, 선 하나만 있거나 이 선에 한 개나 두 개의 작은 선을 오른쪽이나 왼쪽, 위쪽이나 아래쪽에 붙여서 만든다. 'ㅂ, ㅍ, ㅁ'과 같은 순음脣音은 정방형의 모습을 따 와서 만든 문자이며 후음喉音과 치음齒音은 정방형에서 한둘의 변이 사라진 형태를 하고 있다. 글자의 분류나 형태가 논리적인 것을 보면, 한글이 심사숙고 끝에 탄생한 글이라는 것을 알 수 있고 『훈민정음 해례본解例本』에 언급된 사실들이 확인된다. 더구나 한글은 중국 한자나 일본 가나와 유사한 점이 전혀 없다. 물론 신대문자

神代文字라고 알려진, 이제는 거의 사용하지 않는 철자들을 말하는 것은 아니다. 일본의 저명한 학자들이 주장하듯이 일본 글자들은 한반도에서 유래했으며, 따라서 한글이 일본에서 유래한 것이라고는 할 수 없다.

필자가 언급한 『문헌비고』의 내용을 보면, 전통적으로 알려져 있는 바와 같이 1448[24]년에 세종이 한글을 창제하였다고 되어 있다. 그러나 이 연도는 몇 가지 문제점을 야기하고 있다. 실제로 『국조보감國朝寶鑑』은 한글 창제가 1447년의 일이라 하고 있으며, 한문과 한글 번역으로 구성되어 있는 『삼강행실도三綱行實圖』는 1434년에 인쇄된 것이다. 그때의 구어와 문어는 현재의 구어와 문어와 별다른 차이가 없다. 이에 따르면 언문인 한글은 세종이 훈민정음을 만들기 9년 전부터 존재했던 것이다. 필자는 1446년의 조칙詔勅이나 정인지의 서문의 가치를 훼손하는 이 모순을 설명할 방법이 없다. 한국어를 적는 방법과 한자의 소리를 표기하는 방법을 창제했다는 영예를 세종이 자기 것으로 가로챈 것일까? 그리고 세종 때 사람들과 후손들이 하나가 되어, 다른 이가 발명한 것을 앗아간 이 왕에게 그 영광을 돌리기로 한 것일까? 그랬을 것 같지는 않아 보인다. 『삼강행실

---

24 1446의 오기로 보임(옮긴이).

도』가 인쇄된 연도와 『훈민정음』에 관한 조칙이 공포된 연도를 비교해 보면 9년밖에 차이가 나지 않는 데다가 1434년이면 세종이 즉위한 지 이미 16년이나 지난 시점이기 때문에, 조선인들이 인정한 세종의 치적을 부인할 이유는 없을 것 같다. 아무튼 이 문제는 풀리지 않았으니 새로운 문서가 발견되어야만 해결될 것이다.

요약하자면, 고대 한반도에는 문자가 없었다. 그리고 일찍이 고구려와 한사군에 들어온 한자는 그보다 훨씬 후인 4세기 말부터 한반도의 남쪽 국가인 백제, 가락, 신라에 전파되었다. 한자는 꽤 빠른 속도로 한국의 문어文語가 되었으며, 지금도 그 역할을 하고 있다. 설총의 업적은 중국 한자 및 반⧻한자의 음성적 효과를 이용해서 한국어의 조사를 표시한 데 있다. 7세기 말에 발명된 이두는 한국말을 글로 적은 첫 번째 시도로 여겨진다. 설총의 표음 방식은 재판소나 여러 아문에서 아직까지 사용되고 있는데, 넓게 전파된 적은 없고 문학에는 어떠한 영향도 미치지 않았다. 마지막으로 산스크리트어의 영향을 받은 한글은 십중팔구 세종의 창제물로 보아도 된다. 한글은 간단함에도 불구하고 전면적으로 받아들여지지 못하고 백성들만이 사용하게 되었다. 선비들은 늘 미묘하고 확실한 도구인 한자를 선호하며, 아직 산만하고 표현력이 부족한 상태에 있는 한글보다는 한자어를 더 이용하고 있다.

4. 9세기까지의 한일 관계와 일본 문명의 탄생에 한반도가 끼친 영향

1897년 2월 21일 세미나, 기메Guimet 박물관, 『통보通報』, 1898년, 1~27쪽

I

고대 한국에 대한 문서에는 세 종류가 있다.

가장 오래된 것으로 중국의 『사기』(기원전 2세기 초)와 『전한서前漢書』(기원후 1세기)가 있다. 이보다도 오래된 『산해경山海經』은 상세하지 못하고 별로 가치가 없는 사실들만을 언급하고 있다. 기원전 12세기의 주周 왕조의 무왕武王이 통치하던 시절에 조선朝鮮이란 나라가 있었다는 사실을 언급하고 있음에도 불구하고, 상세한 것은 연나라 사람 위만衞滿이 기원전 194년에 한국 북부를 점령했다는 사실부터 나타나기 시작한다. 따라서 양쪽 문서에 나타나는 '조선'이라는 이름이

같은 지역을 말하는 것인지 의문을 제기할 수 있다. 『전한서』에 이은 왕조실록들은 거의 모두 다 한국을 언급하고 있다.

가장 오래된 일본 문서로는 712년에 완성된 『고사기古事記』, 720년에 완성되었으며 『일본기日本紀』라고 부르기도 하는 『일본서기』 그리고 뒤이어 나온 『속일본기續日本紀』(672~792)와 『일본후기日本後紀』 (792~823) 같은 여러 서기가 있다. 『일본기』는 620년에 완성되었으나 645년에 화재로 인해 일부 훼손된 『고사기』의 상당 부분을 포함하고 있는 것으로 보인다. 앞에서 언급한 첫 번째와 두 번째 역사서는 신神의 시대에서 시작하는데, 인간만의 시대에 대한 내용도 그들의 주장을 받아들이기 위해서는 우선 토의가 선행되어야 한다. 『일본기』와 한국 문서에는 461년에 한국이 일본에 사절단을 파견했다는 사실이 동일하게 기록되어 있다. 이것은 한국과 일본의 원전이 처음으로 완벽하게 일치를 보는 경우이며, 그 후로 양쪽의 원전에 기록된 사실들은 대강 비슷하다.[25]

한반도에서는 역사서가 일본보다 훨씬 늦게 나타나기 시작했다. 그중 제일 오래된 것은 1145년에 인종仁宗에게 올린 『삼국사기』로서

---

25 애스턴W.G. Aston, 「고대 일본사Early Japanese History」, 『일본 연구의 궤적과 전망 Transactions of the Asiatic Society of Japan』, 제16권, 39~75쪽. 애스턴, 『일본기Chronicles of Japan』, 英譯, 런던, 1896년, 2권, in−8.

꽤 오래전의 기록들, 심지어 7세기의 문서까지 인용하고 있다. 그 기록들이 현재 남아 있지는 않지만, 그 덕분에 4세기 후반 이후의 한반도사를 비교적 정확하게 묘사할 수 있다. 중국사와 일치하는 부분, 『삼국사기』의 믿음직한 어투, 이 책의 사실성이나 정확성을 굳게 믿고 있는 한반도 역사가들의 의견 일치와 같은 요소들이 『삼국사기』의 신빙성을 강하게 뒷받침하고 있다. 게다가 몇 년 전부터 한국 옛 왕국들의 영토에서 발견된 여러 비문들이 『삼국사기』의 사실들을 더욱 충실히 보완하며 증명해 주고 있다. 그중 가장 오래된 414년의 비문은 아직 유럽의 언어로 번역되지 않았는데, 조만간 이에 대한 논문을 쓸 예정이다.

II

기원후 초기에 한반도는 여러 국가로 나누어져 있었다. 고구려와 백제는 서부 지역을 점령하고 있었는데, 백제는 남쪽으로 지금의 전라도와 충청도까지 세력을 뻗었고 때로는 경기의 남부까지 영토를 넓히기도 했다. 또 고구려는 경기도의 비교적 넓은 영토를 비롯해 황해도, 평안도, 함경도, 강원도 서부 그리고 압록강 우안에서 비교적 넓은 영토를 차지하고 있었다. 고구려와 백제는 기원후 초기에 송화강 유역에 자리 잡고 있던 부여에서 온 부족이 건국했다. 이 부족은 한반도 북부와 동북부의 예족과 동북부의 숙신족 및 서북부의 선비족과는 달랐다. 이처럼 다양한 종족이 두 나라의 귀족과 군부 조직에 남아 있었던 것 같다.

이 두 왕국 사이에 낙랑樂浪성이 자리 잡고 있었다. 지금은 평양이라고 부르는데, 기원전 108년 이후에 중국의 영지가 되었으며 4세기 초까지 본국의 통치를 받고 있었다. 비슷한 시기에 이와 유사한 성들이 세워졌는데, 아마도 낙랑보다 먼저 사라졌을 것이다.

지금의 경상도이며 강원의 남쪽에 위치한 한반도의 동남부는 진辰이라는 부족의 영토였다. 진족은 30여 부족으로 나뉘어 두 개의 주요 연맹을 구성하고 있었는데, 하나가 동북부의 진한이고 또 하나가 낙동강과 백제와 바다와 접하고 있는 서부의 변한 혹은 변진이었다. 변한에서 비교적 친밀한 동맹 관계를 맺은 여섯 국가는 가야라는 이름 아래 모였으며, 가장 유력한 국가는 6세기 중엽까지 독립 국가로 남아 있었다. 동부 진한에서도 강한 부족들이 약소 부족들을 흡수하는 유사한 현상이 있었다. 기원후 초기부터 오늘날의 경주인 금성을 도읍으로 하고 있던 신라가 우세해지기 시작했으며, 점차 동맹을 맺거나 아니면 전쟁을 통해서 이웃 국가들을 병합하기에 이

르렀다. 그 나라들의 이름 일부와 항복한 시기는 알려져 있다.[26]

처음으로 통합 국가인 신라를 건국한 부족의 장들이 신라에 공존했던 세 왕가의 뿌리가 되었고, 다른 부족장들은 귀족이 되었다. 그리고 나중에는 이 귀족들 모두가 왕의 후손으로 여겨졌다. 그러나 동시에 부계적이며 봉건적이었던 그 조직 속에서 백성은 언급되지 않는다.

아무튼 6세기 중엽에는 진족의 영토 전체가 신라의 영토가 되었다. 신라는 교묘하게 당나라의 도움을 이용하여 660년에 백제를 그리고 668년에 고구려를 정복했다. 685년 이전에 중국의 권력은 이미 한국 땅에서 사라졌으며, 국내외 사정은 평화로웠다. 처음으로

---

26 앞으로『삼국사기』에서 인용한 사실들에 대해 각주를 작성할 때는 SGSG라는 표시를,
『일본기』의 인용은 NHG로, 메이지明治 17년(1884) 일본 외무성이 간행한『외교지고外交
志稿』(NHG를 인용한 이후로 시간이 부족했기 때문에, 필자가 더 쉽게 이용할 수 있는
찌끼물, 즉 f럽싀으로 거슬한 한 권의 일본 외교사 요약본 in-8, 822쪽과 연표 1책을
참조했다)를 GSK로,『일본 연구의 궤적과 전망Transactions of the Asiatic Society of Japan』
(제3권, 제1~2장, 제4권)에 기재된 게르츠Anton Johannes Cornelis Geerts의 「일본인들의
광물과 광업Minerals and Metallurgy of the Japanese」라는 기사를 G로 표시한다.
SGSG 77이 처음으로 기록된 신라국과 가야국 간의 전쟁.
SGSG 102, 음즙벌국音汁伐國, 실직국悉直國과 압독국押督國의 항복.
SGSG 108, 비지국比只國, 다벌국多伐國과 초팔국草八國의 항복.
SGSG 185, 신라국이 소문국召文國을 공격.
SGSG 209, 신라국이 포상팔국浦上八國을 점복.
SGSG 231, 신라국이 감문국甘文國을 정복.
SGSG 236, 골벌국骨伐國이 자발적으로 신라국에 복종.
SGSG 297, 이서고국伊西古國이 금성을 공격.
SGSG 512, 우산국이 신라국에 복종.
SGSG 532, 가야 동맹국들의 가장 주요한 나라 중 하나인 금관국金官國이 신라에 복종.

하나의 왕국으로 통일된 한반도는 그때부터 9세기 후반기까지 위대한 번영의 시대를 누렸다.

III

같은 시기에 한국의 동쪽 바다 건너편에서 일본인들의 역사가 시작되었다. 필자가 이미 언급한 바와 같이, 이 시기에 대해 한참 이후에 작성된 일본 문서가 진술하고 있는 내용에 대해서는 자신할 수 없다. 일본에 대한 언급 가운데 가장 오래된 것은『산해경』에 나오는 한 문장이며, 조금 더 상세한 첫번째 기록은 서기 25~220년의 시기에 관한『후한서後漢書』에서 볼 수 있다. 동시대에 기록된 자료는 없으나, 차후에 작성된 역사 서적이나 기타 저작물에 담겨 있는 정보들을 통해서 기원후 초반 일본의 형성에 대한 주요 특징을 꿰뚫어 볼 수 있다. 이 정보에 따르면, 일본 국가는 서로 독립적이며 각각의 세습적 족장을 갖춘 상당수의 부족이나 '우지氏'라고 부르는 씨족으로 구성되었다. 씨족의 일원들 이외에도 가장 주요한 부족들은 신분이 낮은 씨족들을 포함했다. 이들은 비교적 주主 씨족氏族의 엄격한 통치하에 놓여 있었으며, 대를 이어 장인匠人이 되거나 농사를 지었다. 구성원의 대다수를 차지하는 직계 부족들은 여러 계통으로 나뉘었고 서로간에 친밀한 관계를 늘 유지함으로써 영향력으로 보나 숫자로 보나 우위를 차지했다.

부족들 중 가장 유력한 부족의 족장은 그때부터 세 가지 특권을 지속적으로 누리게 되었는데, 그 첫 번째가 사제적 특권이었다. 그 이유는 일본 공동의 신神 중 우위를 차지한 부족의 시조로 여겨지고 있던 가장 유력한 신이 아마테라스 오오카미天照大神였는데, 그 앞에서 지배 부족의 족장이 모든 부족들을 대표했기 때문이었다. 두 번째는 외교와 군사에 관한 특권으로, 외국 특사들을 접견하고 국외 원정을 지휘했다. 마지막 특권은 법권이었다. 지배 부족의 족장은 씨족 간의 분쟁을 조정하고, 후손이 없을 경우에는 족장을 선정하며, 연맹체의 이익에 반해 죄를 저지른 부족을 징벌했다. 이 세 가지 특권이 황권皇權[27]의 기반이었다.

일본의 우지 연맹과 가야나 신라 같은 부족 연맹의 유사점은 쉽게 발견된다. 양국의 이러한 부족 연합은 동맹 관계를 통해서 혹은 다른 종족이나 같은 종족 간에 발발한 전쟁을 거치며 규모가 확대되었

---

27 『도쿄의 동아시아 자연-민속연구회Mitteilungen der Deutschen Gesellschaft für Natur- und Völkerkunde Ostasiens in Tokio』에 실린 플로렌츠C.A. Florenz 박사의 「고대 일본의 국가, 사회 조직에 관하여Die staatliche und gesellschaftliche organization im alten Japan」, 제5권, 164~182쪽. 『일본 연구의 궤적과 전망』, 제10권 부록 서론에 실린 체임벌린Basil.Hall. Chamberlain의 「고사기古事記의 영역英譯 A Translation of the Koji ki」.

다. 처음에는 독자적으로 정권을 장악하던 족장들은 점점 강력해진 한 족장의 세력 아래 가부장적 봉건제도를 세웠다. 그러나 점차 그 영향력이 약해져 중국을 모방한 관리 집단으로 변하게 되었다. 또한 일본인과 진족은 유사한 점이 많다. 일단 중국에서 그토록 엄격히 지켰던 외혼제外婚制를 한국이나 일본에서는 찾아볼 수가 없다. 또 신라 왕가의 여자들은 다른 나라 사람과는 혼인 관계를 맺을 수도 없는데도 일본이나 가야국의 족장에게는 여러 차례 시집을 갔다. 이러한 사례가 혹시 이들 간에 혈연관계가 있었다는 표시[28]는 아닐까?

이 두 나라는 언어의 공통점이 확연하다. 또 신들의 시대와 그들의 후손인 일자번능이이예존日子番能邇々藝尊이 하늘에서 규슈에 내려온 것에 대한 가장 오래된 일본의 전설에 따르면, 일본은 한국과 좋은 관계를 유지했다고 한다. 또한 석탈해昔脫解 신화에 따르면 신라 왕가의 자손인 석昔의 시조는 알 속에 담겨 일본에서 바다를 건너왔다고 한다. 고서를 통해 가늠할 수 있는 옛 일본의 가옥들은 오늘날의 한국 농촌의 오두막집과 유사하고, 한국과 일본의 옛날 능에서 출토된 토기들 또한 비슷하다. 이 모든 유사점들로 미루어 볼 때, 일선동

---

28 이방인과 결혼하는 것을 금지하는 것이 절대적인 규칙은 아니었던 것 같다. 다음과 같은 사례를 볼 수 있다.
SGSG, 312년 귀족 아찬阿湌의 딸이 일본 왕자와 결혼.
SGSG, 493년 이벌찬伊伐湌의 딸이 백제 왕과 결혼.
SGSG, 522년 신라 공주가 가야국의 왕비가 되었다.

조설日鮮同祖說을 지지하는 것은 아니지만 양국의 관계가 매우 오래되었으며 역사가 알려 주고 있는 것보다 훨씬 앞선 시대부디 교류가 있었음을 알 수 있다.

게다가 이러한 양국의 관계는 설화나 역사에서도 많이 볼 수 있다. 첫 번째 인간 천황인 신무천황神武天皇의 외가 쪽 선조인 바다의 신들이 보물이 가득한 여러 궁궐에서 살며 비단 양탄자에 앉아 있었다고 하는데, 이것은 대륙과 관계가 있었음을 뜻한다. 왜냐하면 인덕仁德(310~399)이 다스리던 시절에 "누에는 처음에는 기어 다니다가 고치가 되며 마지막으로 새가 되는 기이한 벌레인데, 이 벌레는 노리능미奴里能美라는 한인韓人의 집에서만 볼 수 있다"는 기록(『고사기』)이 있기 때문이다.

두 나라 사이에 무역 교류와 해적 행위가 있었다는 사실은 양쪽 역사서에 많이 기록되어 있다. 그중에 특히 신공황후의 원정은 믿을 수 있는 상세한 사실보다는 기적 같은 일들을 담고 있어서 완전히 인정할 수가 없다. 게다가 이 원정은 한국과 중국의 고서에는 기록된 바가 없으며, 다만 중국 역사서에는 비슷한 시기(147~190)에 비미호卑彌呼라는 일본 왕후가 있었다는 언급이 나온다. 하지만 기원후 초반부터 일본이 한반도에 원정을 온 적이 많았던 것은 확실해 보인다. 그 결과 4세기경에는 한반도 남쪽의 국가들이 일본의 종주권을 인정하게 된 듯하나, 4세기 말에 이르러서는 고구려가 열도 사람들을 몰아냈다. 한반도 역사서에는 언급되어 있지 않으나[29] 오랫동안 일본이 지향했던 노선은 이러했다. 즉, 한편으로는 백제나 가야 같은 열세한 나라를 이용하여 거기에 일본에서 교육받은 한인 왕자를 보위에 앉히고 한반도에 몇 개의 요새를 세우는 방법을 취하는 것이었고, 다른 한편으로는 가장 가까운 이웃 나라인 신라를 공격하는 것이었다. 신라가 백제를 굴복시킨 전쟁에서 당시 일본인들은 옛 동맹국을 지지했다. 그러나 한반도에 대한 일본의 원정도 731년이 마지막이었다. 그 후 9세기 말까지 양쪽의 사절단이 왕래하다가, 9세기 말에는 신라가 쓰시마와 규슈 해안 지역을 약탈했다.

다음은 일본과 한반도 사이에 몇 차례 일어났던 전쟁의 발발 연도와 사절단을 파견한 연도이다.

NHG, 기원전 33년 임나국(任那國 Imna: 아마나 Amana =가야)은 일본에 사절단을 보낸다.

SGSG, 서기 14년 일본인들이 신라 해안 지역에 상륙한다.

---

29 『일본기』는 한반도 역사서에 언급되어 있지 않은 다음과 같은 사실들을 전하고 있다.
　　NHG, 249년 가야국이 통합한 10개국 중에 비자목국比自㶱國 , 남가라국南加羅國, 녹국碌國, 안라安羅, 다라多羅, 탁순卓淳과 가라加羅 등 7개국이 일본에 복종한다.
　　NHG, 512년 일본은 백제에 가야의 4개의 현縣인 상다리上哆唎, 하다리下哆唎, 사타娑陀와 모루牟婁를 양도한다.
　　NHG, 529년 일본은 백제에 가야의 항구인 다사진多沙鎭을 내준다.
　　NHG, 577년 '오래된 관례에 따라' 일본인들이 백제로 건너가 머문다.

SGSG, 서기 68년, 121년 일본인들이 신라 해안 지역에 상륙한다.

SGSG, 서기 123년 신라와 일본은 동맹을 맺는다.

SGSG, 서기 158년 일본 사절단이 신라를 방문한다.

SGSG, 서기 193년 일본에서 기근이 발생해, 1,000여 명 이상이 신라에 쌀을 구하러 온다.

NHG, 200년 신공황후 원정.

SGSG, 208년 일본인들이 신라를 공격한다.

SGSG, 232년 일본은 신라의 도읍인 금성을 공격했으나 밀려난다.

SGSG, 233년 일본인들이 다시 공격하자 신라 사람들은 일본인의 배에 불을 지른다.

NHG, 246년, 247년 일본이 백제와 탁순(가야) 사이에 개입한다. 이 일은 초고왕肖古王 때(SGSG에 따르면 346~375) 이루어졌다.

SGSG, 249년 일본인들이 신라를 다시 공격한다.

NHG, 255년 백제 초고왕이 사망한다(SGSG, 375).

NHG, 277년 백제 왕은 직지直支 왕자를 특사로 파견한다. 이 왕자가 바로 전지왕腆支王인데 직지왕이라고도 불렸다. 아래의 397년 참고할 것.

NHG, 285년 백제의 학자인 왕인이 일본에 도착한다.

직지 왕자는 아버지의 왕권을 이어받고자 귀국한다(SGSG, 405년에 전지왕 즉위).

SGSG, 287년 일본인들이 신라 해안에 침입하여 1,000여 명의 포로를 일본으로 끌고 간다.

SGSG, 289년, 292년, 294년 일본인들이 침입한다.

SGSG, 295년 유례왕(儒禮王)은 일본 정벌을 계획하나 조신들의 만류로 포기한다.

NHG, 295년 일본의 신라 원정. 많은 포로가 일본으로 끌려간다.

SGSG, 300년, 신라와 일본의 동맹.

SGSG, 346년 일본인들은 신라를 약탈하고 도읍을 포위하였다가 퇴각한다.

SGSG, 364년, 393년 왜인들이 신라를 공격하다 패한다.

SGSG, 397년 백제의 전지 왕자가 일본에 인질로 갔다(277년 참고). 『백제기(百濟記)』에 왜국이 최초로 언급된 부분이다. 그 후부터 특히 5세기와 7세기에 두 국가 간의 교류가 빈번했다.

SGSG, 402년 신라와 일본의 동맹.

SGSG, 408년 일본인들이 신라를 공격하고 많은 백성을 끌고 갔다.

SGSG, 409년 일본인들이 쓰시마의 주둔지에 요새를 세운다

SGSG, 431년 일본인들이 신라의 수도의 외각인 명활(明活)산성을 포위하고 공격하다가 패한다.

SGSG, 440년, 444년 일본인들이 신라를 공격하고 포로들을 끌고 간다.

SGSG, 459년 100척의 왜선(倭船)이 신라를 공격하러 오다가 쫓겨난다.

NHG, 461년 백제 특사가 일본으로 파견된다. 훗날의 무령왕(武寧王) (재위 501~523), 즉 이두식으로 표시하면 사마(斯麻), 일본어로는 '시마' 라고 읽는 시마(島) 왕자가 여행 중 탄생. NHG에 언급되어 있는 이 사절은 한국 역사서에도 기록되어 있다.

SGSG, 462년 일본인들이 명활성을 공격하다 밀려난다.

SGSG, 463년, 467년, 493년에 신라는 요새와 병선을 건조한다.

SGSG, 476년, 477년, 486년과 497년 일본인들이 신라를 공격한다.

NHG, 564년 일본이 고구려에 승리한다. 일본 역사상 두 국가의 군사적 충돌이 처음으로 언급된 때이다. 『고구려기』는 일본을 언급하고 있지 않다.

NHG, 570년 고구려의 특사들이 고시(越) 지방에 도착한다.

다음은 신라가 주도했던 통일 과정을 건너뛰고 통일 신라를 다룬 내용이다.

SGSG, 722년 신라는 동남부 해안지역에 요새를 세운다.

SGSG, 731년 300척의 왜선이 퇴각했다.

GKS, 738년 일본인들이 신라 사신의 일본 도읍 입성을 거부한다.

SGSG, 742년 일본의 사신이 이르렀으나 예를 갖추지 않아 왕이 그들을 접견하지 않는다.

SGSG, 753년 일본의 사신이 새로 왔으나 같은 이유로 왕이 접견하지 않고 돌려보낸다.

GKS, 753년 일본의 사신이 예의 문제로 신라와 타협점을 못 찾고 일왕의 조칙을 다시 들고 돌아온다.

GKS, 758년 일본은 신라와 전쟁을 선포한다.

GKS, 764년 신라 군대가 하카타博多를 공격한다.

GKS, 774년 신라 사신들의 국서가 잘못 작성되어 접견하지 않고 돌려보낸다.

GKS, 779년 신라 사신이 아무 문제 없이 일본에 건너온다.

SGSG, 803년 일본과 수호조약이 체결된다.

GKS, 804년 일본이 황금 300냥을 바친다.

GKS, 806년, 808년 일본은 신라에 사신을 보낸다.

GKS, 813년 신라군이 비젠備前을 공격한다.

GKS, 834년 신라는 쓰쿠시筑紫를 공격한다.

GKS, 835년 신라는 이키壹岐를 위협한다.

GKS, 842년 신라의 공격이 이어진다.

SGSG, 864년 신라는 일본에 사신을 보낸다.

GKS, 866년 비젠 주민들이 신라와 음모를 꾸민다.

GKS, 869년 신라가 하카타를 다시 공격한다.

SGSG, 878년, 882년 일본은 신라에 사신을 보내는데, 두 번째 사신은 황금 300냥과 진주 10알을 바친다.

GKS, 885년 신라의 사신들이 잘못된 국서를 가져와서 접견하지 않고 돌려보낸다.

GKS, 894년 신라가 쓰시마를 공격한다.

IV

8세기와 9세기 사이에 300년 전부터 중국에서 들어온 문명의 씨 앗이 마침내 꽃을 피운다. 따라서 이 시기의 고대 한국을 살펴봐야 일본인들이 무슨 이유로 한국을 일종의 콜키스 같은 풍요로운 나라로 여기게 되었는지, 신공황후의 정벌이 왜 아르고호의 원정과 비슷하다는 것인지 이해할 수 있을 것이다.

한국인들은 견직물과 온갖 종류의 자수 제품을 만들었으며, 귀금속 공예가 발달했고, 금과 은 식기를 사용하였을 뿐 아니라 귀한 목재로 만들어 조각 장식을 한 우마차를 사용했다. 880년에 수도에 있는 가옥들은 대부분 기와집이었다. 규모가 제일 큰 집은 귀족들만 소유할 수 있었는데, 폭은 24척을 초과할 수 없었고 외부는 조각으로 장식되어 있었다. 그때 백성들은 숯으로 난방을 했고, 값비싼 옷감과 금속을 사용하는 것이 사치 단속령으로 규제되었다. 왕은 최소한 여섯 군데에 정원이나 과수원이 있었고 18여 개의 궁궐을 가지고 있었다. 돗자리나 비단 혹은 쇄광綃鑛이나 모피 등 왕에게 필요한 모든 물품은 60개소의 관청에서 관장했다. 사찰에는 황금 불상과 커다란 종이 있었고, 사찰의 수는 상당했다. 6세기부터는 대규모의 청동상을 만들기 시작했다.

다음을 보면 당시 한반도에서 생산된 제품이 무엇이었는지 알 수 있다.

조선의 산업과 문화에 대한 기록

SGSG, 541년 백제 왕은 중국에서 『시경詩經』과 『열반경涅槃經』을 들여오고 화가를 불러들인다.

NIIG, 545년 백제에서 불상이 만들어진다.

SGSG, 551년 우륵于勒이라는 가야국 출신 음악가가 많은 곡을 만든다.

SGSG, 558년 신라가 포노砲弩를 발명한다.

SGSG, 574년 신라가 높이 10척의 입상[30]을 여섯 개를 주조하는데, 이 작업에 구리 3만 7,500여 근을 쓰고, 금박에 황금 102여 냥兩 혹은 6근 이상을 쓴다.

중국, 일본, 한반도 간에 주고받은 선물

NHG, 27년 신라는 보석과 거울과 검을 일본에 보낸다.

NHG, 324년 고구려는 일본에 철제 방패를 보낸다.

SGSG, 418년 백제는 백면白綿 10필을 일본에 보낸다.

NHG, 434년 백제는 말 여러 마리와 하얀 매 한 마리를 신라에 보내고, 신라는 보답으로 황금과 진주를 백제에 보낸다.

NHG, 541년 백제 왕은 중국에서 『시경』과 『열반경』 등을 들여온다.

NHG, 552년 백제는 불경佛經, 황금과 구리로 만든 불상, 불교 의식에 따라 식을 올릴 때 쓰는 물건 등을 일본에 보낸다.

NHG, 553년 일본은 말과 활과 화살을 백제에 보내는 대신에 역

---

30 장륙삼존상丈六三尊像(옮긴이).

학易學과 달력曆과 의술에 관한 책을 요청한다.

SGSG, 565년 진陳나라에서 불교에 대한 책 1,700권을 신라에 보낸다.

NHG, 577년 백제는 불교 서적을 일본에 보낸다.

NHG, 578년 신라는 일본에 불상을 보낸다.

NHG, 598년 신라는 일본에 까치 한 쌍을 보낸다.

NHG, 599년 신라는 일본에 낙타 한 마리, 양 두 마리, 흰 꿩 한 마리를 보낸다.

NHG, 605년 고구려는 일본에 황금 300냥을 보낸다.

NHG, 616년 신라는 일본에 불상을 보낸다.

NHG, 618년 고구려는 일본에 수나라의 포로들과 낙타 한 마리를 보낸다.

SGSG, 621년 백제는 중국 조정에 과하마果下馬를 바친다.

SGSG, 622년 신라는 일본에 황금 불상, 금탑, 불교의 성유물과 의식 용품을 보낸다.

SGSG, 637년 백제는 중국 조정에 철제 갑옷과 세공된 철제 도끼를 보낸다.

NHG, 647년 신라의 사신 김춘추는 공작과 앵무새 각각 한 마리를 일본에 가져간다.

SGSG, 650년 신라는 중국 황제에게 시_詩를 수놓은 수단_{繡緞}을 보낸다.

SGSG, 653년 신라는 중국에 금총포_{金總布}를 보낸다.

SGSG, 664년 신라 왕은 중국 사신에게 금백_{金帛}을 하사했다.

NHG, 668년 일본은 신라에 견직물과 견사, 생사_{生絲}와 가죽을 보낸다.

SGSG, 669년 신라는 자석_{磁石} 두 상자를 중국에 보낸다.

NHG, 671년 신라는 물소_{水牛}와 꿩을 한 마리씩 일본에 보낸다.

NHG, 679년 신라는 황금, 은, 철, 삼발이, 수단, 천, 말, 개, 노새와 낙타를 일본에 보낸다.

NHG, 681년 신라는 679년과 비슷한 선물을 일본에 보낸다.

NHG, 686년 신라는 말, 노새, 개, 금과 은 꽃병, 분홍색 수단, 얇은 천, 호랑이와 표범 가죽_{虎豹皮}, 약초를 일본에 보낸다.

NHG, 688년 불상, 새 이외에 686년과 같은 선물을 일본에 보낸다.

NHG, 689년 신라는 불상을 보낸다.

SGSG, 723년 신라는 과하마 한 필, 우황, 인삼, 두발_{頭髮}인 미체_{美髢} 조하주_{朝霞紬}와 어아주_{魚牙紬}, 매 무늬를 놓은 방울(누응령_{鏤鷹鈴}), 바다표범 가죽(해표피_{海豹皮}, 일본인들이 수이효_{水豹}나 아자라시라고 부르는 물개의 일종), 금. 은 등을 당 조정에 바친다.

SGSG, 730년 신라는 과하마 다섯 마리, 개 한 마리, 황금 2,000 냥, 미체 80냥, 바다표범 가죽 10장을 당 조정에 바쳤다

SGSG, 734년 신라는 과하마 두 필, 개 세 마리, 금 500냥, 은 20냥, 베 60필, 우황 20냥, 인삼 200근, 미체 100냥, 바다표범 가죽 16장을 바친다

SGSG, 773년 신라는 금, 은, 우황, 여러 종류의 명주明紬와 비단을 당나라에 바친다.

SGSG, 804년 일본은 황금 300냥을 신라에 바친다.

SGSG, 810년 신라는 불상을 중국에 보낸다.

SGSG, 869년 신라는 말 두 필, 금 100냥, 은 200냥, 우황 15냥, 인삼 100근, 대화어아금大花魚牙錦 14필, 소화어아금小花魚牙錦 14필, 조하금朝霞錦 20필, 40승卅의 백첩포白氎布, 30승의 저삼단紵衫段 40필, 4척 5촌의 두발 150냥, 3척 5촌의 두발 300냥, 응금쇄선자鷹金鎖旋子와 매 사육 용품 등을 중국에 보낸다. 보낸 물품의 전체 명단은 298개의 한자로 작성되었다.

SGSG, 882년 일본은 황금 300냥과 진주 10알을 신라에 바친다.

한반도의 국가들은 여러 분야의 장인들을 일본에 보냈다. 그 장인들은 여러 물품들을 가지고 가서 예술을 전파하고 발전시켰는데 그

물품들은 오늘날 일본 고유의 것으로 여겨지기도 한다. 그 후 일본 인들은 해당 예술을 파악하는 데 타고난 재주를 보여 주었다. 당시 고대의 일본인들은 차茶, 오렌지, 옻칠[31]에 대해 몰랐던 것으로 보인 다. 『고사기』에 나오는 누에 양식蠶殖에 대한 내용은 필자가 앞에서 언급한 바가 있다. 장인을 비롯해 농사를 짓는 사람들까지도 상당수 가 일본으로 건너갔다. 이들은 새로 정착한 곳에서 일본 사회의 특 수한 계층을 형성했으며, 아직 미개한 상태로 남아 있던 열도의 동 부와 북부 지역에 정착했다.

일본에 간 한국 장인들과 일본 산업의 발전

NHG, 283년 백제는 여봉의공女縫依工을 파견한다.

NHG, 300년 신라는 조선공업부造船工業夫를 파견한다.

NHG, 355년 백제 왕자가 매 훈련법을 전한다.

NHG, 414년 황제를 치료하기 위해 신라에서 의사를 불러온다.

NHG, 453년 80명의 악사를 파견한다.

NHG, 462년, 472년 대규모의 뽕나무 농원 형성.

NHG, 493년 고구려에서 온 두 명의 무두장이가 야마토大和 지역

---

31 체임벌린, 「고사기의 영역」, 서론.

에 정착한다.

NHG, 513년 백제는 오경박사 단양이段楊爾를 보낸다.

NHG, 554년 백제는 오경박사 막고莫古와 왕유귀王柳貴라는 학자와 담혜曇慧 등 승려 아홉 명 그리고 역술, 역본曆本, 의술, 약초와 음악 전문가들을 파견한다.

NHG, 577년 백제는 불경, 승려, 조각가, 사찰 건축가를 파견한다.

NHG, 588년 백제는 사찰 건축가, 주조공, 도공과 화가를 파견 한다.

NHG, 602년 백제는 역서曆書를 비롯해 천문, 지리[32]와 둔갑방술遁 甲方術 박사들을 파견한다.

NHG, 605년 일본에서 부처의 자수화를 수놓아 만들고, 황금 혹 은 구리로 된 불상을 만들기 시작한다.

NHG, 607년 나라奈良의 호류사法隆寺에 그 절을 건축할 때 조불사造 佛師와 한인 승려인 담징曇徵이 제작한 불화들이 보관되어 있다.

NHG, 612년 백제 사람이 조경술을 가르치러 일본에 갔으며, 또 다른 백제인이 새로운 무용과 음악을 전달했다.

NHG, 650년 아키安芸 지역에서 일본 황제가 백제의 배를 본떠

---

32 『천문지리역본天文地理曆本』(옮긴이).

두 척을 조선하도록 지시한다.

NHG, 674년 일본(쓰시마에서) 최초로 은광이 발견된다.

NHG, 680년 한인 통역사 세 명이 일어를 공부하러 일본에 건너간다.

NHG, 683년 일본 황궁에서 고구려, 백제, 신라의 무용이 공연된다.

NHG, 686년 백제인이 일본 황제의 어의가 된다.

G, 698년 이나바因幡 지역에서 구리 광산이 발견된다.

G, 708년 무사시武藏에서 구리 동전을 주조한다.

G, 750년 스루가駿河에서 금광이 발견된다.

GKS, 761년 일본 정부가 한국어 통역사를 양성한다.

일본으로의 이민

NHG, 365년 신라의 네 마을의 주민들이 포로로 끌려간다.

NHG, 467년 백제 사람인 귀신貴信이 일본에 망명한다.

NHG, 540년 백제 출신인 기지己知가 야마토 지역에 정착한다. 중국과 한반도에서 온 이민자들에 대해 최초로 법규가 만들어지고 등록이 이루어진다.

NHG, 556년 야마토의 오무사大身狹와 고무사小身狹에 각각 한 곳씩 한인 마을이 세워진다.

NHG, 564년 신라의 사신이 일본(셋쓰攝津 지역)에 정착한다.

NHG, 565년 쓰쿠시에 정착한 고구려 유민들을 야마시로山城에 이주시킨다.

NHG, 608년 신라에서 상당수의 이민자가 일본에 도착한다.

NHG, 609년 두 명의 승려가 이끄는 75명의 백제 사람들이 일본에 도착한다.

NHG, 665년 백제 사람 400명이 오미近江에 정착한다.

NHG, 666년 백제 사람 2,000명이 일본 동부 지역에 정착한다.

NHG, 685년 147명의 중국인과 한국인에게 정식 지위를 부여한다. 백제의 승려에게 봉토인 번蕃을 하사한다. 고구려의 유민들이 일본에 도착한다.

NHG, 687년 고구려인 56 명이 히타치常陸에서 땅을 얻는다. 신라의 이민자 14명은 시모쓰케下野에, 22명은 무사시에 정착한다,

NHG, 689년 신라인들이 시모쓰케에 정착한다.

NHG, 690년 신라인 83명이 무사시와 시모쓰케에 정착한다.

NHG, 691년 황제가 일본에 거주하는 백제의 왕자들에게 선물을 보낸다.

GKS, 715년 신라의 이민자들이 미노美濃에 정착한다.

GKS, 716년 고구려의 이민자들이 무사시에 징착한다.

GKS, 746년, 760년, 768년 신라의 이민자들이 무사시에 정착한다.

SSR, 814년 당시의 주요 가문을 모아 놓은 『성씨록姓氏錄』에 따르면, 일본 귀족은 다음과 같이 구성되어 있다.

중국 출신 가문 162호, 백제 출신 가문 104호, 고구려 출신 가문 50호, 가야와 신라 출신 가문 9호, 출신을 알 수 없지만 일본계는 아닌 47여 가문 등이 있다.

GKS, 814년, 816년, 817년, 822년 신라에서 이민자들이 도착한다.

GKS, 820년 스루가의 신라 사람들이 소요를 일으킨다.

GKS, 824년 신라에서 이민간 사람들은 무쓰陸奧에 정착한다.

GKS, 874년 무사시 지역에서 신라인들이 폭동을 일으킨다.

V

그러나 한반도가 물질적인 면에서만 일본에 많은 영향을 끼친 것은 아니다, 중국에서 전래한 불교를 일본에 전달한 나라 또한 한반도이다. 한반도와 마찬가지로 일본에서도 불도들의 열성적인 포교 활동과 불교가 담고 있는 사상적 진수眞隨 자체로 인해 이 새로운 종교는 급속도로 전파되었다. 사실 불교는 지적 수준이 어느 정도에 이른 사람이라면 누구나 한 번쯤 갖게 마련인 '인생이란 무엇인가'

에 관한 답을 주며 행동의 지침들을 전해 준다. 일본의 신도神道나 한반도의 종교에는 이와 같은 신앙이 없었다. 게다가 불교는 기존 신앙을 품을 줄 알고 잘 동화되었기 때문에, 한반도의 전래 종교가 무엇이었는지 또 6세기 이전의 일본 신도가 어떠했는지는 거의 알 수가 없고 상상하는 것조차 어렵다.

많은 한국 불사佛師들이 포교를 위해 일본에 건너갔으며, 그곳에서 문명의 발달을 촉진했다. 이러한 불사들의 뜻이 관철되어 혜자慧慈는 595년에 일본 쇼토쿠 태자聖德太子의 스승으로 임명되기까지 했다.

NHG, 552년 백제는 일본에 불경, 불상, 불교 의식에 필요한 용품을 보낸다.

NHG, 554년 도심道深이라는 승려를 대신하기 위해 담혜 및 승려 아홉 명이 일본에 도착한다.

NHG, 577년 백제의 승려와 비구니들이 일본에 도착한다.

NHG, 587년 젠신善信과 여러 일본 비구니들이 백제로 유학을 떠난다.

NHG, 588년 혜총慧聰, 영근令斤, 혜식慧寔, 영조聆照, 영위令威, 혜중惠衆, 혜숙惠宿과 도엄道嚴 등 백제의 승려들이 일본으로 온다.

NHG, 590년 젠신과 그의 동료 비구니들이 귀국한다.

NHG, 593년 우마야도노殿戸豊聰耳(도요토미미)가 황태자로 책봉되는데(사후에 쇼토쿠 태자라는이름을 받는다), 그는 승려 혜자와 각가覺伽 박사의 제자였다.

NHG, 595년 고구려에서 온 혜자와 백제의 혜총慧聰이 일본에 온다.

NHG, 602년 백제에서 관륵觀勒이, 고구려에서 승륭僧隆과 운총雲聰이 온다.

NHG, 609년 승려 도흔道欣과 혜미惠彌가 백제에서 온다.

NHG, 610년 고구려 왕이 담징曇徵과 법정法定을 파견한다.

NHG, 615년 혜자가 고구려로 돌아간다.

NHG, 623년 혜자가 승정僧正으로 임명된다.

NHG, 624년 고구려는 승려 혜관慧灌을 승정으로 임명한다.

NHG, 645년 한국인이 포함된 여러 승려가 일본 백성의 교육을 맡는다.

NHG, 648년 일본 승려들이 한국에 유학한다.

NHG, 684년 23명의 백제 승려와 비구니들이 무사시에 정착한다.

승려들이 기여한 바는 여러 가지가 있으나 그중에서도 가장 큰 업적은 문자를 보급한 것이었다. 필자는 한반도 문자의 역사에 관해

약술한 바 있다.[33] 중국과 가장 가까운 고구려에서는 건국 이후 많은 사람이 기록을 남겼는데, 이를 『유기留記』라고 불렀다. 그러나 정식으로 역사서를 기술한 것은 600년 이후이다. 옛 왕들의 능에 비문을 새긴 것은 4세기 말이나 5세기 초의 일이다. 한편 불교가 전래된 372년에 태학이 세워졌다. 백제의 경우, 연대기를 작성하기 시작한 것은 4세기 말의 초고왕이라고도 부르는 근초고왕(재위 346~375) 때의 일이다. 불교가 전래된 것은 384년이며, 5세기 말이 되자 늦게나마 왕의 이름을 지을 때 한자를 이용해서 소리만으로 표기하지 않고 뜻을 넣어 짓게 된다. 신라는 502년에 임금이 한국식 칭호를 버리고 왕이라는 이름을 취하며, 왕국의 이름을 표기하는 한자를 정한다. 『삼국사기』에 사건과 풍습에 대한 상세한 정보가 담기기 시작한 것도 역시 이때부터이다. 또한 불교가 포교된 것은 5세기경부터라고 추정되지만, 그것이 확실해진 것은 528년의 일이다. 필자는 이 모든 일들을 고려해 볼 때 한자의 보급과 불교의 포교 사이에 관계가 있다고 생각한다. 한편 일부 유럽 학자들은 한국인이 고유의 문자를 가지고 있었으나 이를 버리고 한자를 선택했다고 주장하는데, 그 가정은 근거가 없다고 여길 수밖에 없다. 유일하게 증명된 확실한

---

33 『한국서지Bibliographie coréenne』, 서론, 제3장, 「한국의 여러 문자 체계에 관한 주해」. 『일본 연구의 궤적과 전망』, 제23권, 5쪽 이하).

사항은 중국이나 한국, 일본 어디에도 이와 같은 사실을 언급한 문서가 없다는 점이다. 비록 승려들이 불경을 깨치는 데 필수적인 한자를 널리 보급하는 데 기여한 것은 사실이지만, 그렇다고 해서 그 이전에 한자가 전혀 소개되지 않았다고는 생각되지 않는다. 오히려 랴오둥 지역이나 평양의 중국인들과 관계를 가졌던 극소수의 사람들은 한자에 대해 약간의 지식을 가지고 있었다고 여겨진다. 필자는 역사학자들이 서기 2세기부터 한반도의 국가들과 일본 사이에 국서가 오갔다는 점을 언급하고 있다는 사실에서 이러한 가정도 가능하리라고 생각한다. '이서移書'라는 표현이 역사학자들이 살았던 시절에 역사서에서 흔히 쓰는 용어가 아니었다면 말이다.[34]

이러한 과정은 일본에서도 비슷했다. 일본과 유럽의 석학들은 오래전부터 16세기나 17세기경의 신대문자라고 하는 '신의 문자'가 한국의 언문을 본뜬 것임을 인정했다. 따라서 4세기까지 일본인들

---

34 SGSG, 125년 신라 왕은 도움을 간청하고자 백제 왕에게 이서移書한다.
   SGSG, 백제 왕 이서.
   SGSG, 신라 왕 이서.
   NHG, 297년 고구려 왕이 왜왕에게 이서.
   SGSG, 345년 신라 왕에게 왜왕 이서.
   NHG, 353년 전 시대에 작성된 지리에 대한 주해 언급.
   SGSG, 373년 백제 왕이 신라 왕에게 이서.
   NHG, 403년 후히토라는 특별 계층의 기록 보관원을 일본의 지방에 발령한다.
   SGSG, 413년 고구려 왕의 국서인 표表를 진晉나라 조정에 최초로 발송.
   NHG, 621년 신라는 처음으로 일본에 표를 보낸다.
   NHG, 646년 한자와 계산법을 알고 있는 서기를 일본 지방에 발령한다.

은 문자가 없었고, 최초의 문서라고 인정할 수 있을 만한 것은 일본 군주가 신라 왕에게 345년에 보낸 국서이다. 이 문서는 유명한 한반도 학자인 왕인이 도일한 시기(405)보다 60년 앞서 있다. 문자라는 새로운 기술은 처음에는 한국인이나 중국인 같은 외국인들만이 행하였으며, 이들은 후히토史라고 하는 특별한 계층을 형성했다. 후에 불교의 포교 활동과 쇼토쿠 태자의 교육에 미친 불교의 큰 영향력 덕분에 문자는 일본의 모든 계층 사이에 퍼져 나갔다. 초기에는 한문식으로 쓰다가 곧 한자의 음가音價만을 이용하였고, 음절문자가 탄생했다. '가타카나'는 8세기 말경에 나타났고 '히라가나'는 905년[35]에 처음으로 사용된 것으로 알려져 있다. 사실은 이 가나 글자들은 주로 한자 옆에 삽입하는 조사로 사용되었다.

692년에 한국의 설총은 일본인들보다 앞서 한국말의 조사와 접미사들을 표현하기 위해 한자를 음차할 생각을 해 냈다. 아직까지도 일부 사법 문서를 작성할 때에 음차한 한자들이 그대로 사용되고 있다. 이 표기법도 가타카나처럼 간략한 기호로 되어 있으나, 음절문자가 만들어지지는 않았다. 설총의 표기법을 이두吏讀 또는 이문이라고 부른다. 언문이라고 불리는 속자俗字는 세종이 15세기에 발명한

---

35 랑Rudolf Lange 박사, 『일본어 문자 입문Einführung in die japanische Schrift』, 베를린, in-8.

것으로 기존 자모음 체계 가운데 가장 단순한 것 중의 하나인데, 이를 한자와 섞어 쓰는 일은 별로 없다.

　승려들은 불서와 함께 유교 경전과 역사서도 가지고 왔다. 신라의 왕들은 일왕日王과 마찬가지로 중국의 사상이 정권 유지에 얼마나 유익한지 재빨리 알아차렸다. 그때까지만 해도 부족들이 모여 만든 연맹체밖에 없었으며, 씨족의 우두머리나 귀족들 중의 일인자가 연맹의 지도자를 맡고 있었다. 그러나 중국에서 들여 온 책들은 군자가 다스리는 신민의 국가가 무엇인지를 보여 주었다. 일본인들에게 이러한 사상을 전개하고 군주의 권리를 절대 원리로 내세우며 옛 번주들의 권리에 반기를 든 이가 바로 승려들의 가르침을 받았던 쇼토쿠 태자였다. 그는 헌법 17조憲法十七條를 세웠다. 개혁은 다이카大化(645~649) 시대부터 실행되었다. 황제는 국가들을 번으로 개칭하여 세금을 징수하고 법으로 다스렸으며, 귀족들을 관리로 만들어 충성을 맹세하도록 했다. 7세기에 일어난 이러한 혁명은 1868년 개혁만큼이나 빠르고 대대적이었다.[36] 한편 신라에서의 변화는 6세기

---

36 NHG, 604년, 쇼토쿠 태자의 헌법 17조.
　　NHG, 645년 다이카 원년. 지방 행정 개혁, 군주에 대한 상소권, 인구 조사와 지적부 착수.
　　NHG, 646년 농노인 전부田部의 수가 감소. 도움과 지방 행정 관리 임명. 호적과 계장計帳을 작성. 공지公地를 공민公民에게 분배하는 반전수수법班田収受之法 실시. 세제 개혁.
　　NHG, 648년에 관리 체계 확립.
　　SGSG, 670년 왜국倭國은 정식 국명을 닛폰日本으로 개칭.

초부터 서서히 이루어졌다. 신라가 백제와 고구려에게 승리한 것은 어느 정도는 새로운 군대와 엄격한 권력 조직이 있었기 때문이다. 신라의 한반도 통일 이전에 혁명이 완수되었고 세습 귀족들이 남아 있었다고는 해도, 군주의 절대 정권 아래 놓여 있었던 것이다.[37]

　한자의 보급, 불교의 포교, 산업의 전파와 마찬가지로 정치적 개혁도 중국에 더 가까운 곳에 있었던 한국이 일본보다 앞섰고 또 그러한 한국이 일본에 문명을 전했다.

---

37 SGSG, 502년 '신라新羅'라는 한자와 '왕'이라는 칭호가 정식으로 선정되었다.
　SGSG, 505년 지방 행정 구역 개편 및 현지사의 역할을 맡은 단주單主 임명.
　SGSG, 514년 이차 수도인 소경小京 설립.
　SGSG, 517년 병부兵部 설립.
　SGSG, 520년 영시율령領示律令 선포.
　SGSG, 557년 지방 행정 구역 연속 개편.
　SGSG, 584년 관리 임명 규정 수립.
　SGSG, 654년 사법 개혁.
　SGSG, 685년 규슈 설립.

5. 마당극과 무극舞劇

『동방학지』, 1897년, 74~76쪽

한국의 연극은 마당극 그리고 서양의 발레와도 같은 무극, 이렇게 두 가지 형태로 나눌 수 있다. 알다시피 한국의 언어는 거의 구어로만 사용되며, 한국어로 쓰인 몇 편의 소설이나 창가는 평민이나 여자들을 위한 것이다. 따라서 한국어로 된 시문학이라 할 수 있는 잡가雜歌는 다른 장르와 마찬가지로 아직까지는 발전된 장르라 할 수 없다. 잡가가 갖는 형식을 정의하기는 쉽지 않다. 대부분 즉흥적인 창작물일 뿐 결코 규칙에 따른 구성을 보이지 않기 때문이다. 마침 한국의 극에 대한 연구를 최초로 시도했던 한 선비의 도움으로 잡가의 구성을 살펴보고자 하였으나, 단지 다음과 같은 결론만을 얻었을 뿐이다. 우선 잡가는 형식에서 양(분량)이나 어조, 운 그 어느 것도 고려하지 않는다는 것, 한 구절은 보통 열두 음절에서 스무 음절로 구성되어 있다는 것, 각각의 구절은 하나의 문장을 이룬다는 것, 반면에 산문의 경우에는 한 문장이 몇 장씩 이어지기도 한다는 것 그리고 주로 한시의 기법을 본뜬 듯 우아하면서도 비유가 풍부하게 들어간 표현을 사용한다는 것이다.

잡가는 보통 전설이나 일화를 주제로 한다. 일반적으로 가로로 놓고 부는 악기와 북으로 장단을 맞추는데, 한두 명의 배우가 마치 잠언을 읊는 것 같은 어조로 낭독하며 몸짓 연기를 한다. 이 배우들은 주로 유랑 생활을 하며, 도성 내 입성이 금지되어 있을 만큼 신분이 매우 낮은 천민에 속한다.

무극은 궁에서 흔히 볼 수 있는 공연으로 상중喪中에는 금지되는데 필자가 서울에 머물던 때가 대부분 상중이었다. 무극은 거의 대를 이어 내려오며 형성되는 특별한 집단의 여인들이 공연하는 춤이다. 내용은 주로 한국에 전해 내려오는 설화나 중국의 설화로, 상당수의 작품들이 중국의 당, 송 시대에 들어왔다. 신라시대부터 내려온 무극은 한국어로 된 노래를 그대로 사용한다. 그러나 대부분의 경우에 춤에 들어가는 노래는 한시이다.

도성 안에서 민속 춤판을 벌일 수 있는 때는 석가탄신일뿐이었다.

이때 부유한 집에서는 광대들을 고용하여 의복과 탈을 주었다. 언젠가 이런 춤판을 본 적이 있는데, 무대는 마을 개천 주변이었고 성벽까지 곧게 흐르는 하천과 한양의 동쪽 경계를 이루는 산들을 무대 배경으로 삼고 있었다. 관객들은 하천 둑이나 지붕 위에 모여 앉았다. 무대 앞에 자리 잡은 악단은 현악기와 관악기 그리고 장구로 이루어져 있었는데, 장구는 4분의 1박자에 맞춰 두 번 길게 장단을 친 후 울림 없이 짧게 한 번을 더 치고는 정적 상태로 이어지는 식이었다. 옥색 겉옷과 회색 모자, 흑인 같은 탈을 쓰고 중 역할을 하는 배우, 보통 옷차림에 기괴한 노인 모습의 탈을 쓴 배우 둘, 전통 의상과 중국 옷을 입은 여배우가 각각 두 명씩 있었다. 이야기는 매우 느리게 전개되었으며, 그 내용은 외설적인 익살극이었다. 젊은 아내를 둔 어떤 노인이 한 청년의 유혹에서 아내를 지키려 한다. 그러던 중 아내에게 모욕을 당한 노인이 젊은 애인을 죽이려 하다가 오히려 단검을 빼앗기고 만다. 대사는 한마디도 없이 이야기가 모두 무언극으로 표현되는데, 각 장면이 매우 짧은 단위로 구성되어 있다. 또 사이사이마다 인물들의 상황과 어느 정도 연관이 있어 보이는 안무에 다양한 장단을 띤 춤이 삽입되어 있다. 관객들은 배우의 연기에 그다지 만족스러워하지 않았고 결국 극 판은 돌팔매질로 끝났다.

이것이 바로 필자가 한국의 극에 대해 알고 있는 전부이다. 어쩌면 연극이나 희극과 유사한 것이 있었을지 모르나, 아무튼 그리 발달된 형태는 아니었다. 무극과 마당극에 대한 설명으로는 지나치게 간단하지만, 이 글의 목적은 간략한 요약이었다. 필자는 지금까지 모은 구체적인 자료를 바탕으로 후속 연구를 시도할 생각이며, 이러한 자료는 극예술에 관한 새로운 연구를 통해 보완될 수 있을 것이다.

6. 중국 소재 고구려비

『동방학지』, 1898년, 210~238쪽

본 연구의 대상인 비문은 청킹 성(성경盛京), 회인현懷仁縣 퉁거우(통구通溝)[38]에 위치하고 있다. 이곳 주민들에 따르면 이 비석은 땅속에 묻혀 있다가, 300여 년 전 비석 머리 부분이 땅 위로 나타나기 시작했다고 한다. 몇 해 전 톈진 사람 네 명이 비석을 땅에서 파내어 닦고 탁본을 떴다.[39] 그러나 비면이 균질하지 않아 커다란 종이를 사용하지 못하고 대신 작은 종이들을 이어 붙여 탁본 두 장을 만들었다. 1884년 이름을 알 수 없는 한 일본인이 이곳을 지나다가 이

---

38 회인현은 새로 만든 행정 구역으로 플레이페어Playfair의 『중국의 도시와 마을Cities and towns of China』(홍콩 : 1879, 8절판)에는 나오지 않는다.
39 이들에 대해서는 어떠한 정보도 얻지 못했다.

중 하나를 손에 넣었는데 이것이 바로 우에노 박물관 관리국에 소장되어 있는 탁본이다. 우에노 박물관 관리국의 배려로 이 귀중한 사료를 잠깐이나마 볼 수 있었는데, 작은 탁본 종이들을 이어 붙여 비석의 네 면 모두를 보여 주고 있었다. 이 탁본을 자세히 검토해 볼 수는 없었지만 복사본을 통해 내용을 알 수 있었다. 복사본 중 실물 크기의 것은 흰 바탕에 글자가 검은색으로 칠해져 있으며, 네 개의 판으로 구성되어 우에노 박물관 1층 전시실에 전시되어 있다. 또한 일본의 아시아학회인 '아세아협회亞細亞協會'에서는 이 비문의 사진석판본 축소본을 제작하여 1889년에 아세아협회 간행물의 부록으로 출판했다. 필자가 소지하고 있는 것이 바로 이 부록으로 나온 축소본이다. 축소본이기 때문에 장당 5행 8자씩 모두 44장이며, 마지막 장의 마지막 행은 7자로, 총 1,759자이다. 아세아협회는 축소본과 함께 비석과 그 소재지에 대해 소개하고 있으며, 비문에 나오는 역사적 사건을 언급한 문헌들을 바탕으로 주석을 달고 그와 함께 비문 해독을 실었다. 연구자의 이름은 나와 있지 않으나, 아마도 요코이 다다나오橫井忠直의 글로 보인다. 일본 역사잡지인 「사학잡지史學雜誌」는 두 번에 걸쳐 이 비문에 관한 논문들을 실었다. 첫 번째 논문들은 1891년 스가 마사토모菅政友가, 두 번째는 1893년 나가 미치요那珂通世가 발표했다. 쓰보이 구메조坪井九馬三 또한 이 비문을 바탕으로 「조선 삼국 건국고」를 1892년과 1893년에 같은 잡지에 게재했다. 위 논문들은 분명 필자에게 큰 도움이 되었으나, 이 일본 학자들의 글에 실린 설명이나 해독을 모두 채택하지는 않았다. 아직은 이 비석이 유럽 동양학자들의 주목을 끌고 있는 것 같지는 않다.

요코이는 다음과 같이 설명하고 있다.

통거우는 압록강 상류 이북에 위치하며, 구연성九連城에서 800리 (480킬로미터) 정도 떨어져 있다. 너비가 3~4리, 길이가 12~13리 정도 되는 구릉의 중앙에 둘레가 5리 이상 되는 성곽이 흙으로 세워져 있다. 바로 그곳이 회인현이 세워진 곳으로, 과거에는 영안성寧安城 이라 했다. 여기서 동쪽으로 약 4리 정도, 압록강 둑에서부터 3리 정도 가면 산기슭에 작은 개울이 흐르고 있는데, 바로 그 주변에 이 비석이 세워져 있다. 비석의 높이는 지면에서부터 18피트이고 전면과 후면은 너비가 5피트 6~7인치, 측면은 너비가 4피트 4~5인치이다. 네 면 모두에 비문이 새겨져 있는데, 남쪽 면은 11행, 서쪽 면은 10행, 북쪽 면은 13행, 동쪽 면은 9행으로 총 43행이며, 각 행은 41자로 구성되어 총 1,759자로 이루어져 있다.[40] 비문의 글자들은 세로가 3~5인치

---

40 41자씩 43행이면 총 1,763자여야 하나 마지막 행에 공백이 있기 때문이다.

로 크기가 조금씩 다르며, 5~6인치 깊이로 음각되어 있다. 식별하기 힘든 글자가 197자이다.

비석 옆에는 불규칙하고 평평한 모양의 고분이 있다. …… 사람들에 따르면 오래된 기와들이 있다고 한다.[41] 영안성은 고산성高山城과 만포성滿浦城 마을과 마주한 곳에 있다. 주변에 수백 개의 오래된 분묘들이 둘러싸듯 자리하고 있는데 석기단과 기둥이 박혀 있다. 사람들은 이를 '고려kaoli 묘'[42]라고 부른다. 비석 동쪽에는 장군분將軍墳이라는 커다란 능묘가 있다. 그 모습은 땅에서 솟아난 듯한 것이 높이가 17피트에 달하고, 두 층으로 되어 있으며, 그 위로도 여러 층이 올라가 있다. 상층부의 석문을 통해 안으로 들어가면 커다란 돌들로 건조된 높이가 14피트, 폭이 20피트인 현실이 나온다. 여기에는 높이 14피트, 둘레가 3피트 2인치인 기둥들이 있다. 바닥은 거대한 판석으로 되어 있다. 이 판석 사이의 틈으로 돌을 던지면 한참이 지나서야 둔탁한 소리를 내며 바닥에 떨어진다.

41 이 기와들 중 몇 개가 일본으로 반입되었다. 수계와 나카라는 두 전문가가 이 중 높이가 8인치, 너비가 4~5인치인 기와 한 장에 대해 설명하고 있다. 이 기와에는 '願大王之墓安如山固如丘'라 쓰여 있는데, "대왕의 묘가 산처럼 평온하고 언덕처럼 강건하소서"라는 뜻이다.
42 'kaoli'는 일반적으로 중국인들이 흔히 조선을 가리키는 말로, 공식적인 명칭으로는 918~1392년 사이에만 사용되었다. 그러나 수백 년 동안 쓰인 'kao keou li', 즉 koguryŏ 高句麗의 옛 이름과 유사한 것으로 보아, 'kaoli'는 조선에 건국되었던 다른 국가들의 이름을 모르는 중국 일반인들의 기억에 남아 있는 조선의 왕조 명칭일 것이다.

이러한 정보들은 이를 요코이에게 전한 일본인이 고대 유물을 찾는 사람이 아님을 감안할 때 비교적 정확한 것이라 생각된다. 더 정확한 설명은 고고학자만이 해 줄 수 있을 것이다. 따라서 지금까지 도외시되어 온 아시아에 대해 탐험가들이 좀 더 많은 관심이 필요하다. 현재로서는 문제의 묘에 대한 정확한 이해가 어려워 보이지만, 최소한 이 비문은 다음과 같은 흥미로운 사실들을 전해 주고 있다. 이 글이 갖는 형식적 제약 때문에 아주 상세히 파헤치거나 필자의 생각을 모두 증명하기는 힘들 것이다. 이 지역의 역사, 즉 다양한 민족들이 형성되고 대립했던 이곳의 역사가 갖는 지리학적, 민속학적 문제들에 대해서는 조만간 자세히 언급할 계획이다. 이제부터 필자가 제시하는 논거가 설득력이 있기를 바란다.

비문에 언급된 첫 번째 인물인 시조 추모왕鄒牟王은 『삼국사기』에서는 시조동명성왕始祖東明聖王으로 부르고 있으며, 주몽, 추모, 상모象牟 등 여러 개의 이름을 갖고 있다. 중국 고서에서는 주몽과 추모로 일컫고 있다.[43] 일본에서는 추모, 중모仲牟 그리고 도모都牟라고도 부르고 있다. 이들 이름은 모두 하나의 시호에 대한 다양한 표기법일 뿐이다. 주몽왕에 대한 설화는 『삼국사기』나 중국 고서 그리고 지금

---

43 조선의 지역명과 인명이므로 본고에서는 조선식 발음을 택하겠다.

다루는 비문에 나와 있는데, 약간의 차이점을 빼면 기본 내용은 거의 동일하며 고구려의 선조들이 어떻게 북부여에서 홀본忽本까지 이주하게 되었는지 말해 주고 있다. 중국의 고대 왕조 실록 및『후한서』『위서魏書』『양서梁書』『위략魏略』등에 따르면, 부여의 정확한 위치는 쑹화강(엄리奄利, 엄체淹滯, 엄표掩㴲, 시엄施掩 강) 우안으로, 북쪽으로는 아무르 강(약수弱水, 흑수黑水)까지, 동쪽으로는 후르카 강 혹은 우쑤리 강(태로수太魯水)까지를 일컫는다. 우쑤리 강 건너편에는 읍루족이 살고 있었다. 부여의 영토는 남쪽으로는 장백산長白山과 접하고 있으며 고구려와 맞닿아 있었다. 서쪽으로는 선비족과 접하고 있었다. 북부여는 고구려 북쪽에 자리 잡았던 부여라고 추측할 수 있다.『위서』를 토대로 한 쓰보이의 연구에 언급된 바대로, 이 지역은 원래 부여인이 살았던 지역이라고 할 수 있다. 이곳은 아무르 강과 오호츠크 해, 스타노보이 산맥 사이에 펼쳐져 있었고, 이후에 두막루豆莫婁라 불리게 된 지방이라 여겨진다. 따라서 비문에서 부여와 북부여가 언급된 이유를 알 수 있다. 북부여는 왕이 태어난 곳이며, 부여는 왕이 쑹화강을 넘어 떠나온 곳을 말한다. 아무튼 남으로 계속 이동한 부족들은 압록강[44] 가의 고원인 비류라는 곳에 이르러 홀본에 정

---

44 얄루 강Ya lou kiang.

착했다. 이곳은 사실 『삼국사기』에 나오는 졸본으로 아마도 『위서』에 인용된 흘승골紇升骨과 인접한 지역일 것이다. 얼마 후 도읍을 국내성國內城으로 천도하였고, 이곳을 위나암성尉那巖城 혹은 불이성不而城이라고도 불렀다. 이후 또 한 번 환도성丸都城으로 도읍을 옮겼다. 이 두 도읍은 졸본에서 그다지 멀리 떨어진 곳이 아닌 듯하며, 따라서 비석이 세워진 곳은 고구려의 요람이 어느 지역이었는지 대략 말해 주고 있다. 고구려는 이 지역에서 발전하여 현재 중국의 북방 소국들과 전쟁을 벌이고 당시 한반도의 가장 넓은 지역을 다스렸다. 남쪽으로 영토를 크게 확장하면서 과거 낙랑군이 있던 곳 혹은 그 인근 지역에 있는 평양으로 도읍을 옮긴다. 왕이 평양을 건설한 것은 247년이지만 천도는 427년에 완성된다. 아마도 그동안 궁정은 상황에 따라서 남쪽의 도읍(비석에 나오는 평양)으로 옮겨지기도 하고, 정세에 따라 다른 도시들에 자리를 잡기도 했을 것이다. 그 한 예로 399년의 사건이 비문에 나타나 있다. 앞으로 다시 언급하겠지만, 이는 한반도 남하 정책을 준비하려는 것이었다. 비문의 지명이 남평양南平壤을 말하는 것으로 보이지는 않는다. 왜냐하면 남평양은 비슷한 시기(372~475)에 백제의 수도였고 고구려의 영토에 속하지 않았으며 비문에서는 국성國城이라고 일컫고 있기 때문이다.

비문에 나오는 유류왕儒留王과 대주류왕大朱留王이 누구인지 밝히는 것은 어렵지 않다. 유류왕은 『삼국사기』의 유리명왕留璃明王, 유리類利, 유류이고, 대주류왕은 대무신왕大武神王, 대해주류大解朱留, 대해송류大解宋留라고 불리는 왕이다. 고구려의 설화적 시기는 비문에서도 그러하니 이 정도로만 간단히 언급하고, 이제 이 비문이 기리고자 하는 왕으로 넘어가 보자.

이 왕은 비문에서 세 번 언급되는데 국강토國岡土로 한 번, 국강상國岡上으로 두 번 나온다. 첫 번째 표기가 정확하지 않다고 생각되어 '토' 대신에 '상'으로 바꾸어 읽고 있다. 실제로 『삼국사기』에 보면 고국원왕故國原王, 양원왕陽原王, 평원왕平原王 등에게 국강상國岡上, 양강상陽岡上, 평강상平岡上이라는 호를 붙이고 있다. 따라서 '강상'은 고구려의 특별한 호칭으로 '원原'에 해당하는 것으로 보이며, 따라서 국강토가 아닌 국강상으로 읽어야 할 것이다. 고구려의 풍습상, 죽은 왕들은 묘호로 불리게 된다. 따라서 방금 언급한 왕들의 묘는 고국원, 양원, 평원에 있을 것이다. 비문의 왕은 아마도 국원왕일 것이고, 그 묘의 소재지 이름이 국원일 것이다. 그러나 『삼국사기』에 이 이름을 가진 왕은 331~371년 사이 재위했던 고국원왕뿐인데, 비문에서는 비문이 언급하는 왕의 재위 기간을 21년으로 적고 있다. 뿐만 아니라 고국원왕의 후손 중 광개토라는 이름을 가진 왕이 392~413년 사이에 재위했다는 기록이 있다. 그런데 광개토경廣開土境이라는 네 자가 우리가 다루고 있는 왕의 이름에 들어 있다. 이러한 이중의 우연적 일치로 문제의 인물이 누구인지 짐작할 수가 있다. 이 왕은 특이하게도 능호가 없는데, 이는 선왕인 고국원왕과의 혼돈을 피하기 위해서일 것이다. 보통 광개토경을 광개토라 줄여 말했다. 왕의 이름이 처음으로 언급될 때 '평안平安'이라는 이름이 들어가 있다. 그러나 평안이 시호이기 때문인지(『양서梁書』와 『진서晉書』에는 이 왕을 안安이라 하고 있다) 아니면 다른 이유 때문인지, 그 후로는 '평안'이란 이름이 나오지 않는다. 이 왕이 다스린 백성에게도 그 다지 중요한 이름은 아니었다. 호태好太는 고구려 왕들에게서 흔히 볼 수 있는 수식어로 두 자가 같이 쓰이거나 따로 쓰이기도 해, 명치호왕明治好王, 양강상호왕陽岡上好王, 평강상호왕平岡上好王, 영락태왕永樂太王, 태조대왕太祖大王, 차대왕次大王, 신대왕新大王이 있으며, 세시노쿠Seishinoku에는 국호태왕國好太王과 호태왕이라는 이름이 나온다.

광개토왕의 통치 기간은 1년의 차이를 두고 광개토경왕의 통치 시기와 일치한다. 즉, 비문에 따르면 실제로 광개토경왕은 신묘년 391년에 즉위하여 갑인년 414년에 능에 묻힌다. 그런데 414년에 능에 묻혔다 하더라도 413년에 세상을 떠났을 수 있다. 그리고 이 왕은 대주류왕 이후 17세손으로 나오는데, 여기서 세世는 세대를 말하는 것이 아니다. 대주류에서 광개토경까지는 10세대에 이르기 때문이다. 여기서는 통치한 왕의 수를 따진 것이다.『삼국사기』에 따르면 광개토대왕은 16대 왕이다. 하지만『후한서』에서는 수성遂成, 즉 차대왕을 궁宮, 즉 태조대왕의 아들로 보고 있는 반면에, 한국의 역사가들은 궁, 수성, 백고伯固를 신대왕의 세 왕자들로 보고 이들이 53~179년 사이의 126년간을 차례로 통치한 것으로 적고 있다. 필자는 궁이 후손으로 왕자 셋을 두었다고 가정하고자 한다. 첫 번째 왕자의 이름과 즉위 연도는 잊혀졌고 나머지 두 아들은 수성과 백고였을 것이다. 만약 이러한 가정이 옳다면, 한국의 역사서에 나오는 대로 세 왕자가 차례로 통치했다는 사실을 인정할 수 있다. 또한 수성을 궁의 아들이라고 본 중국 역사가의 견해는 물론이요, 16대 왕이 아니라 17대 왕이라고 적고 있는 비문의 내용에도 동의할 수 있을 것이다. 그럴 경우 한 세대에 속하는 세 왕이 무려 126년을 다스렸다는 이치에 맞지 않는 설명도 필요가 없어진다. 나중에 보겠지만 고구려에 아직 문자가 없었던 것을 생각하면 이런 유형의 기록 누락은 충분히 있을 수 있는 일이다.

광개토경왕은 무척 호전적이었다. 왕은 병사들을 이끌고 잘 알려져 있는 나라들은 물론 우리가 잘 모르는 지방까지 진출해 갔다. 우리에게 알려진 나라로는 우선 신라를 들 수 있다. 신라의 도읍은 비문에 나오는 신라성新羅城으로, 이는 금성 혹은 그와 인접한 도시

중 하나인 만월성滿月城, 혹은 신월성新月城, 즉 지금의 경주 부근이다. 또 경상도 남서쪽에 위치한 가라국, 또 가라 영토 중 아라가라阿羅加羅(함안咸安)라 부르는 안라와 대가라大加羅[45]에 해당하는 임나가 있다. 임나는 일본인들이 미마나라고 하는데, 이러한 이름은 조선의 사료에서는 찾아볼 수 없다. 백제는 비석에 백잔百殘이라고 나오는데 도읍은 남평양이었다. 이곳이 현재 서울 북쪽의 북한산성일 것이다. 고구려가 수차례에 걸쳐 남으로의 원정을 단행하자(396, 400, 404), 대방帶方군(옛 한사군의 하나로 지금의 대동강인 패강浿水과 지금의 한강인 열강列水 사이에 있었다)까지 진출했던 일본은 여러 번 패하여 밀려났다. 고구려의 도움을 받은 신라와 패배한 백제는 모두 고구려의 속국이 되었다.

다른 원정들에 대해서는 이 정도로 확실하게 알 수 있는 것이 없다. 예를 들어 395년 원정의 경우에는 고구려 왕이 염강鹽水(아마도 염난수鹽難水 혹은 동가강佟佳江) 계곡에 살던 산악 부족을 토벌하고 거기에서 평도平道(랴오둥의 남쪽 지역) 지방을 거쳐 사냥을 하면서 돌아온다. 398년 원정에 대해서는 이를 추정할 만한 어떤 이름도 나오지 않는다. 407년 원정에 대해서는 잘 보이지 않는 자구들이 있지만,

---

45 고령高靈의 대가야를 말함(옮긴이).

백제와 왜倭를 토벌하려는 것이었음을 알 수 있다. 410년 원정에서는 반란을 시도했던 동부여를 속국으로 만든다. 동부여는 아마도 494년에 고구려에 완전한 속국이 되는 국가로 보이는데, 태강太康 시대(280~289)에 모용외慕容廆[46]에 의해 멸망한 고부여국과는 다른 나라이다. 그렇다면 쓰보이의 이론처럼 패망한 왕족들이 피신해 간 옥저(함경도 지역)에서 고부여가 부활한 것이라고 보아야 할까? 이러한 주장도 전혀 근거가 없어 보이지는 않는다. 그러나 이를 백제 역사와 관련된 여러 설들과 연결시키고 있는 쓰보이의 의견들은 『삼국사기』의 내용에 반하는 아주 새로운 주장이므로 심층적인 후속 연구가 있어야만 받아들일 수 있을 것이다.

필자로서는 비문에 언급되어 있는 많은 성城에 대해 정확한 위치를 판단하기가 어렵다. 이러한 작업을 하려면 매우 방대한 연구가 필요하기 때문이다. 다만 비문에서 한韓족과 예濊족을 매우 구분해서 쓰고 있는 점을 주목하고자 한다. 한족은 삼한三韓족, 즉 한반도의 대부분을 차지했다가 일부는 속국이 되고 일부는 남으로 내려갔던 옛 진辰나라 사람들이다. 예족은 강원도 동해안과 함경도 그리고 북쪽 산악 지대에 살고 있던 부족이다. 이 부족들은 아마도 그들과

---

46 중국의 무용, 모용족은 선비족으로 293년부터 고구려와 빈번하게 전쟁을 벌였다.

조상이 같은 부여인들보다 앞서서 혹은 후에 북쪽에서 왔던 것 같다. 길게 작성된 수묘인연호守墓人煙戶 중 새로이 수묘인이 된 사람들의 명단을 살펴보면, 한족 지역은 여섯 개뿐이고 한 지역에서만 한과 예가 동시에 살고 있다. 나머지 28개 수묘인의 경우는 특별한 설명이나 지명이 없으나 문맥에 따라 아마도 예족이었으리라 추정된다. 그런데 광개토경왕은 특히 백제를 상대로 정복 전쟁을 벌였으므로 부여의 요람이라 전해지는 백제를 예족의 국가로 볼 수 있으며, 이로써 앞에서 언급한 예족과 부여족의 혈족 관계를 확인할 수 있다.

광개토경왕의 정벌 전쟁만큼이나 흥미로운 또 하나의 사실은 다음과 같다. 즉, 광개토대왕이 선왕들의 무덤에 비문이 새겨진 비석을 세웠다는 내용이다. 그 전까지 왕릉에는 비문이 없었다. 극동에서 비문 문화가 얼마나 일반화되어 있는지 또 조상에 대한 예가 얼마나 중요한지를 고려한다면, 이 시기에 이르기까지 고구려에 문자가 없었거나 거의 사용되지 않았다고 생각할 수 있다. 본 비문에 나오는 이러한 사실이 이미 필자가 주장한바, 즉 아마도 4세기 후반기에야 문자, 즉 중국 문자가 고구려 서쪽 지방에서 처음으로 상용되었을 것이라는 추론을 뒷받침해 주고 있다. 실제로 필자는 한자의 전래 이전에 조선 고유의 문자가 존재했으리라고 생각하지 않는다. 그러한 사실을 입증해 주는 기록이 전무하기 때문이다. 4세기 후반기로 보는 이유를 다음과 같이 간단히 설명해 보겠다. 372년에 고구려에 불교가 전파되고 384년에는 백제에 전파되었다. 372년에 고구려에는 태학이 설립되어 젊은 인재를 양성했다. 346~375년에 백제에서는 당시의 사건을 기록하는 데에 문자를 사용하기 시작했다. 375년에 처음으로 박사博士라는 관직이 백제의 연보에 나타난다. 384년에 백제에 태학 학자들의 학술원이 설립되었다. 600년에 와서야 이문진李文眞이 고구려사 기록이라는 공식적 임무를 맡았다. 백제사 중 가장 오래된 기록은 384년에 집필된 것으로 필시 중국 학자였을 고흥高興이 쓴 『서기書記』라고 한다. 『일본기』에 나오는 백제의 역사서들(『백제기百濟記』 『백제신찬百濟新撰』 『백제본기百濟本記』)이 작성된 연도는 알기가 어렵다. 왜냐하면 이러한 고서들에 대해 몇 안 되는 단편만을 싣고 있기 때문이다. 이 기록들은 아마도 720년 이전에 작성되었을 것이나 5세기 이전에 기록되었다고 할 수는 없다. 적어도 고구려에서는 5세기 초까지, 백제에서는 6세기 초까지, 왕의 시호를 뜻은 고려하지 않고 단순히 소리 나는 대로 한자를 이용해 만들었다. 여기서 말하는 것은 왕조 이름이 아니다. 왕조 이름들은 칙령에 따라 부여되거나 수정되었고, 그것도 주로 해당하는 왕이 죽고 나서 오랜 시간이 지난 후였기 때문이다. 고구려와 백제 왕국이 멸망할 때(각각 668, 660)까지 인명은 거의 모두 한자로 바꾸어 적었다.

이러한 사실을 종합해 보면, 372년 불교 승려를 통해서 고구려와 백제에 문자가 전파되었으나, 이 두 국가가 독립국가로 건재할 당시에 중국어가 일반 백성들에게까지 전파된 것은 아니었음을 알 수 있다. 특히 고구려의 경우에는 일부가 한자를 알고 있었을 것이며, 이는 낙랑, 대방, 랴오둥 등 한사군에 살았던 중국인과 부여에서 온 이민자들 사이의 밀접한 관계를 생각할 때 확실해 보인다. 이와 같은 소수의 선비들을 통해서 고구려의 고대 기록 혹은 『유기留記』가 기록되었다. 뿐만 아니라 이러한 고서들이 『삼국사기』의 주장처럼 고구려 건국 초기에 집필되었다고 볼 수 있는 증거는 없다.[47]

따라서 본 연구의 대상인 비문의 작성자가 고구려의 가장 오래된 비문이라 할 수 있는 왕릉 비석의 비문보다 이후일 가능성은 거의 없다. 만약 옛 조선의 왕국들이 있었던 영토에서 372년 이전의 비문을 발견한다면, 그것은 아마도 중국인이 만든 비문일 것이다.

광개토경왕 비문에서는 그 외형이나 내용의 구성을 살펴볼 때 비문을 작성한 사람들과 이를 새긴 사람들의 미숙함이 엿보인다. 서체는 고서체로 기원후 첫 몇 세기 동안에 만들어진 비문의 자체와 흡사하다. 깊게 새겨진 글자들은 그 모양이 고르지 않으며 솜씨가 서

---

47 이 문단에서 언급한 사실들은 모두 『삼국사기』와 『일본기』에서 인용한 것이다.

툴러 보인다. 어떤 글자는 과감하게 약자로 새겨져 있고, 어떤 글자
는 새겨진 선은 뚜렷하나 형태가 지나치게 왜곡되어 있어 알아볼
수 없다. 비문 구성을 보면, 아주 단순하면서도 완벽한 한문 문장도
있고 또 조선에서 쓰는 한문체적 특징을 갖는 표현도 볼 수 있다.
또한 이해하기 힘든 표현들도 있다.

 이러한 사항들만으로도 이 비석이 진짜임을 확신할 수 있다. 그리
고 이미 알려진 사료들과 비문에 기록된 역사적 사건들이 일치한다
는 점 또한 비문의 진위를 확실히 밝혀 주고 있다. 그리고 누가 이런
비석을 날조하겠는가. 중국인들이 거짓 고문서를 만든 것은 중국의
역사에 대해서였을 뿐이다. 또 일본의 애국자들이 자신들의 선조가
겪은 패배의 역사를 기록해 얻을 것이 없다. 오히려 일부 일본 역사
가들은『고사기』와『일본기』에 나와 있는 위대한 역사가 진실이라
고 주장하면서 고구려 왕실 역사학자들이 과장과 허풍을 부린다고
비난한 바 있다.

비문 해독

 (이곳은) 시조 추모왕이 (그의 왕국을) 건국한 곳이라. 추모왕은 북

부여에서 왔다. (그는) 천제天帝의 아들이시고, 어머니는 강의 신, 하백의 딸이시니,[48] 알을 깨고 나오셨다. 추모왕은 성덕을 지니셨다. □□□□□□ 왕께서 어가를 남으로 향해 몰라 명하셨다. 부여에서 오는 길은 매우 넓은 엄리대수를 경유하게 되었다. 나루에 이르러 일러 가라사대, "나는 천제의 아들이요, 어머니는 강의 신의 따님이시라. (나는) 추모왕이라. 부교浮橋[49]를 만들라." 그러자 물속을 헤엄치던 거북이들이 이 말씀을 듣고는 떠올라 다리가 되었고 왕께서 그다리를 건너셨다. 비류 계곡, 홀본 서쪽의 산 정상에 성곽을 세우고거기에 도읍을 건설하셨다. 세세토록 왕좌를 누리실지어다! 하늘에서 내려온 황룡은 홀본 동쪽 계곡에 있던 왕을 등에 태우고 하늘로날아올랐다. (왕은) 뒤를 돌아보시고 유류왕(이신) 태자를 향해 명하길 도에 따라 다스리라 했다. 대주류왕이 기업을 이어받았고 ……17세손인 국강상광개토경평안호태왕이 아홉 해가 두 번 지난 18세에 등조하셨으니, 호는 영락대왕[50]이라. 태왕의 은택은 하늘에 미치

---

48 여랑女郎이란 '지체 높은 가문의 여식'으로, 『일본기』에 인용된 『백제신찬百濟新撰』에 몇 번 언급되고 있다.

49 추모왕 설화에 따르면 목연궐木連蕨은 '뗏목' '다리'를 의미한다. 첫 두 글자인 '목'과 '연'은 각각 '나무'와 '인연'을 의미한다. '蕨'은 아마도 '厥'을 잘못 표기한 것으로 원래는 뗏목이란 뜻의 '橛'을 쓰고자 했을 것이다.

50 나중에 나오지만 영락은 연호이다. 사료에는 고구려 왕 연호의 흔적이 남아 있지 않다. 광개토왕의 이름은 '위대하고 선하고, 평화를 사랑하며 기업을 문명화한 왕이자 광활한 영토의 왕'을 뜻한다.

고 위무는 사해에 미쳤으며[51] □□□ 격퇴하사 영토가 평안했다. 나라는 부강하고 백성은 은부殷富하며 잘 익은 오곡[52]은 차고 넘쳤도다. 하늘도 무심하시도다.[53] 대왕께서 39세 어가에서 세상을 뜨사 왕국을 뒤로 하시니, 갑인년 음력 9월 29일 을유에 왕릉으로 천취遷就하도다. 이에 비명을 세워 훈적을 기록하여 후세에 보이니라.

비문에 이르길, □□ 영락 5년 을미에 왕이 다툼을 멈추지 않는 비려를 정벌하고 □□□ 그리고 왕[54]은 친히 군사를 이끌고 파부산의 부비족을 토벌했다. 그리고 염강에 이르러 그 언덕에 있는 부락 600~700을 파하고,[55] (왕이) 끌고 온 소, 말, 군양이 셀 수도 없이 많았다. 그러고는 어가[56]를 돌렸다. 어가는 평도, 동신,[57] □□성, 역성, 북풍, 오비□[58]를 지나면서 영토를 순시하고 사냥하면서[59] 돌아왔다.

---

51 유피柳彼는 "버드나무처럼 덮어 버린다"는 뜻으로 다른 고서에서 유사한 뜻을 갖는 광피扰는 광피光被와 비슷한 표현이다.
52 檠은 사전에 나오지 않는데, 필시 곡물을 뜻하는 '穀'을 쓴 것으로 보인다.
53 '호천부조昊天不弔'는 『시경』에 나오는 '不吊昊天'과 같은 뜻으로 보인다.
54 주토住討 그리고 이후 주구住救와 졸주卒住에서 보듯, 주住는 왕往의 잘못된 약자이다.
55 낙落을 락洺으로 씀.
56 과가過駕가 아닌 가과駕過로 봐야 할 것이다.
57 일본 학자들의 주석에도 불구하고 필자는 '신후'만 읽을 수 있을 뿐 '내來'는 읽을 수 없다. 그 이유는 뒤에 나오는 '신묘辛卯'와 '내도來渡' 두 글자와 비교해 보면 알 수 있다.
58 狖는 사전에서 찾을 수 없는 자이다.
59 獢는 '엽獵'자일 것이다. 게다가 이는 고구려 왕들이 즐겼던 놀이와 일치한다.

백제와 신라는 예로부터 (고구려의) 속민으로 조공을 바쳐 왔는데, 그 후 신묘년 왜가 와서 바다를 건너 백잔, ㅁㅁㅁ 그리고 신라를 파하여 신민으로 삼았다. 영락 6년 병신에 왕이 친히 수군을 이끌고 백잔을 정벌했다.[60] 왕의 군대는 ㅁㅁ 우선 일팔성, 구모로성, 야무로성(?)[61] 간궁리성, ㅁㅁㅁ성, 각미성, 무로성, 미사성, ㅁㅁ사조성, 아단성, 고리성, ㅁㅁ리성, 잡미성, 오리성, 구무성, 고수능라성, 혈성, ㅁㅁㅁ성, 분이능라성, 장성, ㅁㅁ성, ㅁㅁ성, 두노성, 불팔나리성, 미주성, 야리성, 대산한성, 소가성, 돈발성, ㅁㅁ성, 루매성, 산나성, ㅁㅁ성, 서성, 무루성, 궁루성[62], 소회성, 연루성, 석지리성, 암문지성, 임성, ㅁㅁ성, ㅁㅁ성, ㅁ리성, 취추성, ㅁ발성, 고무루성, 윤노성, 창노성, 삼양성, ㅁㅁ성, ㅁㅁ로성, 구천성을 정벌했다. (군대는) 백잔의 도읍까지 도달했다. 도적들이 저항하며 빠져나가 전투를 벌이고자 했다. 장엄하고 크게 노한 왕[63]은 아피강을 건너 군대를 보내 도읍을 공격했다. 동시에 측면으로는 ㅁㅁㅁ 도읍에 접근(?)했다. 기진한 백잔 왕은 남녀 노비 1,000명[64]과 세포細布 1,000필[65]을 바쳤다.

---

60 토과討果는 "치고 정죄하다"라는 뜻이다.
61 金는 '야音'일 것이다. 여기서 필자가 수정한 성의 이름들이 뒷부분의 두 번째 목록에 나와 있다.
62 堯은 '궁弓'으로 읽어야 할 것이다.
63 '노奴'는 물론 '노怒'이다.
64 훤 白 자의 쓰임은 이해하기 힘들다. 필자는 이 자를 '입, 혼'을 나타내는 'ㅁ'로 해석하였다.

백잔 왕은 항복하고 고구려 왕의 노객奴客이 될 것을 맹세했다. 자비로운 대왕은 미혹되어 백잔왕이 지은 죄를 용서하고 그 맹세의 신실함을 새기게 했다. 그리고 (왕)은 58성城과 700촌村을 □□□. 백잔왕의 동생과 대신 10명을 인질로 데리고 환도했다.

영락 8년 무술년, (왕은) 교서를 내려**66** 군대를 보내 □**67** 신토계곡을 둘러보게 했다. 그 김에 막□라성의 가태라곡의 남녀 300여 명을 얻어 왔다. 그 이후로 (이 지역의 사람들은) 고구려에 충성을 맹세하고 조공을 바쳤으며 그들의 정사를 고구려에 보고했다.

9년 기해에 백잔은 맹세를 어기고 왜와 내통했다. 이에 광개토대왕은 평양으로 내려갔다. 그리고 신라는 사신을 보내 왕에게 아뢰기를, "왜가 나라를 차지하고 성곽과 해자를 부수며, 폐하의 노객**68**들을 자기들의 백성으로 삼고 있나이다. 분부를 받으러 왔나이다." 이에 왕은 □□□ 그리고 사신들은 왕에게 충성을 맹세하였다 □□□ 그리고(?) 어겼다. 사신들은 돌아가 □□□ 정죄함을 고했다.

영락 10년 경자에 (왕은) 보병과 기병 5만을 보내 신라를 구했다.

---

65 冊은 '두룰 잡□'일 것이다.
66 '왕령'을 나타내는 '교敎'는 아직도 조선에서 사용되고 있다. 조선의 조보朝報는 전교傳敎, 즉 "왕령을 전하다"라는 표현으로 가득 차 있다. 교인敎引, 언교言敎, 교령敎令도 마찬가지이다.
67 冨는 쓰이지 않는 한자이다.
68 노객奴客은 중국의 표현이 아니다. 아마도 노예奴隸라는 의미로 썼을 것이다.

남거성에서 신라성에 이르니 왜가 그 안에 가득하더라. 관병이 막 도착하자 왜적이 퇴각하였다. □□□□□□이들은 가서[69] 포기하고 멈추었다. 이들은 임나와 가라국까지 추격해 성을 공격했다. 성은 곧 항복했다. 안라국 군사들이 신라의 도읍과 □□성[70]을 공격했다. 왜는 도처에 □□□□□□□□□□□□□□□□□□□□□아홉(번?) 기진하다. 대신들은 책략을 수립했다. 안라국 군사들은 □□□□□□ □□□□□□□□□□□□□□□□□□□□□ 왜는 성곽을 부쉈다. 대홍大紅 안라국 군사들 □□□□□□. 예전에는 신라 왕[71]이 친히 와 조공을 바치지 않았다. □□□ 국강상광개토경호태왕은 □□□□ 도 착하여 □□□ 무너뜨리고 □□□□ 충성을 맹세하고 조공을 바칠 것을 □□.

영락 14년 갑신에 왜가 반역하여 대방계 국경을 넘어 침략[72]해 왔다. □□□□ 석성石城 □□□□ 배들을 모아 □□□□ (수군을) 이끌

---

69 여기서 비석의 자는 '내来'라기보다는 '신辛'으로 보인다. 아마도 이 부분의 훼손된 상태로 볼 때 '내'라고 보는 것은 다소 무리한 해석일 것이다.

70 圡은 사전에 없는 글자이다.

71 문맥상 필자가 '왕'으로 번역한 안금安錦이라는 표현은 해석이 쉽지 않다. 이 시기의 신라 왕의 고유 칭호는 이사금尼師今 혹은 니사금尼師錦으로, 『일본기』에는 '니시기'라 나와 있다. 고구려 말로 '왕'이라는 단어가 무엇인지 모르나 아마도 비슷한 언어를 사용했을 백제 에서는 '어라하於羅瑕'라고 하였다. 뿐만 아니라 이보다 조금 전이나 후의 시기에 신라 왕의 호칭들은 '안금'과 비슷하지 않다. '아' '알' '악' 등의 접두사는 많은 경우 신라어로 된 관직명에서 볼 수 있다. 그러나 이러한 접두사들이 여기에서 어떤 연관성이 있을까?

72 侵은 '침侵'일 것이다. 이는 앞에서 '왕王' 대신 '주主'를 쓴 것과 같다.

고 □□□□ 신민(?) □□□□ 만나다. 왕은(??)[73](적의 퇴각로를) 끊으면서 공격하니 참살된 왜구가 셀 수 없을 정도였다.

영락 17년 정미에 (왕은) 보병과 기병 5만을 보내라 명하니, □□ □□ 평양 □□□□ 정벌하여. 죽은 자들(의 수가 너무 많아 마치 물 흐르듯 죽어 갔다)을 커다란 용기로 퍼내야 했다.[74] 노획한 갑옷은 만점 이상이요, 식량과 무기의 양은 헤아릴 수 없을 정도였다. 돌아오면서 군대가 사구성과 누성을 함락시켰다. □□□□ 돌아오며 군사들(혹은 도읍) 성□□□□.

영락 20년 경술에 동부여는 그 옛날 추모왕 때부터 고구려의 속민이었는데 중간에 배반하여 조공을 하지 않았다. 이에 왕께서 몸소 전 군사를 이끌고 부여성(도읍)으로 진군해 갔다. 그러자 부여는 왕국의 이두마차들을 이끌고 나□성 □□□□□□□□. 왕의 은덕이 온 지역에 두루 이르렀다. 그리하여 왕은 되돌아왔다. 게다가 고구려의 문명을 채택한 이들은 대신들을 따랐으며[75] 이들은 미구루 압노[76], 비사마 압노(?)[77], 후누 압노, 숙사 압노(??), □□ 압노(였다). 왕이

---

73 이 문장의 뜻은 애매하다. '烇(종 혹은 통)'은 보통 '늦을 지遲'나 '서럽게 울 통慟'의 의미로 쓰인다.
74 '탕盪'을 '탕盪'으로 해석하였다. '치稚'는 '획獲'을 잘못 쓴 것이나.
75 隋는 '수隨'이다.
76 압노鴨盧는 필시 관직을 가리킬 것이다. 고구려에는 대로對盧라는 관직이 있다.
77 墹는 사전에 없는 한자이다.

정벌한 성들은 모두 64개였고 부락은 1,400개였다.

수묘인연호守墓人煙戶[78]

매구여민	국연 2, 간연 3
동해가	국연 3, 간연 5
오돈성민	4가家 간연
궁성	1가 간연
비리성	2가 국연
평양성민	국연 1, 간연 10
자련	2가 간연
주루인	국연 1, 간연 43
양곡[79]	2가 간연
양성	2가 간연
안실연	22가 간연
개곡	3가 간연
신성	3가 간연

---

78 수묘인연호守墓人煙戶는 '묘를 지키는 호의 수'라는 뜻으로 쉽게 해석된다. 국연國烟과 간연看烟의 정확한 뜻은 알 수 없으나, 국연이 간연보다 높은 직책이라는 것은 확실하다. 도연都烟은 한 번 나오는데 간연의 잘못된 표기로 보인다. 왜냐하면 연호 축약본에 보면 국연과 간연만이 나오기 때문이다.

79 '꿫'이 아니라 '梁(량, 양)'일 것이다.

남소성	1가 국연

새로 정착한 한족과 예족

사수성	국연1, 간연 1
무루성	2가 간연
기비압본의 한	5가 간연
구무 노객[80]	2가 간연
영지의 한	1가 간연
사조성의 한과 예[81]	국연 3, 간연 21
고순능나성	1가 간연
경고성	국연 1, 간연 3
객현의 한	1가 간연
아단성과 잡미성	합 10가 간연
파노성의 한	9가 간연
야모루성(?)	4가 간연
구모루성(?)	2가 간연

---

80 객두客頭는 아마도 앞에서 나온 노객과 같은 말일 것이다.
81 글자의 첫 부분을 보아 '爲'가 아니라 '조族'일 것이다. 이와 같이 바꾸어 본 글자들의
목록을 뒤에 첨부하였다.

무수성   3가 간연

간권리성   국연 2, 간연 2

미주성   국연 7, 간연 7

(고 혹은 야)리성 3가 간연

두노성   국연 1, 간연 2

오리성   국연 2, 간연 8

수추성   국연 2, 간연 5

백잔의 남오의 한   국연 1, 간연 5

대산한성   6가 간연

농매성   국연 1, 간연1

윤노성   국연 2, 간연 22

고무루성   국연 2, 간연 8

장성   국연 1, 간연 8

미성   6가 간연

취자성   5가 간연

삼양성   24가 간연

산나성   1가 국연

나단성   1가 간연

구무성	1가 간연
어리성	8가 간연
비리성	3가 간연
세성	3가 간연

국강상광개토경호태왕은 당시 상황을 고려하여 다음과 같은 교언을 내렸다. "선왕들께서는 단지 우리의 멀고 가까운 곳의 백성들만을 취하여 묘를 관리하고 지킬 것을 명했다. 나는 나의 백성들이 대를 이어 이 소임을 맡아야 한다고 생각했다.[82] 아마도 나는 만 년 후 수묘인들을 세우면서 단지 한족과 예족만을 취하여, 이들을 친히 데리고 와 묘를 관리하고 지키게 할 것이다. 이것이 나의 교언이라."

따라서 교언에 따라 한족과 예족 220가를 취했다. 이들은 규율을 모르므로 기존의 우리 백성 110가를 새로 취했다. 기존의 수묘인과 신입 수묘인들 모두를 합하면 국연 30과 간연 300으로 총 330호에 이른다.[83]

---

82 䰞는 아마도 羸의 옛 형태인 '羸'일 것이다.
83 첫 번째 명단은 비문에 정확히 나와 있다. (국연 10, 간연 100). 두 번째 명단은 작성자가 계산 실수를 하였다. 실제로 필자가 세어 보니 간연 200, 국연 20이 아니라 간연 193, 국연 27이다. 합계는 동일하다.

선조와 선왕부터 지금까지 묘에 비석을 세우지 않아 수묘인들이 혼란을 겪었다. 국강상광개토경호태왕에 이르러서야 모든 선왕의 묘에 비문이 새겨진 비석을 세워 수묘인들이 혼란을 겪지 않도록 했다. 뿐만 아니라 왕은 이제는 수묘인들이 교환이나 매매의 대상이 될 수 없음을 명하셨다. 아무리 부유하더라도 이제 수묘인을 살 수 없을 것이다. 어명을 어기고 수묘인을 파는 자는 큰 벌을 받을 것이고, 사는 자는 스스로 수묘인이 될 것이다.[84]

---

84 수묘인들은 법에 따라 혹은 법의 남용으로 노예 신분이었던 것 같다. 18세기까지 많은 공공 노역, 즉 뱃사공, 파발마 노역, 혹은 여러 분야 장인들은 후손들이 그 대를 이었다. 이러한 제도는 아직도 남아 있으며 고구려에도 유사한 관례가 있었다.

	XI	X	IX	VIII	VII	VI	V	IV	III	II	I
1	利	首	由	羊	永	弔	二	龍	連	遝	惟
2	城	攻	來	不	樂	世	九	負	葭	剝	昔
3	雜	取	朝	可	五	有	登	昇	浮	命	始
4	彌	壹	貢	稱	年	九	祚	天	龜	駕	祖
5	城	八	而	數	歲	宴	号	顧	然	巡	鄒
6	奧	城	倭	於	在	駕	為	命	後	幸	牟
7	利	臼	以	是	乙	棄	永	世	造	南	王
8	城	模	辛	旋	未	國	樂	子	渡	下	之
9	勾	盧	卯	駕	王	以	太	儒	於	路	創
10	牟	城	年	因	以	甲	王	留	沸	由	基
11	城	各	來	過	碑	寅	恩	王	流	夫	也
12	古	模	渡	襄	麗	年	澤	以	谷	餘	出
13	須	盧	海	平	不	九	□	道	忽	奄	自
14	能	城	破	道	息	月	于	興	本	利	北
15	羅	幹	百	東	□	廿	皇	治	西	大	夫
16	城	弓	殘	來	躬	九	天	大	城	水	餘
17	頁	利	□	□	率	日	威	朱	山	王	天
18	□	城	□	城	往	乙	武	留	上	臨	帝
19	□	□	新	力	討	酉	棍	王	而	津	之
20	□	□	羅	城	巨	遷	被	紹	建	言	子
21	□	城	以	北	富	就	四	承	都	曰	母
22	滅	閣	為	豐	山	山	海	基	焉	我	河
23	分	彌	臣	五	負	陵	掃	業	永	是	伯
24	而	城	民	備	山	於	除	遝	樂	皇	女
25	能	牟	以	海	至	是	□	至	世	天	郎
26	羅	盧	六	□	鹽	立	□	十	位	之	剖
27	城	城	年	遊	水	碑	庶	七	因	子	卵
28	□	彌	丙	觀	上	銘	寧	世	遣	母	降
29	昻	沙	申	土	破	記	其	孫	黃	河	出
30	城	城	王	境	其	勳	業	國	龍	伯	生
31	□	□	躬	田	丘	績	國	岡	來	女	子
32	□	舍	率	獵	部	以	富	上	下	郎	有
33	城	蔦	水	而	洛	示	民	廣	迎	鄒	聖
34	□	城	軍	還	六	後	殷	開	王	牟	□
35	□	阿	討	百	七	世	五	土	王	王	□
36	□	旦	科	殘	百	焉	穀	境	於	為	□
37	□	城	殘	新	當	其	豊	平	忽	我	□
38	□	古	國	羅	引	詞	熟	安	本	連	□
39	丸	利	軍	舊	馬	曰	昊	好	東	葭	命
40	奴	城	□	及	□		天	太	岡	浮	駕
41	城	□	□	屬	篤		不	王	黃	龜	遝

行	X	IX	VIII	VII	VI	V	IV	III	II	I
1	○	退	誠	和	兒	迷	○	城	城	利
2	○	○	遣	通	慎	之	○	○	素	城
3	○	○	使	王	土	愆	○	○	冀	鄒
4	○	○	還	巡	谷	錄	○	○	城	城
5	○	○	告	下	因	其	便	○	析	也
6	○	○	以	平	便	後	圍	○	支	利
7	○	○	○	穰	抄	順	城	虚	利	城
8	○	背	○	而	得	之	百	城	城	大
9	○	急	計	新	莫	誠	殘	仇	巖	山
10	○	追	十	羅	○	於	王	天	門	韓
11	○	至	年	遣	羅	是	困	城	至	城
12	○	任	庚	使	城	○	逼	○	城	搔
13	○	那	子	白	加	五	獻	○	林	加
14	○	加	教	王	太	十	○	○	城	城
15	○	羅	遣	云	羅	八	男	○	○	敦
16	○	從	步	倭	谷	城	女	○	○	拔
17	○	拔	騎	人	男	村	生	○	○	城
18	○	城	五	滿	女	七	口	○	○	○
19	○	城	萬	其	三	百	一	○	○	○
20	○	即	往	國	百	將	千	○	○	○
21	○	歸	救	境	餘	殘	人	○	○	○
22	○	服	新	潰	人	王	細	其	利	○
23	○	安	羅	破	自	弟	布	國	城	豆
24	○	羅	從	城	此	幷	千	城	就	城
25	○	人	男	池	以	大	匹	賊	鄒	做
26	○	戌	居	以	來	臣	歸	不	城	○
27	安	兵	城	奴	朝	十	王	服	○	城
28	羅	○	至	客	貢	人	自	氣	拔	○
29	人	○	新	爲	論	旋	誓	敢	城	古
30	戌	○	羅	民	事	師	從	出	古	牟
31	兵	○	城	歸	○	還	今	交	利	婁
32	○	○	倭	王	九	都	以	戰	城	城
33	○	○	滿	請	年	八	後	王	閏	本
34	○	○	其	命	己	年	永	威	奴	城
35	○	○	中	太	亥	戊	爲	赫	城	芬
36	○	○	官	王	百	戌	奴	怒	貫	于
37	○	○	兵	恩	殘	教	客	渡	奴	城
38	倭	○	方	慈	違	遣	太	阿	城	蘇
39	潰	○	至	稱	誓	偏	王	利	城	灰
40	城	○	倭	其	與	師	恩	水	彡	
41	大	○	賊	忠	倭	觀	赦	遣	穰	

ⅩⅢ	ⅩⅡ	ⅩⅠ	Ⅹ	Ⅸ	Ⅷ	Ⅶ	Ⅵ	Ⅴ	Ⅳ	Ⅲ	Ⅱ	Ⅰ	
城	吳	若	家	人	○	○	自	○	○	○	○	赤	1
四	古	烟	爲	國	四	盧	○	城	○	○	○	○	2
家	城	勾	弃	烟	家	仉	○	王	廿	合	○	○	3
爲	國	牟	烟	一	爲	所	王	恩	年	戰	○	○	4
看	烟	客	南	看	看	攻	普	庶	斬	和	朝	安	5
烟	一	順	蘇	烟	烟	破	盧	戎	煞	湯	貢	羅	6
右	看	二	拔	卅	卅	城	於	夫	東	王	十	人	7
模	烟	家	一	三	亏	六	是	餘	寇	恃	四	戎	8
盧	三	爲	家	梁	城	十	雄	所	要	要	年	兵	9
城	客	看	爲	谷	一	四	還	瓺	盪	親	甲	告	10
二	買	烟	國	二	家	村	又	鍪	刾	率	辰	新	11
家	幹	永	烟	家	爲	一	其	鉀	倭	面	而	羅	12
爲	一	底	新	爲	看	千	慕	一	寇	倭	倭	安	13
看	家	幹	來	看	烟	四	化	萬	潰	不	不	錦	14
烟	爲	一	幹	烟	碑	百	隨	徐	敗	軌	軌	未	15
牟	看	家	穄	碑	利	守	官	餘	斬	徒	侵	有	16
水	烟	爲	沙	利	城	墓	來	軍	煞	入	入	身	17
城	阿	看	水	城	二	人	者	資	無	帶	方	來	18
三	旦	烟	城	二	家	烟	昧	器	數	方	界	朝	19
家	城	合	國	家	爲	戶	仇	械	十	○	○	貢	20
爲	雜	四	烟	爲	看	賣	甹	不	七	○	○	○	21
看	珍	城	一	看	烟	勾	鴉	可	年	○	○	○	22
烟	城	幹	看	烟	平	余	盧	稱	丁	○	○	○	23
幹	合	破	烟	安	穰	民	卑	住	未	○	○	○	24
氐	十	國	一	夫	城	國	類	諸	破	石	關	○	25
利	家	烟	牟	連	民	烟	麻	軍	沙	城	土	26	
城	爲	二	婁	廿	國	二	鴨	到	溝	○	燧	27	
國	看	十	城	二	烟	看	盧	徐	婁	○	好	28	
烟	烟	廿	二	家	一	烟	城	城	騏	○	太	29	
二	巴	一	家	爲	看	三	立	面	五	○	王	30	
看	奴	右	爲	看	烟	東	婁	餘	萬	○	○	31	
烟	城	○	看	烟	十	海	賣	城	退	○	○	32	
尒	幹	能	烟	谷	谷	頁	國	退	○	○	○	33	
阝	九	釋	己	三	二	國	烟	騏	○	○	○	34	
城	家	城	比	家	家	烟	斯	○	○	○	至	35	
國	爲	一	鴨	爲	三	合	○	○	○	率	○	36	
烟	看	家	本	看	看	烟	○	○	○	○	○	37	
七	烟	爲	韓	烟	烟	五	○	○	○	○	○	38	
看	巴	看	五	新	五	敦	○	○	○	僕	○	39	
烟	模	烟	家	城	住	城	○	○	平	勾	溍	40	
	盧		烟	三	其	○	郝	師	穰	○		41	

	IX	VIII	VII	VI	V	IV	III	II	I	
1	之	至	則	之	國	國	看	國	七	
2	人	使	復	後	烟	烟	烟	烟	o	
3	自	守	取	安	那	邪	八	一	利	
4	今	墓	舊	守	旦	旦	璅	看	城	
5	以	人	民	墓	城	城	城	烟	三	
6	後	烟	一	者	好	一	國	五	家	
7	不	戶	百	但	太	家	烟	大	爲	
8	得	羌	十	取	王	爲	一	山	看	
9	更	錯	家	吾	存	看	看	韓	烟	
10	相	惟	合	躬	時	烟	烟	城	豆	
11	轉	國	新	率	教	勾	八	六	奴	
12	賣	岡	舊	所	言	牟	味	家	城	
13	雖	上	守	略	祖	城	城	爲	國	
14	有	廣	墓	來	王	一	六	看	烟	
15	富	開	戶	韓	先	家	家	烟	一	
16	足	土	國	穢	王	爲	爲	農	看	
17	之	境	烟	令	但	看	看	賣	烟	
18	者	好	卅	備	教	烟	烟	城	二	
19	亦	太	看	洒	取	於	就	國	奧	
20	不	王	烟	掃	遠	利	咨	烟	利	
21	得	盡	三	言	近	城	城	一	城	
22	擅	爲	百	教	舊	八	五	看	國	
23	買	祖	都	如	民	家	家	烟	烟	
24	其	先	合	此	守	爲	爲	廿	二	
25	有	王	三	是	墓	看	看	二	看	
26	違	墓	百	以	洒	烟	烟	古	烟	
27	令	上	卅	如	掃	比	彡	牟	八	
28	賣	立	家	教	吾	利	穰	婁	須	
29	者	碑	自	令	慮	城	城	城	鄒	
30	刑	銘	上	取	舊	三	廿	國	城	
31	之	其	祖	韓	民	家	四	烟	國	
32	買	烟	先	穢	轉	爲	家	二	烟	
33	人	戶	王	二	當	看	爲	看	二	
34	制	不	以	百	羸	烟	看	烟	看	
35	令	令	來	廿	劣	細	烟	廿	烟	
36	守	羌	墓	家	若	城	散	二	五	
37	墓	錯	上	慮	吾	三	那	古	百	
38		又	不	其	萬	家	城	牟	殘	
39		制	安	不	年	爲	一	婁	南	
40		守	石	知		看	家	城	居	
41		墓	碑	法		烟	爲	國	韓	

참고 비문의 행간에 있는 별표는 필자가 수정했거나 문맥을 고려해 재구성해 본 자구나 빈칸을 표시하고자 그 앞과 우측에 붙인 기호이다, 아래 표는 필자가 수정 혹은 재구성한 자들로, 그 행과 열 번호를 매겨 표시했다.

제1면		제2면		제3면		제4면	
I, 34	德	I, 21	城	I, 22	國	I, 2	古 ou 也
II, 2	韶	I, 27	那	I, 23	岡	I, 28	就
II, 35 / III, 2	嶽	I, 37	弓	I, 24	上	III, 4	瑞
IV, 32	上	II, 17	城	I, 25	廣	V, 36	攝 ou 聶
V, 5	殘	II, 20	城	II, 16	倭	VI, 18	倍
V, 13	格	II, 37	昌	IV, 7	遣	VIII, 8	差
V, 14	于	III, 4	城	IV, 10	護	VIII, 36	差
V, 36	殺	III, 15	逃	V, 24	往		
VI, 5	寔	III, 16	至	VI, 2	城		
VI, 38	詞	III, 31	怒	VI, 15	路		
VII, 19	往	III, 37	刺 ou 荆	VI, 37	鴉		
VII, 34	落	IV, 17	口	VI, 38	盧		
VIII, 31	獵	IV, 26	而	VII, 1	鸛		
X, 11	若	VIII, 1	時	VII, 3	凡		
X, 16	看	VIII, 19	往	VIII, 1	民		
X, 18	城	IX, 9	來	VIII, 8	弓 ou 于		
X, 27	城			IX, 9	梁		
XI, 19	城			IX, 16	樂		
XI, 27	城			XI, 21	萬		
XI, 28	瑪			XI, 33	須		
XI, 35	城			XII, 22	彌		
				XII, 39	若		
				XIII, 7	若 ou 臼		
				XIII, 25	看		
				XIII, 33	二		
				XIII, 34	彌		
				XIII, 35	鄒		

7. 조선 및 일본 연구에 대한 고찰[85]

제11회 국제 동양학 학술대회, 파리 1877년, 제2분과, 「극동의 언어 및 고고학」, 파리,

1898년, 67~94쪽

극동은 최근 몇 해 동안 학문 연구의 새로운 지역으로 부상하면서, 그 연구 영역이 확대되었다. 그중에서도 오랫동안 외부에 알려지지 않은 채 한반도에서 홀로 존재하던 조선이 최근 정치인들과 학자들에게 관심의 대상으로 떠올랐다. 그리고 류큐琉球 제도에 대해서도 많지는 않으나 매우 흥미로운 연구가 나왔다. 이 두 나라는 중국 민족이 아니면서 중국 문명을 받아들인 주변 민족들의 생활상을 잘 보여 준다. 따라서 이 민족들에 대한 연구를 하려면 그 다양성

---

85 본 논문에서는 조선과 관련된 연구만 게재한다. 67~79쪽(원편집자).

과 함께 차용의 역사를 기억해야 한다. 조선과 류큐 제도를 동양의 커다란 문명국인 중국과 분리해서 생각한다는 것은, 마치 그리스와 로마가 혹은 페르시아와 아랍이 얼마나 긴밀하게 연결되어 있는지를 간과하는 것만큼이나 치명적인 오류가 될 것이기 때문이다. 이웃 나라인 일본은 오래전부터 서양의 학자들이나 예술가들에게 많은 연구 소재를 제공했다. 아마도 유럽인의 눈에 일본은 아시아의 다른 국가들과는 달라 보였던 것 같다. 최근의 사건들을 통해 나가사키長崎와 부산이 가깝다는 것을 새삼 알게 되었다. 물론 과거에 이곳을 왕래하던 배들로서도 그다지 먼 거리는 아니었다. 불교 승려와 학자, 예술가들은 나가사키와 부산 사이를 수없이 오갔다. 우리가 현재 알고 있는 일본의 특성에는 대륙에서 받아들여 변형시킨 여러 문화적 요소들이 포함되어 있음을 상기해야 한다. 따라서 일본학 연구는 조선학 연구와 같은 계통으로 취급해도 전혀 문제될 것이 없다. 조선과 일본의 남쪽과 북쪽에는 문명이 그다지 발달하지 않은 두 지역이 있는데, 쿠릴 열도와 사할린 및 예소Yeso를 포함하는 지역과 대만이다. 이 두 지역에는 각기 다른 민족이 거주하며 중국의 영향을 거의 받지 않았다. 따라서 이 두 지역을 대륙의 연장선으로 볼 것이 아니라 오히려 지리적 근접성이나 외교 관계 혹은 최근 논의가 시작된 좀 더 밀접한 관계를 고려해 볼 때 일본과 조선 그리고 류큐 제도와 연결시켜야 할 것이다.

이러한 지역들이 모두 동양학의 연구 분야에 포함된다. 연구 대상이 확대된 동양학은 지배적인 중국의 문화뿐 아니라 동시에 여러 민족의 특성이 개별적으로 혹은 서로 융합되어 존재하는 성격을 갖는다. 세계 문명의 지도에서 이 지역의 위치를 가늠하고자 할 때 두 가지의 중요한 문제가 발생한다. 중국으로부터 어떠한 영향을 얼마나 받았느냐는 문제가 하나이고, 이 지역의 민족들이 서로 맺고 있는 관계와 말레이시아인, 몽골족, 만주족 등과 같은 주변 민족들과 갖는 관계를 밝혀내는 문제가 나머지 하나이다.

본 연구를 통해 극동 아시아에 대한 연구물들을 검토해 보고자 했으나 여러 문제 때문에 이 야심 찬 계획을 포기할 수밖에 없었다. 실제로 최근에야 이 분야에 뛰어든 필자가 무슨 자격으로 선교사들이 펴낸 『한어문전韓語文典 Grammaire coréenne』이나 『한불자전Dictionnaire coréen -français』 혹은 긴 세월을 일본학 연구에만 몰두했던 피츠마이어 Pfizmaier 박사 같은 선행 연구자들의 연구 성과를 판단할 수 있겠는가. 뿐만 아니라 필자의 일본어 은사이자 일본학 연구를 프랑스에 도입하고 동양학회를 창립한 드 로니de Rosny 교수의 연구를 감히 어떻게 평가하겠는가? 게다가 순수 서지학 연구가 몇 쪽의 논문으로 압축될 수도 없는 노릇이다. 일본 관련 연구서 목록만 해도 몇 권의 분량이 되기 때문이다.

이처럼 완벽한 연구 목록을 제시한다는 것은 불가능하므로 엄두조차 내지 않을 것이며, 필자의 관심 지역과 관련된 주요 저서도 언급하지 않을 것이다. 이 주요 저서들을 언급하기에는 여기 주어진 지면이 충분하지 않기 때문이다. 따라서 필자의 손에 우연히 들어온 연구서 혹은 여타 연구들을 통해 필자가 더 자세히 알게 된 연구물, 필자가 보기에 흥미로운 연구 방향을 제시하거나 독특한 접근 방법을 택한 연구 혹은 간단하게 설명하기에 적합한 연구물을 중심으로 소개할 것이다. 필자의 부족한 생각이지만 새로운 연구라거나 더 많은 좋은 학문적 결과를 기대할 수 있다고 생각되는 새로운 연구 방향 또한 언급할 것이다. 본격적인 내용에 들어가기 전에 본 논문의 구성이 고르지 않음을 밝히면서 이 점에 대한 독자의 너그러운 이해를 바라는 바이다.

조선에 대한 많은 저서와 논문은 로스J. Ross 목사, 어니스트 오페르트Ernest Oppert, 모리스 자므텔Maurice Jametel 등[86]이 집필한 것이다. 그리

---

86 *History of Corea, ancient and modern*...by Rev.J.Ross...Parisley, 1879; in-8°.
   A forbidden Land, by Ern. Oppert. Londres, 1880; in-8°.
   "La Corée, ses ressources, son avenir commercial(조선, 조선의 자원과 통상의 미래)", par Maurice Jametel (L'Economiste français, juillet 1881).
   Choson, The Land of the Morning Calm, by Percival Lowell. Londres, 1886; in-8°.
   Korea von A. Pogio...aus dem Russischen übersetzt von St. Ritter von Ursyn-Pruszynski...Wien und Leipzig, 1895; in-8°.

피스W. E. Griffis의 『은자의 나라 조선Corea, The Hermit Nation』(런던, 1882, in-8°)에는 조선이라는 나라와 그 나라의 풍습이 간략하게 잘 소개되어 있다. 샤를르 달레Ch. Dallet 신부가 집필한 『조선교회사Histoire de l'Eglise de Corée』(파리, 1874; 2 vol. in-8°)의 200쪽에 달하는 서문은 내용의 홍미 면에서나 정확도 면에서나 앞에서 언급한 연구서들과 견줄 만할 뿐 아니라 오히려 이를 뛰어넘는다고 볼 수 있다. 이러한 저술들은 한 나라 전체에 대한 개괄적인 내용을 다루기에 조금 모호한 부분들이 보이긴 하지만, 조선처럼 최근까지 알려져 있지 않은 나라에 대한 경우나 또 충분한 연구가 이루어진 나라에 관한 연구로서 중요한 가치를 가지며, 한국에 대해 좀 더 전문적인 연구의 길을 열어 주거나 이미 이루어진 연구를 요약해 주는 개괄적인 내용을 담고 있다.

마찬가지 의미에서 미지의 지역에 대한 연구나 혹은 이미 알려진 지역과 그 지역 주민들에 대해 새로이 발견한 내용 등을 전해 주는 견문기도 홍미롭다. 스페르베르Sperwer호가 켈파르트Quelpaërt(제주도) 연안에서 난파한 이야기(1653)나 하멜과 그의 동료들이 조선에서 겪은 이야기를 기술한 표류기는 조선을 눈으로 직접 보고 경험한 것을 묘사한 최초의 글로서 가치가 높다.[87] 이 외에도 슬루프형의 범선

---

87 *Journal van de ongeluckige Voyagie van't Jacht de Sperwer van Batavia gedestineert na Tayowan in't Jaar 1653..., door de Boeckhouder...Hendrick*

프로비던스Providence호 항해기(1795~1798), 구츨라프Gützlaff의 항해 일기(1832, 1833), 사마랑Samarang호의 탐색 일대기(1843~1846), 나르발Narwal의 난파기(1851), 난파선을 구하려는 드 몽티니De Montigny 영사와 클레츠코프스키Kleczkowski의 여행기가 있다. 또한 1866년 프랑스의 침략과 1871년 미국의 도발을 기술한 일지 등에는 개항 이전의 조선에 관한 정보가 많이 나와 있다. 한편, 매년 중국으로 파견된 조선 연행사 중 한 사람이 베이징 주교인 드 구베아De Gouvea 신부를 만나 조선에 기독교 서적을 들여왔다. 이후 중국 사제가 조선의 복음화를 위해 파견되었다(1794). 『신선교편지Les Nouvelles Lettres édifiantes』(제5권, 1820)에는 베이징 주교였던 구베아 신부가 1797년에 집필한 조선의 기독교 진출에 관한 보고서가 들어 있다. 선교사들이 조선에서 활동하면서 겪은 어려움, 신분을 감추고 숨어 사는 이야기, 이들이 감내해야 하는 위험과 박해 등을 서술한 회고록이 여러 편 있는데, 이 책은 그중 최초로 집필된 것이다.[88] 1839년과 1866년에 일어난 천주교 박해 사건은 매우 끔찍했으며, 신부와 주교들을 처형한 이 사건

Hamel van Gorcum...; tot Rotterdam...1668, in-4°(다수의 판본과 번역본이 있다).
88 *Annales de la Propagation de la Foi*, tome VI, 1833; VII, 1834; VIII, 1835; IX, 1836; XI, 1839; XIII, 1841; XVI, 1844; XVIII, 1846; XIX, 1847; XXI, 1849; XXIII, 1851; XXI, 1853; XXIII, 1851; XXV, 1853; XXVI, 1854; XXVIII, 1856; XXIX, 1857; XXX, 1858; XXXI, 1859; XXXII, 1860; XXXIII, 1861; XXXV, 1863; XXXVIII, 1866; XXXIX, 1867; XL, 1868; LI, 1879; LII, 1988; LIV, 1882; LV, 1883; LVII, 1885; LVIII, 1886; LIX, 1887; LX, 1888; LXI, 1889; LXIII, 1891.

이 결국 프랑스 함대가 강화도를 침략하는 사태로 이어졌다. 선교사들의 활동과 순교의 이야기는 앞에서 언급한 샤를르 달레 신부의 흥미진진한 책에도 잘 나타나 있다. 달레 신부의 책을 통해 프랑스 원정대의 침략 이후에 이루어진 '조선선교회'의 활동에 대해서도 알 수 있다. 당시 한반도에서는 신부가 모두 사라졌으며, 사제들이 다시 은밀하게 조선에 들어오게 된 것은 꽤 오랜 시간이 흐른 후이다.

이 외에도 조선의 문호 개방 이전에 나온 저서들 중에서 반드시 언급해야 할 것으로 일본 책과 중국 책의 번역본이 있다. 클라프로트Klaproth의 『삼국통람도설San koku tsou ran to setsu』(파리, 1832, in-8°), 스케르차F. Scherzer가 중국어에서 번역한 『조선 선교 일지Journal d'une mission en Corée』『중앙아시아와 극동 기행문 및 순례자를 위한 여행안내서 Recueil d'itinéraires et de voyages dans l'Asie centrale et en Extrême-Orient』(파리, 1878, in-8°) 등이 그것이다.

1876년의 조일조약 이후 여러 열강들이 조선과 외교 관계를 수립했다. 미국은 1882년에 조선과 조약을 체결하였고, 프랑스는 1886년에 체결, 이듬해 비준했다.[89] 이렇게 조선의 닫혔던 문이 열리게

---

89 이들 조약과 관련된 공식 문서 외에도 『청국상해통상해관조책처간』 China, Imperial maritime customs, III, Miscellaneous series, n° 19. Treaties, regulations...between

된다. 이미 이전에도 프랑스 외교관 모리스 자므텔이 배를 타고 부산에 머문 적이 있었으며, 이때 관련 사항들을 적어 작은 책자로 낸 바 있다.[90] 최초로 육로를 통해 조선을 여행한 프랑스인은 샤를르 바라Charles Varat였다. 바라는 조선 주재 프랑스 외교 대표부가 정식으로 발족된 직후 조선에 도착하여 한양에서 부산까지 돌아보고, 그 여행기를 『세계일주Tour du Monde』에 실었다.[91] 당시 공사로 있던 콜랭 드 플랑시Collin de Plancy의 도움을 받아 모은 풍부한 자료는 현재 기메 박물관에 소장되어 있다. 이 외에도 홀J. C. Hall, 버너스톤Bernerston, 칼스 W. R. Carles, 리스J. D. Rees, 게일J. S. Gale, 굴드애덤스H. Goold - Adams, 헤세바르테그E. von Hesse - Wartegg 등이 조선 내륙을 여행한 경험담이 대부분 영국 「왕립지리학회집Proceedings of the Royal geographical Society」 「미국지리학회저널Journal of the American geographical Society」 「계간아시아리뷰Asiatic quarterly Review」 「파리지리학회지Bulletin de la Société de géographie de Paris」 「이집트연구소학회지Bulletin de l'Institut égyptien」 「코리안 리포지터리Korean Repository」[92] 등의 잡지에 실려 있다. 특별 부록판으로 간행된 글도 있다. 특히 하멜 이후 서양인으로서는 처음으로 제주도에 발을 디딘 샤이에롱 베이

Corea and other Powers, 1878~1889. 상하이, 1891; in-8°.
90 *La Corée avant les traités*... Paris, 1885; in-8°.
91 "Voyage en Corée"(1892년 5월 7일).
92 1892년, 1894년 이후 한성에서 출간된 잡지.

Chaillé - Long bey 대령의 제주도 탐험기,[93] 캠벨Ch. W. Campbell[94]과 캠벨의 뒤를 이은 캐번디시A.E. J. Cavendish, 굴드애덤스 대위의 백두성산白頭聖山 여행,[95] 현지인조차도 접근하기를 꺼려했던 오지 여행기들은 매우 흥미로운 기록이다.

하지만 정확한 지도를 만들 수 있을 정도로 조선 땅 전체가 충분히 조사된 상태는 아니다. 조선은 1861년에 대축척 지도를 만들었다.[96]

불완전한 제작 방식에 비하면 매우 훌륭한 지도이며, 여행에도 유용하게 사용할 수 있다. 그러나 흔히 지도에서 요구되는 과학적인 정확도는 떨어지며, 현지 자료를 이용해 만든 지도들도 충분한 수준은 아니다. 일본인들이 조선의 해안 지역 여러 곳에서 자세하게 측량을 실시했고 또 길 표시도 가장 많이 해 놓았는데, 일본에 체류할 기회가 있었던 필자는 불행히도 시간이 부족해 이 중요한 지도들의 목록을 구해 오지 못했다. 한반도 지리 연구에 매우 중요한 자료가 1883년에 한 권으로 간행된 『조선 지명 및 고유명사 로마식 표기법

---

93 *La Corée ou Tchösen...* Paris, 1894, in-4° (Annales du Musée Guimet 기메 박물관 연보).
94 "A Journey through North Korea to the Ch'ang pai shan" 『영국왕립지리학회지』, 1892년 3월).
95 *Korea and the Sacred White Moutain...together with an Account of an Ascent of the White Mountain*, London, 1894, in-8°.
96 Maurice Courant, 『한국서지』 2196번 참고.

Manuel of Korean geographical and other proper names romanized』이다. 저자가 표시되어 있지는 않으나 어니스트 새토우 경으로 추정된다. 이 책에서는 각 지명을 소리 나는 대로 쓰고 한자를 덧붙여 놓았다. 나중에 자세히 언급할 조선 선교사들의『한불자전』에 첨부되어 있는 지리 부록도 같은 방식으로 작성된 유용한 자료이다. 조선 지리 분야에서 언급할 만한 또 다른 자료는 앙리 코르디에Henri Cordier의『대영박물관의 청조 도해 설명도Description d'un atlas sino-coréen manuscrit du British Museum』(2절판, 파리, 1896)로, 다른 원본 지도들의 복사본을 싣고 있다. 필자는 지도에 대한 자료를 찾으면서 한반도의 지질학, 식물학, 동물학 관련 자료가 거의 없다는 것을 알게 되었다.

앞에서 언급한 기행문은 대부분 조선의 풍습에 관한 흥미로운 정보를 싣고 있으나 부정확한 묘사도 가끔씩 볼 수 있다. 극동의 나라에서는 그곳에 꽤 오래 머물렀다 하더라도 현지인의 일련의 언동을 정확하게 해석하기가 힘들며, 더군다나 현지인에게 얻는 정보의 진위를 가려내기가 어렵기 때문이다. 실수를 하지 않는 현지인이란 한마디도 이야기하지 않고 한 줄도 쓰지 않은 사람일 것이다. 조선의 관습을 가장 훌륭하게 설명하고 있는 것은『조선교회사』의 서문이다. 파커E. H. Parker는『차이나리뷰China Review』에서 조선의 혼례와 예절, 측량 단위에 대해 설명하고 있다.『코리안 리포지터리』에서도 이와 유사한 주제의 기사를 여럿 볼 수 있다. 대부분 미국이나 영국 선교사들이 자국 공사관의 지원을 받아 작성한 이 기사들은 현지 생활의 모습을 그 무엇보다도 잘 보여 주고 있다. 다만 상황을 피상적으로 이해한 것만을 적거나 또 조선 사람들의 이야기를 너무 쉽게 믿고 쓴 부분들이 있어 아쉽다. 미국 국립박물관(스미스소니언 박물관)은 조선 관련 소장품들의 사진이 들어간 몇 권의 도록을 출간하였다.[97] 필시 이 도록들은 스튜어트 컬린Stewart Culin이 조선의 놀이에 대한 책[98]을 구성하는 데 큰 도움을 주었을 것이다. 컬린의 책은 직접 보고 그린 그림과 조선의 그림을 보고 따라 그린 것들을 담고 있으며, 여러 가지를 비교하고 있어서 더욱 흥미롭다. 스케르차는 15세기 말에 조선인이 쓴 조선에 대한 훌륭한 글을 『동방학지』(1885, 1886)에 번역하여 실었는데,[99] 여기에는 당시 조선의 관습과 행정 체계에 대한 소중한 정보들이 담겨 있다. 새토우 경은 「사쓰마薩摩의 조선 도공Korean potters in Satsuma」[100] 「일본의 고미술사On the early history of printing in Japan」[101] 등 다수의 연구를 발표했다. 애스턴 경은 「한국의

<hr />

97 P.L. Jouy, *The Collection of Korean mortuary pottery*(Smithsonian Report for 1888), Washington, 1890.
    The Bernadou, Allen and Jouy Corean collections in the U.S. National Museum, by Walter Hough (*Report of the U.S. National Museum*), Washington, 1893, in-8°.
98 *Korean Games*, by Stewart Culin, Philadelpia, 1895; in-8°.
99 "Tchao sien tche, Mémoire sur la Corée, par un Coréen anonyme".
100 *Transactions of the Asiatic Society of Japan*, VI, 1878.

글자, 문자 및 회화Writing, printing and the alphabet in Corea」[102]를 발표해 극동의
산업사를 밝히는 데 기여했다. 알렌H. N. Allen은 조선의 전래 설화를
번역하여 조선의 민속과 민중 문학을 소개했다.[103] 또한 로니J. H. Rosny
와 홍종우가 공동 불역한 조선의 소설과 홍종우 단독으로 번역한
작품[104]은, 번역이라기보다는 각색에 더 가깝지만, 부분적이나마 조
선의 문학이 어떤 것인지 보여 주고 있다. 이 밖에도 글의 기원,[105]
인쇄술의 발명 그리고 종교, 경제,[106] 정치 체제에 대한 글도 다수
있다. 조선 문학에 대해서는 좀 더 광범위한 개괄이 이루어졌다.[107]
그러나 이러한 다양한 시도에도 불구하고, 이미 우리가 알고 있는
것을 정확하게 서술하고, 조선의 발전에 불교가 차지하는 역할을
밝히며, 사회 계급과 그 근원을 연구하고, 조선 예술과 그 융성기를

101 같은 책, X, 1882.
102 *Journal of the Royal Asiatic Society*, 1895.
103 *Korean Tales, being a collection of stories translated*, New-York and London, 1889; in-8°.
104 J.-H. Rosny, *Printemps parfumé*, Paris, 1892; in-24°. *Le Bois sec refleuri*, roman coréen traduit par Hong Chong'u, Paris, 1895; in-18° (Annales du Musée Guimet). 오류가 많이 보이는 서문을 함께 싣고 있다.
105 *Bibliographie coréenne*, Introduction, III.-"Note surles différents systèmes d'écriture employés en Corée", par Maurice Courant (*Transaction of the Asiatic Society of Japan*, XXIII; 1895).
106 Maurice Courant, "Note historique sur les diverses espèces de monnaie qui ont été usitées en Corée", (*Journal asiatique*, 1893).
107 *Bibliographie coréenne, Tableau littéraire de la Corée*, par Maurice Courant. 3vol. grandin−8°, Paris, 1894-1896.

살펴보며, 조선의 고유한 산업 방식과 외국에서 들여온 방식들을 알아보려면, 아직 해야 할 일들이 많다.

이와 같은 물음들은 정치사와 관련이 있는데, 여기서도 연구할 분야는 참으로 광대하다. 『코리안 리포지터리』에 일부 게재된 것도 있긴 하지만, 왕조와 왕의 목록을 비롯해[108] 어떤 짧은 한 시대에 대한 연구[109]를 제외하면 정치사적 연구가 거의 없기 때문이다. 뿐만 아니라 이미 발행된 연구서가 모두 일정한 의미를 갖고 있는 것은 아니며, 또 저자들은 조선의 작가나 선비들의 정확성과 선의를 지나치게 신뢰하면서 비판적 의식이 동양에서 얼마나 필요한 도구인지를 망각하고 있는 듯하다. 파커는 조선 고대사에 대한 흥미로운 글[110]을 썼는데, 여기에 반론이 제기되기도 했다. 고대사를 연구한 일본 학자들도 있었고, 일본 및 미국, 유럽에는 16세기 일본의 조선 침략에 대한 역사를 저술한 학자들도 있다. 고고학과 금석학을 이용한다면 이 분야의 연구가 더욱 발전할 수 있을 것이며, 이를 위한

---

108 L. Nocentini, "Names of the sovereigns of the old Corean states, and chronological Table of the present dynasty" (*Journal of the China Branch, Royal Asiatic Society*, XXII, New series, 1887). les listes des souverains, dans la *Bibliogrphie coréenne*, n° 1863, 1864 et 1910 참고.

109 예를 들면, C. Imbault Huart, "Mémoire sur les guerres des Chinois contre les Coréens de 1618 à 1637" (*Journal asiatique*, 1879).

110 "On race Struggles in Corea"(*Transactions of the Asiatic Society of Japan*, XVIII, 189).

기록들은 상당히 많다. 특히 비문들이 많이 발견되었고, 기원전 5세기경에 제작된 비문[111]도 있다. 압록강 유역, 평양성 부근, 경주 주변 지역 등 옛 도성 유적지에서도 취할 만한 연구 자료가 풍부할 것이다. 발굴 작업을 당장 시작하기는 어렵겠지만 언젠가는 가능할 것이다. 선사시대, 역사 지리, 민속학 분야에서도 발굴할 것이 풍부할 것이다. 조선 외에는 만주의 역사나 아무르 강 유역과 이토록 밀접하게 연결된 나라가 없는 데다가, 동아시아 민족들의 대표적 본거지 중 한 곳이 조선이기 때문이다.

조선은 언어학자들에게도 흥미로운 지역이다. 조선의 말이 글로 쓰여진 것은 15세기 이후이므로 조선어의 역사를 쓰기가 쉽지는 않을 테지만, 다양한 자료들을 이용해 시도해 볼 수 있다. 여러 어족 중에서 조선어가 어디에 위치하는지 정확하게 설명할 수는 없으나, 애스턴[112]의 훌륭한 연구 덕분에 일본어와 매우 근접하다는 판단은 내릴 수 있다. 물론 조선어와 일본어와의 관계뿐 아니라, 만주어, 몽골어와의 관계도 밝혀야 할 것이다. 여기에 문법과 어휘에 관한 여러 연구 결과를 이용할 수 있다. 우선 당시로서는 매우 특이한

111 Maurice Courant, "Stèle chinoise du royaume de Ko kou rye" (*Journal asiatique*, 1893).
112 "A comparative study of the Japanese and Korean language"(*Journal of the Royal Asiatic Society*, New series, XI; 1879).

연구라 할 수 있는 지볼트Siebold의 저서들[113]이 있다. 그러나 실질적인 연구가 가능해지면서 조선선교회에서 집필한 『한불자전』(대형 in-8°, 1880, 요코하마)이 출간되었는데, 여기에는 동사 형태가 풍부하게 실려 있다. 선교사들은 『한어문전』(대형 in-8°, 1881, 요코하마)도 간행했다. 매우 훌륭한 이 두 저서가 사제들이 만주로 망명한 후, 조선 책이라고는 거의 없던 열악한 상황에서 집필된 것을 생각하면 정말 찬탄하지 않을 수 없다. 사실 조선인들도 스스로 조선어 문법 책을 쓴 적이 없고, 부실한 청조 어휘 목록만을 갖고 있을 뿐이다. 선교사들의 두 저서에 이어 최근 제임스 스콧James Scott[114]과 게일[115]의 연구 등이 빛을 보았다. 이러한 초기 자료들을 바탕으로 조선어에 대한 체계적 연구가 가능해졌는데, 사전을 편찬하는 데에 더 많은 표제어를 모으고, 더 풍부한 예문을 제시하며, 의미를 세분하고, 한자에서 온 표현을 구분하며, 이 중에서도 최근에 건너온 표현과 옛 표현을 구분하는 작업 등이 요구된다. 문법서의 경우에는 조선어에

---

113 *Bibliotheca Japonica*, 라이덴 출간 III et IV. *Tsian dsu wen, sive Mille Litterae ideographicoe ... cum interpretatione Kooraiana, annexo systemate scripturae kooraianae*, 1840; in-folio. - *Lui ho, sive Vocabularium sinense in kôraianum conversum... annexa appendice vocabulorium kôraianorum, ajaponicorum et sinensium comparativa*, 1838, 2 절판형.

114 *A Corean Manual or phrase book*, Shanghai, 1887, in-8°, English-Corean Dictionary, Seoul, 1891, in-4°.

115 *Korean grammatical forms*, Seoul, 1894, in-8°.

적합하지 않은 유럽식 문법서의 체계 대신에 일본어 문법학자들이 취한 것과 유사한 방식을 채택해야 하며, 동사 형태의 분석과 분류가 필요하다. 이것이 가장 시급한 문제들이며, 이를 해결한다면 언어 문제를 좀 더 나은 환경에서 다룰 수 있을 것이다.

언어학, 민속학, 고고학, 역사학, 자연과학, 지리학 등 거의 모든 분야에서 더 많은 연구가 이루어져야 할 것이다. 현장 연구가 몇 년 전부터 가능해졌기 때문이다. 많은 분야에서 이미 훌륭한 연구가 진행되었고, 일본과 서구가 기초를 다졌으니 이제 다음 세대 연구자들이 그 위에 집을 지으면 된다. 집을 지을 사람들이 많기를 바란다. 그리하여 많은 지식인들이 여러 민족 사이에서 조선이 차지하고 있는 위치와 4세기부터 한반도가 맡았던 역할, 즉 종교, 사회, 예술, 산업, 한마디로 이곳 문명 전체의 수용과 동화 그리고 전파의 과정을 알 수 있기를 바란다.

8. 한국의 종교 의례—약사略史[116]

1899년 12월 17일, 기메 박물관 컨퍼런스, 1900년, 『통보』, 295~326쪽

I. 공식 종교 : 조상의 혼령 및 정령 숭배

조선에서는 예를 올려 숭배하는 혼령을 일반적으로 위패로 표현한다. 이는 망자의 이름을 써 넣은 패로, 신주神主 혹은 신위판神位版이라는 작은 서판을 말하는데, 의식을 치를 때 좌座에 올려놓는다.

제사 의식의 명칭은 여러 가지로서, 제祭와 사祀는 자연 숭배를 가리키는데 제는 지신地神을, 사는 천신天神을 기리는 것이다. 향享은 혼령에 해당하는 것이고, 기祈는 무엇을 원하거나(기우祈雨) 무엇을 고하

---

116 본고 말미에 참고문헌을 제시했다.

는(기고新告) 의식이다. 공자 숭배는 향享이나 석전釋奠이라 했다. 이러한 단어들은 모두 고유의 의미가 있지만, 함께 사용하는 단어들에 따라 그 의미가 결정되기도 한다. 따라서 위에 열거한 정의들은 절대적 의미를 갖는 것은 아니다. 각각의 제의는 정해진 때에 열리는데, 예를 들어 매월 음력 초하루나 보름, 절기마다 혹은 매해 봄이나 가을에 열린다. 어떤 일을 고하거나 복을 빌 때와 같이 시기와 상관없이 사안이 있을 때 모시는 제사도 있다. 응당 왕이 제사장의 지위를 가지며 몸소 혹은 왕을 대신하는 대리인 혹은 특사나 지방 관리를 통해 제사를 집행한다. 주 제사장을 돕는 여러 시종, 제주 그리고 기원자, 축祝이 있는데 이들은 제사의 보조자로 사제라 할 수는 없다. 제사를 맡는 사제 조직이 별도로 마련되어 있지 않았다.

제는 원칙적으로 헌獻 혹은 전奠이라 하는 봉헌과 향香, 옷감(폐幣), 술(주酒) 그리고 여러 음식을 준비하여 지내며, 독축문讀祝文이라 하여 의식 중 여러 번 축문을 읽는다. 주요 제사에서는 한쪽에서 송가를 부르고 무용수들이 여러 동작을 연이어 표현한다. 제사에서는 대부분 작爵이라 하는 성찬을 대제사장인 제주가 마시는데, 이를 음복飮福이라 한다. 접시(조俎)에 놓고 제에 올린 고기도 제주가 받으며 (수조受胙) 의식이 끝난 후 먹는다. 제에 올렸던 나머지 봉헌물은 축문과 함께 미리 마련한 구덩이(감坎)에 묻는다(예瘞).[117] 축문 및 봉헌물의 양과 종류는 경우에 따라 달라진다.

예를 들어 다음은 수확을 관장하는 사직社稷에 올리는 기고로서, 위패마다 정해진 순서대로 제수를 올리며 그 목록은 다음과 같다.

뚜껑이 있는 커다란 대나무 바구니(변籩)[118] 2개 : 녹포鹿脯(말린 사슴 고기)와 율황栗黃(밤)

뚜껑이 있는 커다란 나무 단지(두豆) 2개 : 녹혜鹿醢(얇게 저며 염장한 사슴 고기)와 청조菁菹(푸른 나물)

뚜껑과 발이 달린 구리로 된 사각 접시(보簠) 2개 : 도稻(쌀)와 양粱(수수)

뚜껑과 발이 달린 나무나 도기로 된 원형 접시(궤簋) 2개 : 두 종류의 조과 곡물인 서黍와 직稷

적목 혹은 흑목으로 만든 발이 달린 쟁반(조俎) 1개 : 시성豕腥(돼지고기 기름)

뚜껑 달린 낮은 사각 대나무 바구니(비篚) 1개 : 옷감(폐幣)

초(촉燭) 두 자루

---

117 중국에서는 천제, 즉 황천상제에게 올리는 제사에서 제주인 황제가 모든 봉헌물을 맛본 후 땅에 묻지 않고 태운다祭.(『대청통리』1책). 황제의 선친들이나 해와 달에게 올리는 제사에서도 마찬가지이다(같은 책. 8책).

118 籩의 오기로 보임(옮긴이).

향로香爐와 잔(작爵), 잔 받침인 점坫은 마지막 바구니 앞에 놓인다.

그리고 무늬 없는 나무 단지 2개(대준大尊) : 명수明水와 예제醴齊(달콤한 술), 현주玄酒(물)와 청주淸酒(맑게 거른 술)가 있다.

사직에 올리는 봄과 가을의 대제사 때에는 제수가 더욱 풍부하여, 이 외에도 소고기, 양고기, 각종 어류, 말린 대추, 갖가지 떡도 올려졌다. 또한 세 개의 잔을 위패인 전 앞에 놓았다. 사당에서 이루어지는 작헌酌獻, 즉 헌주 및 제수 예식에는 사슴고기 두 단지와 초 두 자루, 향로 하나, 잔 하나, 물병 하나, 청주 병 하나가 올라간다. 선왕의 묘에서 행하는 제사인 배릉拜陵에서는 술과 향에 대한 언급만 찾을 수 있다.

공식 의례를 행하는 장소 중에서 묘廟, 전殿, 사祠는 지붕이 있고 사방이 닫혀 있는 건물로 뜰과 분리되어 담장으로 둘러싸여 있다. 이 건물들은 대체로 널찍하고 웅장하며 선조를 모시는 제의에 쓰인다. 단壇은 지붕이 없는 제단으로 평평한 지대를 말한다. 주위의 땅보다 높으며 계단을 통해 오른다. 단은 대체로 정사각형 혹은 직사각형 모양의 낮은 돌담 한두 개로 둘러싸여 있다. 제단과 담은 동쪽을 향해 있다. 돌담 각 면의 중앙에는 지나갈 수 있도록 문이 나 있다. 이 문은 조선의 개선문이라 할 수 있는 것으로, 나무로 지은 홍살문紅箭門이라 부른다. 제단은 대부분 정령 숭배를 위한 것이다.

1. 주요 신묘神廟

종묘宗廟는 태묘太廟라고도 불리며 도성의 중심부 창경궁(1891, 옛 왕궁) 앞 약간 동북쪽에 위치한다. 현 왕조의 선왕과 왕비, 후궁을 위한 묘이다.

영희전永禧殿은 도성 남쪽에 위치한다. 태조太祖, 세조世祖, 원종元宗, 숙종肅宗, 영조英祖, 순조純祖의 초상이 있으며, 1619년 제례를 올렸다.

함흥본궁咸興本宮은 함흥에 위치한 태조의 본궁으로 임진왜란 이후 1610년에 재건되었다. 태조의 조부, 증조부, 고조부의 위패를 모시고 있다.

영흥본궁永興本宮은 태조 선친의 본가로 그의 위패가 있다.

전주 조경묘肇慶廟는 1771년 신라의 대신이었던 태조 가문의 시조를 기리기 위해 창건되었다.

전주 경기전慶基殿은 1410년 세워졌다가 1614년에 재건되었으며 태조의 어진이 봉안되어 있다.

영흥 준원전濬源殿은 1396년 태조 생가의 집터에 창건되어 1600년 재건되었으며 태조의 어진이 봉안되어 있다.

강화 장령전長寧殿은 1695년 창건되었고 숙종의 어진이 모셔진 바 있다.

한성 창덕궁昌德宮의 선원전璿源殿은 1748년에 숙종의 어진이 봉안된 바 있다.

수원 화령전華寧殿은 정종正宗[119]의 어진이 1801년에 봉안된 곳이다.

경모궁景慕宮은 1764년 창건되었고, 장헌세자莊獻世子와 그의 아들 정조, 손자 순조 그리고 증손자인 익종翼宗을 모시는 곳이다.

궁宮과 묘廟라 부르는 여러 사원에는 왕족과 왕자 및 빈 그리고 후궁들을 모셨으며, 왕과 왕족의 무덤에서 기신忌辰과 여타 기념일에 제를 올렸다. 왕과 왕비의 무덤인 산릉山陵은 47~48개[120] 정도로 대부분 도성 근처에 있다. 왕 이외의 왕족들 중 제2계급 무덤인 원圓과 제3계급 무덤 묘墓는 10개 남짓 된다.[121]

선왕에 대한 제사는 중국의 의식 절차를 따르고 있다. 조선의 의식은 중국에서 왔다. 이 종교적 풍습은 988년 이후로 거의 비슷하거나 동일한 형태로 이어져 왔다. 그 이전에도 선왕에 대한 제례가 있어 살펴보고자 한다.

신라에서는 2대 남해왕南解王 3년(서기 6) 봄에 처음으로 시조 혁거

---

120 정조의 오기(옮긴이).
120 1894년 10월에 암살된 후 1897년에 묻힌 명성황후, 즉 현왕의 왕비를 위한 왕릉이 마련되었는지는 알 수 없다.
121 본고에서는 『오례의五禮儀』 『문헌비고』 『육전조례六典條例』 『대전회통大典會通』을 참고했다.

세의 신묘를 짓고 남해왕의 여동생 아로阿老의 주관 아래 절기마다 제를 올렸다. 신라 22대 지증왕(재위 500~514)은 시조가 태어난 나을 奈乙에 시조를 모시는 신묘를 세웠다. 36대 혜공왕惠恭王(재위 765~780) 은 처음으로 다섯 개의 신묘를 결정하고, 미추왕味鄒王(재위 262~284) 을 김씨 왕족의 시조로 삼았다. 백제 및 고구려를 평정한 위대한 태종 (재위 654~661) 무열왕과 문무왕文武王(재위 661~681)은 후대에 계속해서 제를 올려 경배했다. 이 두 왕의 신묘 중 가장 가까운 곳에 있는 두 곳까지 합하여 모두 다섯 개의 신묘가 있다(『삼국사기』).

사실 서기 6년이라는 연도에는 의미가 있다고 보기 힘들다. 이토록 오래된 역사는 그다지 확실하지 않은 전설의 메아리일 뿐이기 때문이다. 여기서는 무엇보다 이러한 전설이 신라를 세운 혁거세의 영면까지 거슬러 올라간다는 점을 유념하면 된다. 제를 관장한 것은 여자였는데 이는 중국과 다른 점으로, 이세伊勢와 가무加茂 사원의 오미 가무 노 코(대어무大御巫) 같은 왕족 혈통의 여사제들이 있던 일본과 유사하다. 중국에서는 천자가 선왕을 위한 일곱 개의 사원을 가지고 있었으며, 가신들의 사원은 다섯 개였다. 혜공왕의 칙령을 보면, 중국 제례 의식의 영향을 공식적으로 인정한 것으로 보인다. 시조로 섬겨진 미추왕은 김씨 왕족으로는 처음으로 왕좌에 오른 인물이다. 그러나 김씨 계보의 근원은 탈해왕脫解王(재위 57~80) 아래서 자라 훗날 최고 대신이 되는 알지閼智에서 찾을 수 있다. 마지막 두 개의 사당은 왕의 부친과 조부를 모시는 곳이었다. 왕이 영면할 때마다 그 조부의 위패가 부실副室에 놓이고 새로이 영면한 왕이 이 자리를 대신했다. 이 시기에 시조 혁거세의 옛 신묘에서 제를 올렸을 리는 없다. 그렇다고 완전히 버려졌다고 단정할 수도 없다. 혁거세는 신라 왕국의 시조였고 게다가 박씨 가문이라는 다른 가계에 속하기 때문이다. 물론 혁거세의 신묘는 김씨 왕족의 5대 신묘에 속할 수 없었다.

『삼국사기』에 보면 5대의 신묘에서 언제 기원을 올렸는지 다음과 같이 언급하고 있다. "매년 여섯 번, 다섯 개의 신묘에서 제사를 올렸다. 음력 1월 2일과 5일, 5월 5일, 7월 초순, 8월 1일과 15일 그리고 12월의 인寅[122]이라고 표시된 날이었다." 『삼국사기』의 저자가 이를 왜 여섯 번이라고 하는지 모르겠다. 다만 마지막 날은 그 표시법으로 보아 중국의 영향을 받은 것임을 알 수 있다.

『문헌비고』를 보면, 필자가 확인하지는 못했으나 분명 『삼국사기』에서 인용한 것으로 보이는 또 다른 사실도 있다. "소지왕炤知王 7년

---

122 중국 12지, 지지地支 중 세 번째 글자.

(485)에 시조 혁거세의 신묘를 지키는 역할을 맡을 수묘인 20가家를 추가했다”는 것이다. 필사는 최근 「아시아저널」에 실린 고구려 비문에 관한 논문(1898년 3~4월)에서 수묘인연호를 언급하였는데, 신라에도 유사한 제도가 있었던 것으로 보인다. 『일본기』에 따르면 일본에도 능호陵戸 미사사기 베가 있는데, 이들은 특별한 법으로 정해진 노예 계급을 형성하고 있다.

고구려의 경우에는 “대무신왕 3년(서기 20)에 시조 동명東明(기원전 37~19)의 사당을 건립했다”고 한다(『문헌비고』).

이러한 설명이 갖는 의미가 무엇이든 『삼국사기』는 중국의 이연수李延壽가 7세기에 집필한 『북사北史』를 다음과 같이 인용하면서 시조 동명에 대한 제사가 존재했음을 확인시키고 있다. “고구려에는 두 개의 사당이 있는데, 하나는 목각 여신상을 만들어 부여신扶餘神을 모시며, 다른 하나는 고등신高登神(하늘을 향해 있는 신)을 모신다. 고등신은 부여신의 아들 시조라 전해진다. 두 사당에 모두 관원을 두었고 사람을 보내 지켰다. 이들은 아마도 하백의 딸과 주몽을 말하는 것 같다.” 김부식이 『북사』를 인용하며 덧붙인 마지막 이 문장은 바로 다음과 같은 의미를 갖는다. 『삼국사기』와 앞에서 언급한 고구려 비문에 새겨진 이 두 인물에 관한 설화에 따르면, 시조(주몽, 동명왕)와 그 어머니는 부여에서 태어난 것이 확실하며, 시조는 죽지 않고 하늘로 올라갔고, 그런 이유에서 고등이라는 이름이 붙여졌다는 것이다.

이어서 『삼국사기』는 오래된 기록을 인용하면서 "동명왕 14년 (기원전 24) 가을 음력 8월에 왕의 어머니 유화柳花가 동부여에서 세상을 떠났다. 동부여의 왕 금와金蛙는 태비의 예를 갖추어 장례를 치르고 신묘를 세웠다. 태조왕 69년(서기 121) 겨울 음력 10월에 부여로 가서 태후 유화 부인에게 제를 올렸다"라고 적고 있다. 이어서 고구려 왕들이 졸본에 있는 고구려의 신묘에서 선왕들에게 올린 제사 목록이 날짜와 함께 나온다. 두 인용문 모두 여성을 숭배했다는 점이 주목할 만하다.

앞에서 언급한 비문은 414년에 완성된 것으로, 왕릉에서 모시던 이러한 제사를 최근 다시 시작했음을 암시하고 있다.

마찬가지로 백제와(『삼국사기』) 가락국(『문헌비고』)에서도 왕조의 시조를 섬겼다는 언급이 있다. 선왕에 대한 제사는 한국의 원시 종교에 속하며 중국의 영향에 선행한다. 한국과 중국의 풍습의 차이를 몇 가지 언급하였는데, 한국 고대 역사에서는 이러한 제사를 모든 왕에게 올린 것이 아니라 왕조를 세웠거나 업적이 뛰어난 왕들에게만 올렸던 것 같다는 사실을 덧붙이고 싶다. 여기서 한반도의 고대 종교가 위인 숭배로서, 왕국이나 지방을 부흥시킨 이들만을 대상으로 이루어졌다는 것을 알 수 있다. 이는 중국과 근대 조선에서도 마찬가지이며, 그 내용은 다음과 같다.

2. 주요 사당

삼성사三聖祠는 1469년에서 1494년 사이에 조선 건국 신화에 따른 시조 단군과 단군의 아버지 환웅桓雄 그리고 조부 환인桓因을 기리고자 문화文化에 건축되었다.

숭인전崇仁殿은 평양에 있으며, 1102년[123]부터 한반도에 두 번째로 세워진 왕국의 전설적 시조인 기자를 모신 곳이다.

숭덕전崇德殿은 경주에 있으며, 1429년 이후 신라의 시조를 모시고 있다.

숭령전崇靈殿은 평양에 있으며, 1429년에 고구려 시조의 사당으로 건립되었다.

숭렬전崇烈殿은 경기도 광주에 있으며, 1638년에 창건되어 백제의 시조를 모시고 있다.

숭의전崇義殿은 마전麻田에 있으며, 1392년에 고려 왕조의 네 왕, 즉 태조太祖, 현종, 문종文宗, 원종元宗의 사당이 되었다.

---

123 1325년의 오기인 듯(옮긴이).

첫 번째부터 다섯 번째 사당까지 그 창건된 연도를 보면, 모시는 인물이 어느 시대 왕인가와 상관없이 고대의 관습과 무관한 새로운 방식으로 제의가 이루어졌음을 짐작할 수 있다. 이 다섯 사당은 여섯 번째 사당이나 앞으로 소개할 사당들과 마찬가지로 중국 사상의 영향을 받아 창건되었다.

문선왕묘文宣王廟는 도성 북동쪽에 있으며, 공자 및 송대의 4대 성인인 사성四聖, 10대 대현인인 십철十哲, 여섯 현인인 육현六賢 그리고 중국의 많은 유학자들과 조선 및 선대 왕국의 열여섯 제자들을 모셨다. 여섯 현인은 주자周子, 정백자程伯子, 정숙자程叔子, 소자邵子, 장자張子, 주자朱子이며, 열여섯 제자는 신라의 설총, 최치원, 고려 때의 안유安裕, 정몽주鄭夢周, 조선의 조광조趙光祖, 김굉필金宏弼, 이황李滉, 이이李珥, 김장생金長生, 송준길宋浚吉, 정여창鄭汝昌, 송시열宋時烈, 이언적李彦迪, 박세채朴世采, 김인후金麟厚, 성혼城渾이다.[124]

서울에 자리 잡고 있는 문선왕묘를 보면, 송의 유학자들을 많이 모시고 있는 반면에 원의 유학자는 단 한 명뿐인 것을 알 수 있다. 그 이후로 다른 유학자는 추가되지 않았다. 실제로 14세기 초 고려의 철학은 자주성을 띠었고 중국의 영향에서 벗어났다. 고려시대에

---

124 이들 유학자들에 대해서는 졸고 "Bibliographie Coréenne"을 참고하라.

공자에 대한 제는 거의 행해지지 않았고, 13세기 후반에 안유가 절에서는 향이 피어 오르는데 대현자의 사원은 폐허가 되어 가는 것을 보며 한탄한 바 있다. 사실 중국에서 제례에 쓰이는 도구와 사당 건축 설계도가 넘어온 것이 983년이었다. 물론 717년에 이미 수충守忠이 신라에 전해 준 공자와 십철十哲 그리고 72명의 제자들의 초상이 고려의 왕립 교육 기관인 태학太學에 보관되어 있었다. 그러나 그당시 제사까지 정립된 것 같지는 않다.

계성사啓聖詞는 문선왕묘 북쪽에 있으며, 1701년에 공자의 아버지와 아들 그리고 일부 제자들을 모시기 위해 건립되었다.

숭절사崇節詞는 문선왕묘 동쪽에 있으며, 1725년에 중국의 몇몇 문인들을 기리고자 마련되었다.

관왕남묘關王南廟는 도성 남서쪽에 있으며, 1597년에 이 곳에 나타나 조선군을 지휘하고 왜군을 물리친 전쟁의 신인 관우關羽(서기 219) 장군을 모시고자 설립되었다.

관왕동묘關王東廟는 도성 동쪽에 있으며, 1600년에 전쟁의 신이 사라진 곳에 건립되었다.

선무사宣武詞는 1598년에 중국의 장수 사개邪价와 양호楊鎬를 모시는 곳으로 건립되었다.

무열사武烈詞는 평양에 있으며, 1603년에 건립되어 석성石星, 이여송李

如松, 이여백李如栢, 장세작張世爵 등 중국의 장수와 관리들을 기리고 있다.

충민사忠愍祠는 순천에 있으며, 1600[125]년에 이순신李舜臣 장군을 모시고자 건립되었다.

이 사당들은 모두 일본의 침략과 중국의 군사적 지원을 설명하고 있다.

3.

제사를 모시는 곳 중에서 서울 창덕궁에 있는 대보단大報壇은 성현들을 모시는 곳으로서, 1705년 명나라 태조太祖(재위 1368~1398)와 신종神宗(재위 1572~1619) 그리고 의종毅宗(재위 1627~1644)을 모시고자 건립되었다. 조선은 실제로 지금도 명에 대해 각별한 친밀감을 갖고 있다. 지방에도 선조를 섬기는 한두 개의 사당이 있는데, 거의 모든 사당에서 자연신이나 정령을 모시고 있다. 그 기능이나 모호하게 나타나는 인간적 성격 등을 보면, 선조에 대한 신앙과 매우 유사하다.

사대문 안에서 가장 중요한 제단은 도성 서쪽으로 거의 성곽 옆에 있는 사직단社稷壇으로, 봄과 가을에 국사國社, 국직國稷, 후토后土, 후직后稷 등 농사의 신들에게 제사를 지냈다. 후토와 후직은 고대 중국의

---

125 1601년 건립(옮긴이).

인물로 공공共工의 아들인 구룡句龍과 주周 민족의 조상인 기棄이다. 국
사와 국직 또한 추상적 존재로 후토 및 후직과 유사하다고 할 수
있다. 이 제례는 신라에서는 784년에, 고구려에서는 388년에 처음
으로 언급되는데, 중국에서 들어온 것이다.

이 외에 도성 밖에도 남, 동, 북동, 북쪽에 제단들이 있어, 상황에
따라 다른 의식이 치러졌다. 이러한 의식은 모두 중간 규모의 제사
인 중사中祀와 작은 규모의 제사인 소사小祀에 속하는 것으로서, 바람
과 구름, 천둥과 비, 산과 강, 성곽의 신인 성황城隍, 추위의 신인 사한
司寒, 재앙의 신인 포酺, 말 돌림병의 신인 마보馬步, 별자리의 하나인
천사天駟성 마조馬祖의 신, 최초의 목축인의 신인 선목先牧, 전설적 제왕
인 황제黃帝의 비妃 서릉씨西陵氏로 양잠을 발명한 신인 선잠先蠶, 최초의
농부 신농神農과 앞에서도 언급한 후직의 신인 선농先農에 드리는 제였
다. 여기에 또한 전쟁 초기에는 전쟁의 신 치우蚩尤에게 군대 제물
마禡를 바치고, 오행五行에 대해서는 비를 구하는 우雩제늘 느린다.[126]
이러한 종교 의식은 중국에서 온 것으로, 그 의식이나 대상이 중국
에서 과거에 행했거나 혹은 현재 행하고 있는 것과 동일하다.

---

126 오늘날 중국에서는 상우제常雩祭가 하늘(천신天神)과 땅(지기地祇)의 모든 신들, 목성木星
인 태세太歲, 후토, 후직과 사직社稷에게 올린다. 대우제大雩祭는 이러한 제를 올려도 비가
오지 않을 때 황천상제皇天上帝에게 올린다.

II 사가私家의 조상 숭배

우선 조상에 올리는 제사는 왕가뿐 아니라 일반 가정에서도 행하는 예이다. 장손이 제사를 물려받으며 남자 쪽으로 부모와 조부모, 증조부모까지 3대 제사를 올린다. 이보다 윗대로 올라가는 조상에게는 위패나 제수를 마련하지 않는다. 제사 시기는 왕이 선왕에게 제사를 올리는 때와 동일하며, 집 안의 대청이나 제를 올리기 위해 지은 사당 혹은 조상의 묘에서 제사를 올린다. 예를 들어 일반 백성, 즉 관원이 아닌 서인庶人이 돌아가신 부모(고비考妣)에게 올리는 제수는 다음과 같다.

채菜(야채) 한 그릇, 과果(과일) 한 접시, 포해脯醢(말린 염장 고기) 한 접시
적간炙肝(구운 간 고기) 한 접시
반飯(밥) 두 공기, 갱羹(국) 두 그릇, 수저 두 벌[127]
술잔盞 6개

---

127 국가 제사에서는 그릇에 대한 언급이 없었다는 점을 주목할 필요가 있다.

실제로 귀족인 양반兩班과 반귀족인 중인中人은 제사를 지낼 때 주희朱熹의 의례나 조선 선비들이 이에 대해 펴낸 주석을 따랐다. 이 제사는 중국에서 온 것으로, 최소한 현재의 제례 형식을 볼 때 중국과 동일함을 발견할 수 있다.

"고려 현종 6년(1015), 송에 사신으로 간 민부시랑民部侍郞 곽원郭元은 고려에서 음력 정월 초하루와 5월 5일에 돌아가신 부모와 조부모에게 제사를 올린다고 했다"(『문헌비고』).

이 당시의 제사도 아마 중국에서 온 것으로 보인다. 중국은 이보다 벌써 6세기나 앞서 조상에 제사를 올렸고, 한반도에 세워진 국가들의 모든 풍습에 이미 영향을 끼쳐 왔다. 앞에서 인용한 것이 필자가 아는 한 집안에서 올리는 제사에 관한 가장 오래된 자료이다. 근대적 제사의 형식은 칙령으로 정하였다(1390).

대부大夫 및 그 이상의 품계를 가진 집안에서는 3대까지 제사를 올리고, 그 이하 품계부터 정6품까지는 2대를, 정7품 및 그 이하, 그리고 일반 백성들은 부모에게만 올린다. 품계와 상관없이 모든 집에 사당을 짓도록 한다. 정월과 보름에는 제물인 전奠을 올리고, 들고 나는 모든 집안일을 고하며, 각 절기 중간인 2월, 5월, 8월, 11월에 음식을 바치는 향享을 지낸다. 햇곡식을 수확하여 이를 바치는 천薦을 하고, 기일에는 제를 올린다. 기일에는 말타기, 외출, 손님맞이나 접대 등을 삼간다. 경축일에 묘에 가기 위해 과거의 풍습을 따를 수 있다. 제삿날은 1~2품은 매달 초순, 3~6품은 중순, 7품 이하 및 서인은 매달 하순으로 정한다. 이 경우는 정몽주의 말씀을 따르는 것이다(『문헌비고』).

수많은 사祠와 서원書院 혹은 묘廟들이 모두 앞서 말한 공식 제사를 드리는 장소로 쓰이는 것은 아니라 조선과 중국의 위대한 인물, 유학자, 관리, 병사 등 충忠과 덕德 그리고 높은 이상을 기리는 곳이었다. 『조두록俎豆錄』이라는 작은 책자에는 도성 밖에 383개 이상, 다시 말해 군마다 하나 이상 꼴로 이러한 건축물이 있다고 되어 있는데, 정확한 숫자인지는 확실하지 않다. 한 인물만을 모시는 곳도 있고, 여섯 명 정도 혹은 그 이상의 인물들을 모시는 경우도 있다. 어떤 인물들은 한 지역에서만 모시는 반면, 모든 지방에서 혹은 한 지방의 여러 마을에서 모시는 인물도 있다. 사祠와 묘廟는 글자 그대로 풀어 보면 원칙적으로 제를 올리는 장소이고, 서원의 주요 부분은 강당講堂인데 제자들이 모여 사부의 글을 읽고 뜻을 풀면서 그 원리를 논하고 설명하는 곳이다. 그러나 실제로는 제를 올리는 곳을 놓고 이 세 가지 명칭이 혼용되고 있다. 서원은 주로 망자의 후손이나 제자 혹은 망자를 존경했던 자들이 논이나 노비를 기부해 건립했다.

경우에 따라 왕이 논이나 노비를 하사하고, 세금을 면해 주며, 친필로 쓴 현판인 액額을 내리기도 했다. 시기에 따라서는 서원의 수가 지나치게 많아져 조정에서 신축을 금하기도 했으며 이전에 부여한 특혜를 거두어 가기도 했다. 하지만 이러한 억제책이 오래가지는 못했다. 실제로 서원은 선비들이 모이는 곳, 즉 관직을 맡지 않은 모든 양반들이 모이는 곳이었기 때문이다. 이들은 서원에 모여 스승의 가르침을 공부하고 조정의 국사를 논하며 왕에게 상소를 올렸다. 다른 지방의 서원들과 서로 소통하며 도성의 서원 선비들과 교류했다. 서원은 사적 모임이었으나 비밀스러운 성격을 띠지는 않았고 여론을, 그러니까 최소한 양반들의 생각을 담고 있었다. 따라서 제사가 끊어지고 백성들 사이에 흉문이 돌아 심지어 연산군燕山君(1506년 폐위)이나 광해군光海君(1623년 폐위)처럼 폐위까지 당하는 위험을 무릅쓰며 서원의 요구에 끝까지 저항한 왕은 없었다. 뿐만 아니라 서로 다른 학파들이나 다른 유림들 간에 벌인 의식에 관한 논쟁은 17~18세기 조선을 피로 물들인 남인南人, 노론老論, 소론小論 등의 당파를 만들고 사화를 일으키기도 했다.

가장 오래된 서원은 1543년에 주세붕周世鵬이 순흥順興에 안유安裕를 기리며 세운 것으로, 주세붕 또한 사후에 여기 모셔졌다. 900년 평양에 세워진 서원은 단순한 도서관이었다(『문헌비고』 83책).

III 고대의 자연 숭배와 종교 의식

고려시대 이전으로 거슬러 올라가면 자연 숭배 의식이 매우 발달되어 있었다는 것을 알 수 있는데, 그 흔적은 지금 남아 있지 않다.

"단군이 하늘에 천제를 올린 곳을 참성塹城이라 하는데, 강화도 마니산摩尼山 정상에 있었다고 한다"(『문헌비고』).

"신라의 왕들이 하늘에 제를 올린 곳을 일월지日月池라 하며, 영일迎日군에 있다"(『문헌비고』). 일월지라는 이름은 차후에 언급하겠지만, 별에 대한 숭배를 나타내며 다음과 같은 설명이 있다.

"고구려에서는 음력 10월에 하늘에 제를 올렸다. 뿐만 아니라 음력 3월 3일에는 다 함께 사냥을 했는데, 멧돼지와 사슴을 잡아 하늘에 제물로 올렸다. 백제에서는 네 번에 걸쳐 해당 월의 중순 무렵에 하늘과 오제五帝에 제를 올렸다. 부여에서는 12월에 제천 의식을 올렸다. 전쟁 때에도 제를 올렸다. 예족들은 매년 10월 천제를 올렸다"(『문헌비고』).

신화적 군주인 단군에 대한 언급에 큰 의미를 두지 않더라도 또 중국의 영향을 볼 수 있는 오제 이름이 백제에서 발견되었다 하더라도, 한반도에서 그리고 한반도 북쪽에 위치한 지역에서도 천제 의례가 널리 퍼져 있었음을 알 수 있다. 필자는 조선의 천제 의례가 중국에서 온 것이라고 보기는 힘들다고 생각한다. 고구려와 부여에 고유한 천제 의례가 있었다는 점이나, 군주에게만 국한된 것이 아니라 많은 사람에게도 천제 의례의 권리가 허용되었다는 점 때문이다. 실제로 중국의 천제는 오로지 황제만이 올릴 수 있는 것이었다. 중국의 영향을 받으면서 한국에서도 천제는 군주만이 올리게 되었다. 고려시대에 천제는 중국 황제의 봉신이라 표명하는 고려 왕이 올렸다. 이렇게 고려의 천제는 중국화되었고, 중국에서처럼 둥근 땅이라는 뜻의 원구단圜丘壇에서 제를 행하게 되었다. 조선 초기 왕들은 천제를 유지하다가 마지막으로 세조가 천제를 올렸다(1457). 태종(1410, 1411, 1414) 때부터 조선의 왕이 중국 의례상 황제에게만 있는 천제권을 행사해도 되는지에 대한 논의와 함께, 천제 대신 동방 지역을 다스리는 청제靑帝에게 제를 올리자는 의견이 있었다. 이는 제안에 그쳤지만 천제는 폐지와 부활을 거듭하다가 1457년 이후 사라졌다.

땅에 드리는 제사인 제방택祭方澤은 중국에서 온 것으로 고려 인조 때인 1031년 이후부터 언급되고 있으며, 조선에서는 그 의례를 찾아볼 수 없다. 그러나 『문헌비고』에는 백제에서 최소한 일곱 왕이 하늘과 땅에 제를 지냈다는 내용이 있다. 이는 앞에서 말한 청제와는 다른 것이며, 백제 고유의 제이다.

태양과 달 그리고 별에 대한 숭배는 신라와 고구려에서 행해졌으며 고려시대에도 계속되었다. 이 시기에 제성단祭星壇이라 불린 제단이 선산善山군에 있었으며, 조선시대에는 함흥에도 같은 제단이 있었다. 노인성단老人星壇이라 하여 장수의 별 제단도 있었다. 성신星辰에게 바친 제물과 축문은 불태워졌다. 이러한 제사는 15세기 중엽에 폐지되었다. 천제와 마찬가지로 성신제 또한 유교의 엄격한 교리에 맞지 않았기 때문이다. 고려 때 날을 정하지 않고 수시로 올리는 기원제로 초醮가 있었는데, 궐정闕廷이나 궁궐의 구희장球戱場이었던 구정毬庭에서 이루어졌다. 이 제사는 하늘, 땅, 산, 강이나 오제(오방제五方帝)에, 혹은 지고의 존재인 태일太一에, 큰곰자리나 북두北斗 같은 별자리에, 심지어 충렬왕忠烈王 때(1279)는 궁정 안에 있던 점토로 구워 만든 독수리에게 올리기도 했다.

성신에 올리는 제사는 고려의 수도 개성 근방의 여러 곳에서 동시에 올려졌는데, 구요당九曜堂과 소격전昭格殿이 그것이다. 새 왕조가 들어서자 유사한 사당들이[128] 도성과 인근 지역에 들어섰다. 도성을 굽어보는 백악신사白岳神祠와 목멱신사木覓神祠가 초醮를 하던 곳이었다. 그러나 이곳에서 숭배하던 신은 별이 아니라 산의 신이었다. 성신

---

128 이러한 종류의 사당 중 하나로 개성 북쪽 송악에 있던 대왕사大王祠는 백성들이 많이 찾던 곳이었다. 1566년까지 존재했으나, 이후 유생들이 이곳에 걸린 그림들까지 모두 불살라 버렸다.

숭배는 삼청전三淸殿과 특히 소격서昭格署에서 올려졌다. 소격서에는 상도尙道, 지도志道 등과 같은 몇 명의 관리가 배치되었는데, 그 관직의 이름에서 도교와의 연관성을 찾을 수 있다. 실제로 14세기에는 도교에 대한 공식적인 교육과 시험이 있었다(『대전회통大典會通』 3책). 그러나 15세기와 16세기(1490, 1520, 1526 그리고 1592년 이후) 유교의 영향으로 도교 사상에 대한 시험과 사원이 폐지되었다. 하지만 18세기까지(1744~1785)도 성신을 숭배하는 태일전太一殿에 대한 언급을 볼 수 있다.

중국의 문명이 들어온 이후 신라에서 농사와 관련된 제사들은 국가적 제의로 행해졌다. "경칩이 지난 후 해일亥日이면 웅살熊殺 유역에 있는 명활성明活城 남쪽에서 선농제先農祭, 즉 농사를 짓기 시작할 때 올리는 제를 올렸다. 입하立夏 후 해일亥日이면 신성新城 북문에서 중농제中農祭를 올렸다. 입추立秋 후 해일亥日이면 산원蒜園에서 후농제後農祭를 지냈다"(『삼국사기』). 일본에는 음력 2월에 풍년을 기원하며 올리는 기년제祈年祭와 햇곡식을 바치는 대상제大嘗祭가 있는데, 이것을 선농제와 후농제와 유사하다고 보아야 할지는 잘 모르겠다. 중국에서는 봄에 두 번, 즉 음력 1월의 상제上帝[129]와 음력 2~3월의 선농제를 지내

---

129 상제上帝는 현재 하나의 위패로 모시는 단일신이다.

며, 가을에는 제가 없다. 여름의 농제 또한 그와 유사한 제도를 중국에서는 찾을 수 없다.

반면 10세기에는 고려 왕이 황제를 따라 선농제를 올리고 친경親耕 행사를 거행했다.

마찬가지로 현재 성곽신에 올리는 성황제城隍祭는 4대문, 4대강, 4대로에서 올려졌다. 네 개의 강에서 올리는 제사는 중국에서 온 것이라 할 수 있지만, 네 개의 대문과 길에게 올리는 제사는 중국에서는 중요한 의례가 아니었던 것 같다. 일본의 오래된 신도神道에서는 궁과 문 그리고 길에 대해 각각 대전大殿, 어문제御門祭, 도향제道饗祭 등을 올린다(Satow, "On Ancient Japanese Rituals", *Transactions of the Asiatic Society of Japan*, 7권, 107쪽). 필자는 이러한 제의들을 신라 아니면 일본에서 차용했다고 말하려는 것이 아니며, 단지 두 민족에게 공동의 기원이 존재할 가능성에 대해 언급하려는 것이다. 고구려인들이 고구려 동쪽에 위치한 동굴의 신령에게 올린 축문은 분명히 다양한 종교적 관습에 따른 지역 신앙 형태이다.

예족은 중국이나 다른 극동의 민족과 마찬가지로 호랑이를 신성한 존재로 보았다. 신라에서는 까마귀 숭배가 특별한 의례로서, 매년 정월대보름에 까마귀에게 찰밥을 지어 올렸다. 이렇게 한반도에서는 자연 숭배뿐 아니라 상상 속 혹은 실재의 동물을 숭배하는 관습도 있었다. 이 외에도 비를 내리게 하는 용, 인간을 섬기는 말, 수확한 곡식을 먹어 버리며 해를 입히는 들쥐와 멧돼지에게도 제를 올린다(『문헌비고』). 뿐만 아니라 매년 초 신의 노여움을 풀고 정결케 하는 제사를 올렸다. 이는 전쟁 때에도 행해졌다. 이런 때는 모든 연회가 금지되었다. 이와 유사한 연례 정결 의식이 중국 봉건 시대의 주나라와 고대 일본에 존재한다.[130] 이는 이전에 범한 죄를 다 씻으려 하지 않고 제물을 바칠 때마다 매번 손을 씻고 금욕하면서 의식을 올리는 순간에만 순결을 갖추는 의식으로서, 이와 유사한 것은 본 적이 없다. 고려시대에는 재앙, 화재, 전쟁이 있을 때, 흔히 양禳, 발祓, 압병제壓兵祭라는 이름(이 세 가지 명칭이 동의어는 아니지만 비슷한 의식을 의미한다)으로 이러한 정결 의식과 기원 의식을 올렸는데, 여기서 재앙에 대한 일본의 정결 의식이 떠오른다. 유사한 관습이 민간에도 퍼져 있었는데, 불제불상祓除不祥이라 하여 매년 음력 6월 15일에 강물에 머리를 감으며 액운을 떨어낸 후 술을 마시며 흥겹게 놀았다. 반대로 중국에서는 황제가 죄를 범하면 단식을 명하는데, 죄를 씻는 정결 의식이 아니라 속죄의 고행을 의미했다. 중국의

---

130 『주례周禮』, 춘관春官편, 점몽占夢 조항, 하관夏官편, 방상씨方相氏 조항 참고. 플로렌츠 박사의 "Ancient Japanese Rituals"(*Transactions of the Asiatic Society of Japan*, 27권, 1쪽) 참고. 한국의 기양祈禳과 일본 신도의 불祓, 대불大祓은 유사한 것으로 보인다.

도덕적 관점은 독특하며 일본과 한반도에서는 순결함을 더 중요시한 것으로 보인다.

복을 빌고 액운을 피하려는 기원제는 조선 왕조 초기에도 이루어졌다. 고대 중국 현제賢帝들이 신성한 자에 대해 가졌던 철학적 경외심이나 무사무욕을 그대로 따르거나 더 강조하여 태종(1406, 1410)은 자신을 위해 복이나 장수를 비는 것을 금했다. 태종은 "장수하건 단명하건 이미 정해진 운명인데 빌어 본들 무슨 소용이 있는가"라고 하면서 환관이나 무당들이 여러 지역에서 행하던 제를 금지했다. 그러나 이렇게 폐지된 제례의 용어가 제를 관장하는 궁정의 태상시太常寺에서 쓰였으며, 태상시 고문서 보관소에는 맹제盟祭, 무제巫祭 독경제讀經祭 등에 대한 자료가 보관되어 있다. 영조英祖는 1764년 제사와 관련된 문서에서 이러한 용어들을 삭제하도록 명했다.[131]

춤 혹은 귀신쫓기라 할 수 있는 나儺는 더욱 생생하게 이루어졌다. 주례의 설명을 보면 하관夏官편 방상씨方相氏 조항에 "노란색 금속 눈 네 개가 달린 곰 가죽 위에 검고 붉은색의 옷을 입고, 창과 방패를 들었다. 100명의 신하를 거느린 채 계절이 바뀔 때마다 정결 의식을 행하며[132] 가옥을 뒤져 병마를 쫓아낸다"라고 쓰여 있다. 어떻게 이

---

131 중국의 고대 제례에서 주술사는 주요한 역할을 했다(『주례』, 춘관春官편 사무司巫 조항, 남무男巫 조항, 여무女巫 조항).

러한 의식이 한반도에 전해졌는지는 모르겠으나, 한국 고서에 처음으로 언급된 때가 1040년이다. 불교 사상이 지배적이었던 정종靖宗 때는 병마를 물리치기 위해 닭 다섯 마리를 토막 내 바치던 제사를 금했다. 닭 대신 1척 5촌 크기의 흙으로 빚은 소 네 마리를 바쳤다. 의종毅宗(재위 1146~1170)은 12월에 나儺, 즉 춤으로 이루어진 의식을 치르도록 했다. 48명에 달하는 12~16세의 무용수들이 둘로 나뉘어 현란한 가면과 복장을 갖추고 춤을 추었다. 빨간 바지에 곰 가죽을 뒤집어쓰고 창과 방패를 든 무용수는 눈이 네 개 달린 황금색의 방상씨方相氏 가면을 쓰고 있었다.[133] 여기에 네 명의 기수, 네 명의 뿔피리 연주가, 북 치는 이 네 명이 함께했고, 악귀를 내쫓기 위해 왕궁에서 퇴마退魔 주문을 한목소리로 읊었다. 조선시대에는 이러한 춤을 통한 제례가 매년 왕궁의 대문과 사대문에서 행해졌고, 이때에 축제도 함께 열려 도성 안 각 구역의 상인들이 많은 돈을 들여 화려한 의식을 치렀다. 나 의식은 사치와 향연을 반대하는 관리의 선의에 따라1623년에 폐지되었고, 1682년에 부활했다가 결국 1744년에 완전히 사라지게 되었다.

132 시난時難이라고 하는데, 난은 사실 나儺이다. 월금月今은 음력 3월, 8월, 12월에 올린 세 번의 정결 의식만을 전하고 있다.
133 방상씨는 한국에서 왕의 장례에도 등장한다.

가장 중요한 또 하나의 종교적 전통으로 산과 강, 바다에 대한 숭배 사상이 있다.『삼국사기』에는 신라시대 성지聖地들이 그 중요도에 따라 대사大祀, 중사中祀, 소사小祀, 세 가지로 분류되어 있었다. 대사를 위한 장소로는 삼산三山의 세 이름이 나오며, 중사 목록에는 오악五岳, 사진四鎭, 사해四海, 사독四瀆 등 총 23개가 나온다. 소사 목록에는 23개의 산 이름이 나와 있다. 이는 중국의 성지 체계보다 복잡하고 체계적이며, 일부는 지금도 숭배의 장소로 남아 있다. 이와 유사한 경배 의식은 고구려와 13세기 고려시대에도 볼 수 있다. 몽골의 침입에 저항하기 위해 신령들에게 제를 올렸고, 그 결과 기적이 일어났다고 믿었다. 고려시대 한반도의 정령이 갖는 힘은 널리 알려져 있어서, 명 태조太祖도 즉위한 지 얼마 안 되어(1370) 고려에 서사호徐師昊라는 도사를 보내 강과 산에 제를 올리게 했고, 강과 산의 위세를 웅장한 표현으로 기리는 내용의 축문을 읽었다. 서사호는 자신의 임무를 기리는 뜻에서 비석을 세웠는데 그것이『문헌비고』에 전해진다.

조선시대에 와서도 이러한 자연 숭배 의식은 계속해서 이루어졌는데, 예전부터 성지라 정한 곳이나 관리를 두고 지키던 제단인 산천단山川壇(1405)에서 제를 올렸다. 1866년에 집필된『육전조례六典條例』에 이 부분에 대한 구절들이 나오는데, 가장 잘 알려진 성지는 다음과 같다.

도성 및 도성 근교의 삼각산三角山, 목멱산木覓山, 한강

개성 송악산

강화 마니산

공주 계룡산

공주 웅진熊津

제주 한라산

나주 남해南海

평양 평양강平壤江

의주 압록강

양양襄陽 동해

갑산甲山 백두산

경원慶源 두만강

영흥永興 불류수沸流水

이 목록이 비록 완전한 것은 아니지만, 이미 신라시대부터 존재한
산과 강에 대한 숭배 의식이 오늘날에도 매우 중요하다는 것을 알
수 있다. 산과 강에 대한 숭배 의식은 고대의 신앙들을 모두 없애

버린 조선 유학자들의 반대에도 불구하고 살아남았다. 그리고 백성들의 마음속 깊이 자리 잡은 신앙으로서, 앞에서 본 것처럼 중국에서 온 다른 숭배 의식과 결코 혼합되지 않았다. 거의 모든 성산聖山에는 그곳에 깃든 정령이나 그 역할을 하는 부처를 모시는 제단이 있다. 험난한 길이나 주요 도로를 보면 언제나 신성한 나무[134]가 있으며, 그곳을 지나는 사람들은 모두 자갈 하나를 나무 밑단에 쌓는다. 그 나뭇가지에 옷을 찢어서 매듭을 지어 걸어 놓는 사람도 있고, 신앙심이 깊은 이들은 쌀을 바치기도 한다. 이렇게 제물을 바치는 행위는 강 건널목이나 강물이 소용돌이치는 곳에서도 이루어진다. 커다란 나무들, 흔히 볼 수 있는 것으로서 아마도 불교에서 온 거대한 조각상인 미륵彌勒, 그리고 꼭대기에 거칠게 사람의 얼굴을 깎아 붙이고 붉은색을 칠해 세워 놓은 나무 기둥 등이 모두 이러한 경배의 대상이다.

또한 일반 백성들은 천연두나 콜레라 같은 질병에게도 혼이 있다고 믿고 이를 달래 준다. 신분을 막론하고 모든 사람들이 점성술을 믿는데, 점술가의 교육 정도에 따라 중국의 점성술 형태를 띠고 있다. 점성술의 형식이나 의식에서 중국의 괘卦와 역경易經을 바탕으로

---

134 대부분 오래된 나무들은 혼이 들어 있다고 여겨 감히 베지 않는다. 때로 나무에 깃든 혼령은 성격이 고약해, 인근에 있는 집들에 인적을 끊어 놓기도 한다.

한 예언을 자주 볼 수 있다.[135]

또 붓을 매달아 놓고 혼이 이끄는 대로 그려지는 글자를 보고 미래를 읽는 주술을 흔히 볼 수 있는데, 이 또한 병마를 내쫓는데 주로 쓰였다. 이는 절차와 의식에서 중국의 영향을 많이 받았으며, 주로 맹인과 무당巫堂이라 부르는 여인들이 행한다. 몇 년 전만 해도 전쟁 신의 딸이라 자처한 무당 하나가 궁에서 대단한 영향력을 행사했다고 한다.

이상이 조선 백성들이 실제로 행한 신앙으로, 한편으로는 왕과 조정에서 행하던 공식적 제례와 다르며 또 한편으로는 선비와 양반 계층에서만 이루어졌던 조상에 대한 제사나 현자에 대한 숭배와도 매우 성격이 다르다. 일반 백성들의 신앙 속에는 별로 알려진 게 없는 한반도 고대 종교의 모습이 들어 있다.

불교

불교는 중국에서 조선으로 전래된 것으로 두 나라의 불교 의식은 크게 다르지 않다.

"고구려에는 소수림왕 2년(372) 여름 음력 6월에 진秦 왕 부견苻堅

---

135 『한국서지』 제7책 2~3장 참고.

이 불화와 경전을 전하고자 승려 순도順道와 특사 한 명을 고구려에 보냈다. 소수림왕 4년(374)에는 아도가 건너왔다"(『삼국사기』 18책).

"백제는 침류왕枕流王 원년(384) 음력 9월에 진晉에서 승려 마라난타가 건너왔고, 왕이 그를 맞아 궁의 예식에 따라 대접했다. 불교의 법리는 이때부터 시작되었다. 침류왕 2년(385) 음력 2월 봄에 한산漢山에 불교 사원을 세우고 10명의 승계식을 허락했다"(『삼국사기』 24책).

"신라의 법흥왕 15년(528)에 처음으로 불사佛事를 행했다. 우선 눌지왕 때 고구려 승려 묵호자가 일선一善군[136]에 도착하여 양梁나라의 사신이 전한 의복을 전하고 향의 사용법을 신라 사람들에게 가르쳤다. 비처왕(497~500) 때 아도阿道(我道라고도 함)라는 승려도 세 명의 추종자와 함께 신라로 건너왔다"(『삼국사기』 4책). 불교의 전래에 관한 이야기 중에서 흥미롭긴 해도 여기서 다루기에 너무 장황하므로 자세한 일화들은 언급하지 않겠다. 신라는 곧 불교를 주요 통치 철학으로 삼아 살생을 금했다. 수많은 사람들이 승려가 되거나 절에 재산을 바쳤으며, 신앙이 너무 열렬하여 오히려 법적인 제약을 마련해야 할 정도였다. 일부 왕은 승복을 입었고 화장을 명했다. 551년

---

136 지금의 선산(옮긴이).

부터는 국통國統 혹은 사주寺主라는 불교의 최고직을 만들었으며, 승관 직 밑에 여러 승관들이 있있다. 얼마 후에는 대사찰 승관인 주통州統 과 중소 사찰의 승관인 군통群統을 임명하였고, 6세기 말에는 불사를 관장하는 대도서大道署 혹은 사전寺典을 두었다. 왕가의 절들이 점점 늘어났고, 왕 또한 개인적으로 내원당을 이용하는 등 승관 조직이 매우 복잡해졌다.

고려 왕조는 대부분 숭불 정책을 유지했다. 성종은 삼장三藏의 판 각을 명하였고(997), 왕은 특별 자문 기구라 할 수 있는 대장도감大藏 都監에서 경전 판각을 담당하도록 명했다. 불교 축일의 행사는 절과 아문 혹은 궁에서 거행되었는데, 조정 대신과 함께 왕은 성전을 앞 세우고 행렬을 만들어 사찰에 가고 승려들은 송가를 외며 왕의 행렬 을 맞았다. 이러한 경축 행사는 해당 사찰과 때로는 그 지역의 모든 승려들에게 풍성한 향연을 베푸는 것으로 막을 내렸다.

다음은 가장 자주 거행한 불사들 중 일부이다.

무차회無遮會

윤경회輪經會

수륙의水陸儀

장경도량藏經道場

백좌도량百座道場

관정도량灌頂道場

많은 절이 화려하게 세워지고 증축되었는데, 그중에서도 1058~
1067년 사이에 건축된 홍왕사興王寺가 대표적이다. 홍왕사를 건축하
는 데에 여러 군郡의 세금과 노역이 동원되었으며 1,000명의 승려가
나섰다. 영향력과 재력을 가진 승려들은 궁정 내의 음모에 가담하였
으며 적대 관계에 있는 관리들과 무력 대립도 불사했다. 많은 왕들
이 종교 고문관을 가까이 두었고, 이들은 국사國師나 왕사王師의 직함
을 받고 과도한 권력을 누렸다. 강력한 영향력을 가졌던 승려 중에
는 반란을 일으켰다가(1135) 죽음을 당한 묘청妙淸, 진평후眞平侯까지
올라 실제로 공민왕恭愍王 대신 국사를 다스렸으나 결국 죽음을 당한
(1371) 편조遍照(신돈辛旽) 등이 있다. 신돈은 자신과 노비 사이에서 얻
은 아이를 왕의 양자로 보낼 정도로 영향력 있는 인물이었으며, 그
결과로 신우辛禑와 신창辛昌이 고려를 통치한 바 있다(1374~1388).
  조선시대가 되자 유교가 득세하면서 불교를 박해하였고 그리하여
불교가 쇠락했다.

  1419년에는 불교의 5대 종파인 오교五敎가 폐지되고 선종禪宗과 교

종敎宗만이 남게 되었다.

1513년에 선종과 교종이 폐지되었다.

1469년에 출간된 『경국대전』에 따르면, 승려들은 예조에서 관장하는 장부에 등록하게 되어 있었다. 특별한 시험을 통과하고 마 30필을 세금으로 바친 후 불교 승려로 활동할 수 있었는데, 이것이 도첩제度牒制이다. 이러한 규정은 1469년에서 1744년에 이르기까지 사문화되었다. 『경국대전』은 또한 새로 절을 짓는 것을 금했다.

1512년에는 1464년에 한성에 세워졌던 원각사圓覺寺가 파괴되었다.

1661년에 한성에 있는 인수원仁壽院과 자수원慈壽院이 파괴되었고, 비슷한 시기에 승려들의 도성 내 출입이 금지되었다.

1770년에 왕릉 근처에 사원 건축이 금지되었다.

1776년에 아문과 궁에 있는 모든 불당이 파괴되었다.

필자가 조선에 머물고 있을 때(1890~1892)도 이러한 법이 적용되고 있었다. 승려들은 무당, 백정, 공창들과 함께 천민 계급에 속했다. 수 세기 전부터 선비들은 불교를 혹독하게 박해했다. 대부분이 불교에 대한 언급을 회피하였으므로 불교와 관련된 정보는 일부 관문서에만 나타나 있을 뿐,[137] 거의 찾아볼 수가 없다.

칙령이나 양반들의 의견에 맞서 사찰에 대규모 보시를 한 왕도 있었는데 태조는 원산 근처에 석왕사釋王寺를, 정종正宗[138]은 수원군에 있는 선왕과 자신의 묘 가까이에 용주사龍珠寺(1795)를 지었다. 왜란(1592~1598) 때는 몇몇 승병장들이 승려로 구성된 군대를 이끌고 용감하게 싸웠다. 이때부터 병조에 속하는 승군僧軍이 있었고, 이들은 북한北漢과 남한南漢, 즉 한성의 북쪽과 남쪽 요새의 수비를 맡았다. 또한 용주사 승려는 주요 직책을 맡기도 했다.[139]

유정惟政 혹은 사명四溟이라는 이름의 승려는 왜장과 화의 담판을 맡았으며(1604), 1876년까지 양국 관계를 결정짓는 조약의 체결을 담당했다.

시골에는 많은 사찰들이 있는데, 커다란 사찰이 있는가 하면 초라한 절도 있다. 일반 백성들은 자주 절을 찾고 보시하였으나, 불교에 대해서는 지식이 별로 없다. 부처에 대해서도 무당을 통해 내쫓던 귀신과 비슷하다는 생각을 갖고 있거나, 선한 귀신과 악한 귀신 중에서 사람을 보호해 주는 좋은 귀신이라 여기고 있다. 승려들도 너무 무지하여 신도들에게 가르침을 주지 못하고 있다. 사실 승려들이

---

137 억불책은 일본의 영향으로 1895년 4월 23일 폐지되었다.
138 정조(옮긴이).
139 正憲大夫行水原府花(山)龍珠寺摠攝待諸方大法師兼八路都僧統.

300년 전부터 종교적으로 억압받으며 열악하게 살아왔다는 점을 고려하고 또 신라시대에 위대한 역할을 했던 것을 기억한다면, 이런 상황에 대해 너무 가혹한 비판을 할 수는 없을 것이다. 중국에서 예술과 문자 그리고 문명을 가져와 소개한 이들이 바로 승려들이었기 때문이다.

참고문헌

1. 한국 자료

『삼국사기』, 김부식(1145), 32책, 『한국서지』 1835번.

『여사제강麗史提綱』, 유계(1667), 『한국서지』 1857번.

『경국대전』, 1469년판, 『한국서지』 1455번.

『오례의五禮儀』, 1476년판, 1~2책 서례序例, 1책, 『한국서지』 1047번.

『대전회통大典會通』, 1865년판, 3책, 『한국서지』 1461번.

『육전조례』, 1866년판, 5책, 『한국서지』 1462번.

『문헌비고』, 1770년판, 23~28책, 『한국서지』 2112번.

『조두록』, 최근 문헌, 연도 불명, 『한국서지』 1156번.

2. 중국 자료

『대청통례大淸通禮』, 1820년 칙령에 따라 출간된 자료.

3. 일본 자료

『연희식延喜式』, 연희(901~922), 927년판, 공식 간행(축사祝詞에 대한 새토우 경과 플로렌츠의 저서 참고).

9. 샹 드 마르스의 한국관

『서울의 추억, 대한제국』 파리 만국박람회, 1900년

I

쉬프렌Suffren 대로를 뒤로하고 샹 드 마르스Champs - de - Mars 구석진 곳에 설치된 한국관은 사람들의 이목을 끌지 못하고 있다. 소심해서 인지 아니면 겸손해서인지 모르겠으나 대한제국은 그 후미진 곳에 서 오랫동안 견지해 왔던 고립의 이미지를 되찾고 싶은 것 같다. 그런 의도라면 꽤 성공한 셈이다. 극동을 좀 아는 사람들 그리고 한반도에 세워진 신흥 제국의 지인들만이 이 우아한 전시장을 보러 올 수 있었기 때문이다. 한국관은 와서 볼 만한 가치가 충분히 있는

데, 그 이유는 여러 가지가 있다.

30년 전만 해도 한국은 오만과 두려움 때문에 쇄국 정책을 유지하였고, 수백 년 동안 이러한 쇄국 상태가 깨진 것은 주변국인 일본과 만주의 침입이 있을 때뿐이었다. 1876년부터 한국은 자의 반 타의 반으로 일본부터 시작해 미국, 영국, 독일, 이탈리아, 러시아, 프랑스에 문호를 개방했다. 그 후 수차례에 걸쳐 내부적 격변이 있었으나 상황은 크게 달라지지 않아 1892년에 조약이 시행되었고, 외국인, 외교 사절, 선교사, 상인들이 자유로이 드나들었다.

그러나 국가 제도는 거의 달라진 것이 없다. 외국과의 상호 신뢰는 여전히 미덥지 못하며, 내부적으로 보면 행정 체계가 낙후되어 나라가 궁여지책으로 살아가는 형국으로, 도로도 정비되지 않았고, 상업도 발달하지 못했다. 그런데 청일전쟁과 자주독립국 선언 이후 모든 것이 달라지고 있다. 한국은 한발 앞서 근대화를 시작한 일본의 제도를 나름대로 모방하여 군대와 재정을 개편하고 광산 채굴권을 양도하는 한편, 전차 및 철도를 운행하고 있다. 한국 도처에서 고문이나 교육자 혹은 엔지니어로 일하고 있는 외국인을 발견할 수 있다.

그렇다면 이미 유럽식 체제가 들어선 것일까? 그렇지는 않다. 아주 다행히도 아직은 그렇지 않다. 일본은 '유럽의 협주곡'에 동참하는 계획을 세운 후 실행에 이르기까지 25년이 걸렸다. 게다가 일본은 일본의 고유함을 유지하면서도 이미 200년 전부터 나가사키에 유럽인이 왕래하는 등 오래전부터 준비가 되어 있었다. 대한제국이 새로운 국가의 모습을 갖추기 시작한 것은 불과 5년도 되지 않은 일이니, 일본과 유사한 변화를 보이려면 몇 년은 더 필요할 것이다. 그러나 일단 시작된 변화의 흐름이 멈출 것 같지는 않다. 1890년만 해도 지극히 동양적인 나라이던 조선이 이제 대한제국이 되어 만국 박람회에 참가하는 것을 보는 입장에서는, 변화가 시작되었다는 것만으로도 의미가 크다.

상황이 이러하니 한국관에서 근대 산업의 생산품이나 정교한 기계를 찾으려 해서는 안 된다. 아직 경제 발전이 그러한 수준에 달하지 못했기 때문이다. 무엇보다도 한국은 농업국가로 사냥감이 매우 풍부한 산악 지대가 많다. 한국에는 말과 훌륭한 품종의 소가 있으며 해안에는 생선과 식용 해조류가 풍부하다. 석탄과 금도 생산된다. 이러한 조선의 산물과 자원이 유리병에 조금씩 담겨 전시되고 있는데, 내용물이 명기되어 있어 쉽게 알아볼 수 있다. 공정하고 합법적인 행정 체계가 확립되어, 앞으로 백성의 노동이 속박당하지 않고 또 사람이나 가축의 등이 아닌 철도나 도로를 이용한 운반이 가능해진다면, 이러한 자원들은 나라 전체의 필요량을 넘어서고도 남을 것이다. 그러니 조선 경제의 미래는 꽤 밝다고 할 수 있다. 따라서 관리들의 권력 남용을 막고, 근대화된 생산 방식과 빠르고 저렴한 교통 수단, 좀 더 평등한 사법 제도, 더욱 엄격하고도 정확한 재정 체계를 수립함과 동시에, 서구 문명 중에서 유용한 요소들을 받아들여야 할 것이다. 그리고 조선은 무기 생산에 필요한 재정적 여유가 없는바, 군비 경쟁은 다른 나라들에게 맡기고, 가능하다면 강대국들보다는 벨기에나 스위스를 근대화의 모델로 삼아야 할 것이다.

II

한국관은 한국의 문명을 잘 요약해 보여 주고 있는데, 이를 좀 더 자세히 들여다보자. 우선 다양한 견직물이 있는데, 거즈처럼 얇고 가벼운 것부터 표면이 매끄러운 것, 또 돋을무늬가 들어간 것 등이 있다. 대부분 화려하고 우리 유럽인의 눈에 익숙하지 않은 색 배합을 보이고 있으나, 색의 조화가 매우 부드러운 천도 있다. 이렇게 다양한 비단을 보고 있자면, 명주를 손질하여 염색하고 직조하는 등 얼마나 많은 시간과 공을 들였을지 가늠할 수 있다. 명주는 나라의 미래를 보장해 주며 동시에 세련되고도 섬세한 문명이 있음을 의미한다. 한국에서는 예로부터 다양한 종류의 누에를 이용해 비단을 만들었는데, 누에 재배는 중국에서 들여온 것이나 서기 몇 세기경에는 이미 훌륭한 비단 직조 기술이 발달했다. 구리 제련술도 매우 발달했다. 부유한 계층이 쓰는 그릇들은 모두 맑은 색에 청명한 소리가 나는 놋쇠 그릇이다. 뚜껑이 있는 공기와 잔, 수반 등 모양과 크기가 다양한 그릇들은 담백하고 완벽한 곡선미와 고른 기하학적 형태를 갖추고 있다.

평양에서는 오래전부터 철을 이용해 함 장식을 만들었는데, 그 정교함이 일본 검의 날을 연상시킨다. 평양 특산품인 가구들의 우아한 견본품을 전시장 오른쪽에서 볼 수 있다. 금과 은을 철 위에 상감한 장식품 또한 격조 있고 매우 완성도가 높은 예술품이다. 근대의 조선 도기는 모양이 좀 투박하다. 그러나 400~500년 전에 제작된 도기가 깨진 상태의 조각은 물론이고 모양이 그대로 보존된 채로 발견되기도 하는데, 이들 도예품은 잿빛 유약을 입힌 자기로 문양이 들어 있다. 한국에는 이외에도 색다른 형태의 도자기들이 많은데 그 제작 연도를 정확히 알 수는 없다. 조선의 도자기는 수백 년 전부터 일본을 매료시켜 왔다. 콜랭 드 플랑시 조선 주재 프랑스 대리공사도 한국관에 소장품을 출품하였는데, 이를 세브르 국립 도자기

박물관Musée de Sèvres에 기증함으로써 프랑스의 도자기 애호가들이 조선의 도예품을 발견하는 계기를 제공했다.

조선의 가구 세공 기술은 구리 장식이 달린 목재 가구, 우아하고도 품격 높은 취향의 자개함, 그 세련미와 우아함이 어디에 놓아도 돋보일 나전칠기 서류함 등을 통해 소개되었다. 단순한 형태로 형상화한 동물 문양이나 한자가 새겨진 돗자리는 모양새에 따라 창을 가리는 발로 쓰이거나 실내에서 늘 신을 벗고 좌식 생활을 하는 조선인들에게 매트리스나 침상 구실도 한다. 한국관 전시품들 중에는 신기한 신발들도 있는데, 높이가 10센티미터나 되는 두 개의 판 위에 통나무를 깎아 만들어 올린 나막신은 일본 나막신인 게다처럼 비가 올 때 신는 신발이다. 이 외에도 양반집 여인들이 신는 것으로, 앙증맞은 모양에 수를 놓은 신도 있다(조선 여인들은 선천적으로 발이 아주 작다). 흥미로운 보석, 머리핀, 금박을 입힌 노리개 이외에, 손잡이는 나무와 옥을 이용해 만들고 칼집에는 수만 가지 모양으로 금속을 조각하거나 잘라 붙여 장식한 고급 칼도 볼 수 있다.

전시관 안에서는 조선 의복의 역사를 잘 보여 주는 마네킹들이 서 있다. 삼베로 지은 상복을 입은 남자가 지름이 1미터 정도 되는 원추형 기둥 모양의 대형 밀짚모자를 쓰고 있으며, 옆에는 평복과 조복 차림의 선비가 있고, 그 옆에는 공작 깃털 장식의 모자를 쓰고 현란한 색의 군복을 입은 근위병이 서 있다. 또 다른 진열장 안에는 역사적 인물이었던 어느 장군의 의복이 있는데, 자주색 천으로 안감을 대고 누빈 다음 금속 장식을 단 기다란 갑옷과 철모가 있다. 그런데 조선의 모자들이야말로 무척이나 흥미로운데 그것을 모두 볼 수 없다는 것이 아쉽다. 조선인들은 세상에서 가장 불편하고도 기이한 모자를 만들어 썼으며, 그중 일부는 아직도 착용하고 있기 때문이다. 물론 모자에 대해서 좀 더 깊은 연구를 하고 싶다면, 쉬프렌 대로에서 그리 멀지 않은 곳에 있는 기메 박물관 소장품을 둘러보는 것이 좋을 것이다.

III

이제 조선의 예술로 넘어가 보자. 한국관 안으로 들어가기 전에 우선 건물을 보아야 한다. 한국관은 조선 왕궁의 어전을 재현한 것으로, 과거 선왕들에게 제례를 올리는 곳을 연상시킨다. 장방형의 돌 기단과 난간 및 진입 계단이 있는데, 중앙에는 넓은 회랑을 갖춘 역시 장방형의 건물이 직사각형 모양으로 세워져 있다. 건물의 지붕은 회색 암키와와 수키와가 교차되어 빗물의 배수가 원활하도록 설계되어 있으며, 또 오목하고 볼록한 면들이 만들어 내는 빛과 그림자가 잘 어우러져 단조로운 색의 지붕을 다채롭게 보여 준다. 지붕은 매우 높고 측면이 가파르며, 용마루가 수평을 이루고 있다. 네 개의 추녀마루가 우아한 곡선을 그리며 내려오다가 전체 길이의 3분의 1 정도 되는 곳에서 꺾이는 모습을 보여 준다. 추녀마루 끝에는 흙을 구워 만든 환상적인 형상의 장식 기와가 하늘을 향해 있다. 이 육중한 지붕은 진한 붉은색의 원통형 기둥이 받치고 있다. 건물 골조에서 대들보의 노출된 부분은 조각으로 장식되어 있으며, 흰색, 검은색, 파란색, 초록색 등 현란한 색으로 칠해져 있다. 조선의 눈부신 햇빛 아래서 조화를 이루며 빛나고 있는 이 색들은, 가까이서 보면 가벼운 느낌을 주면서 둔중해 보이는 지붕을 가뿐히 떠받들어 올리는 구실을 한다. 이렇게 하면 건축물의 대부분을 다 본 셈이다. 사실 벽은 보충재에 불과하며, 건물의 전후 두 면의 벽은 언제나 높은 목조 문이 대신하고 있기 때문이다. 아래 부분만이 나무로 되어 있는 이 문은 지상에서 1.5미터 높이의 마슈라비야, 즉 아라비아 건축의 격자창 돌출 발코니를 연상시키는 형상을 하고 있다.

내부에서 보는 건축물의 모습도 매우 담백하다. 바닥은 타일이나 유지油紙로 도포되어 있고, 붉은 기둥과 마슈라비야가 있다. 건물의 천장은 도색된 격자 천장으로 조각 장식이 있는데, 이와 유사한 양

식의 아름다운 천장 사진이 본서[140]에 실려 있다. 이러한 건축 양식
은 중국에서 온 것이며, 일본도 마찬가지로 중국의 건축 양식을 따
르고 있다. 그러나 중국과 일본 두 나라의 건축물은 좀 더 크고 웅장
하다. 특히 일본은 뛰어난 예술 감각으로 시대나 장소에 따라 단순
하거나 화려하게 혹은 장식을 많이 넣는 등 매우 다양한 형태의 건
축물을 만든 반면, 한국은 검소한 양식을 고수하고 있으면서도 우아
함이 깃든 고품격의 건축물 형태를 간직하고 있다. 한국에도 다양한
건축물이 있으며, 특히 주변의 자연 경관과 조화를 추구하여 마치
건축물이 풍경을 더 아름답게 하고 또 풍경이 건축물의 가치를 드높
이는 듯하다. 환상적인 두 개의 동물 석상을 거느리며 백악산 기슭
에 자리 잡고 있는 왕궁의 육중한 문이나, 돌로 지은 산 정상의 요새
들, 키 큰 나무와 격류 사이로 사라지는 성벽이 바로 그 예이다.
우아한 자태의 수원성 또한 이러한 조선 건축의 훌륭한 예로, 100여
년 전 조선의 한 왕이 왕위를 양위한 후 조정을 떠나 은둔할 생각으
로 재건을 명하였으나, 공사가 끝나기 전에 왕이 세상을 뜨게 되었
다고 한다. 용주사처럼 소나무 숲 속 깊숙이, 진달래와 복숭아나무
들 사이에 자리 잡은 사찰들도 자연과 건축물의 조화를 잘 보여

---

140 이 글이 실린 『서울의 추억, 대한제국』을 말한다(옮긴이).

준다.

제를 올리는 사당을 갖추고서 석단과 봉분, 대형 조각물에 둘러싸여 있는 능들은 나무 사이나 푸른 잔디 위에 자리 잡고 있다. 능에서 바라보는 풍경은 섬들이 점점이 떠 있는 바다 혹은 강줄기를 향해 있다. 조선이 종주국인 청의 회사回謝를 받던 영은문迎恩門은 우아한 자태의 이른바 중국의 문인데, 이런 이유로 우매한 애국주의는 영은 문을 헐고 그 자리에 육중한 건축물을 새로 세웠다. 이른바 유럽 양식이라지만 필자에게는 세련되어 보이지 않는 이 건축물을 짓는 대신에, 단지 불쾌한 글자들을 지워 버리고 새로운 정치 환경에 맞는 새 글을 새겨 넣으면 충분했을 것이다. 하지만 문화 파괴라는 양태는 어디서나 목격하는 행위이다.

한국인들은 자연을 아끼고 더욱 아름답게 만드는 재주가 있었을 뿐 아니라 이 자연을 그림이나 자수를 통해 종이나 비단 위에 옮겨 놓았다. 전시관 내부 왼쪽에는 자수 병풍이 전시되어 있으며 또 화첩만 모아 놓은 진열장도 있다. 이 두 가지를 보면, 조선의 예술이 한편으로는 지난 몇 세기 동안의 중국 예술에 비해 훨씬 더 생동감 넘치고 훨씬 더 관찰자적인 특성이 있다는 점과, 다른 한편으로는 화폭이 풍요로우면서도 담백한 진실을 담고 있는 환상적인 일본 예술의 경지에는 이르지 못한다는 점을 알 수 있다. 회화 전시품 외에 조각 예술은 보지 못했지만, 자애와 관용이 매우 심오하게 표현된 불상은 자주 본 적이 있다. 이 불상들은 나무로 만들어졌으며 겉에는 금색이 입혀져 있다. 사실 조선의 조각 예술에 대해서는 좀 더 설명이 필요하다. 또한 샹 드 마르스 한국관에 전시된 조선 예술품은 물론, 적은 수지만 다른 곳에 소장된 예술품까지 포함한 도록을 만들면 좋을 것 같다. 그렇게 된다면 과거 7~8세기경 일본에 최초로 예술을 전파한 나라인 한국의 예술사를 조명하는 첫 번째 문건이 될 것이다.

이제 마지막으로 조선의 책에 대해 살펴보자. 여러 개의 진열대에 책이 전시되어 있는데, 이는 당연한 일이라 생각한다. 면을 원료로 하는 조선의 종이는 두껍고, 질기며 매우 아름답다. 이 종이는 광택이 있거나 혹은 무광택으로 상앗빛을 띠고 있다. 조선의 서책들은 꽤 큰 편이다. 우아하고도 소박한 종이 위에 써 내려간 글자들은 힘차게 보인다. 글 옆에 있는 삽화들은 좀 엄숙하고 평면적이지만, 담백하면서도 우아하다. 몇몇 프랑스의 책 애호가들에게 조선의 서책은 대단한 발견이었는데, 실제로 지금까지 많은 사람들은 조선에 인쇄술과 문학이 발달했다는 사실을 알지 못하고 있었다. 그러나 여기서 이 주제에 대해 상술할 필요는 없을 것이며, 이에 대해서는 『한국서지』를 통해 소개한 바 있다.[141]

단지 이 자리에서는 조선에 이미 10세기 이전에 목판인쇄술이 있었고, 1403년 혹은 그 이전에 금속활자를 발명하였다는 점만을 언급하겠다. 그리고 콜랭 드 플랑시의 커다란 지원으로 형성된 동양 언어학교 소장품을 비롯해 유럽의 여러 소장품들 중에는 한국의 흥미로운 서적이 다수 있다는 사실도 덧붙이고 싶다.

한국관이 주는 교훈이 있다면, 그것은 아마도 겸양의 미덕이 아닐까? 한국은 인구도 많지 않고, 부유하지도 않으며, 수세기에 걸친 외교 역사라고 해 봐야 외세의 침입과 이에 대한 힘겨운 물리침의 역사밖에 없는 나라이다. 역사적 고난 속에서도 한국은 정체성을 지키면서, 중국에서 받아들이고 또 일본에 건네준 예술과 문명을 간직해 왔다. 몇 해 전까지만 해도 유럽은 한국의 존재를 몰랐고, 알았다 하더라도 으레 그 오만함 때문에 한국을 야만국으로 취급했을 것이다. 이제 이렇게 복합적이고도 섬세한 문명의 산물들을 통해 한국은 여러 방면에서, 심지어 근대 문물이라 부를 수 있는 인쇄술에서도 우리 서구의 수준을 뛰어넘는 나라로 우리 앞에 처음 모습을 드러낸 것이다. 우리가 다른 민족들보다 제법 위대하다는 생각을 버리자. 그렇게 되면 우리는 더 나은 미덕을 가질 것이며 또 우리의

---

141 *Bibliographie coréenne, tableau littéraire de la Corée*, par Maurice Courant, 3vol grand in-8 (Paris, Ernest Leroux, 1894-1896).

앞날에도 나쁠 게 없을 것이다. 대한제국 정부는 한국관 전시를 위해 개인 소장품들을 포함한 많은 물품들을 파리까지 보내는 데 엄청난 재정적 노력을 경주했다. 그럼으로써 한국이 유구한 역사와 문화를 가진 나라이며, 유럽의 사상과 산업을 어느 정도 받아들일 준비가 되어 있음을 알린 것이다. 한국관 전시는 한국 본연의 모습을 보여 주는 동시에 우리의 교만함에 친절한 교훈을 주었다. 대한제국 정부의 지출은 헛되지 않았으며, 우리는 이에 감사해야 할 것이다.

10. 조선과 열강[142]

「정치학연보Annales des Sciences Politiques」 1904년 3월 15일, 253~267쪽

1897년[143] 9월 20일, 일본 선박 운요호가 강화도 앞바다에 접근하여 식량과 필수 물자를 보급하라고 요구하자, 이에 대해 영종진에서 공격을 했다. 그 다음 날부터 이틀 동안 영종진은 일본의 포격을

---

142 참고문헌 : Henri Cordier, *Histoire des relations de la Chine avec les Puissances Occidentales*, 3vol., Paris 1901~1902; t, II, 5, 27장, t. III, 11~14장. "Treaties, Regulations, etc., between Corea and other Powers, 1876-1889", published by order of the Inspector General of Customs, 1 vol., Shang-hai, 1891. M. von Grandt,, *33 Jahre in Ost-Asien*, 3 vol., Leipzig, 1901, vol. III, 9장. – *Korean Repository*, 한성, 1897, "The Emeute of 1884" by F.H. Mörsel (3, 4, 6월호), -1895, "The King's oath at the Ancestral Temple" (2월호), -1896, "Official report on matters connected with the events of October 8th 1895 and the death of the queen"(3월호), -1898, "The deer Island episode", etc. (3월호). 1897, "The Agrreement between Russia and Japan" (3월호), -1988, "The Nishi-Rosen convention" (5월호), -1895, "The Fate of the "General Sherman" by Rev. Jas. S. Gale (7월호),- 『통문관지通文館志』 (사역원 연혁), 6권, 1882년, 1889년 조선 공식 출간물, 5, 6, 9, 10, 11, 12책 참고.

143 1875년의 오기로 보임(옮긴이).

받았다. 그리고 일본 정부를 지휘했던 이와쿠라岩倉, 오쿠보大久保, 기도木戸가 조선 측에 보상을 요구하기로 결정했다. 사실 1868년 일본의 왕정 복고 이후부터 조선과 일본은 긴장 관계를 갖게 된다. 1868년부터 쓰시마 도주島主는 일본의 국사를 조선에 통보하였는데, 동래 부사는 예를 갖추지 않았다 하여 이러한 서신을 되돌려 보낸 사건이 있었다. 실제로 그 내용에는 일왕이 조선의 왕 위에 있다는 것을 암시하는 용어가 사용되었던 것이다. 그 후 소 시게마사宗重正 쓰시마 도주(1871년 9월), 하나부사 요시모토花房義質(1872년 9월), 모리야마森山(1875년 2월)가 우호 관계를 맺기 위해 특사로 조선에 파견되었으나 조선에서 인정받지 못했다. 일본이 해외에서 온 사람들과 함께하니 그들도 오랑캐이며, 따라서 그들과 관계하는 조선인은 모두 사형에 처한다는 칙령이 1872년에 발표되었기 때문이다.

실제로 조선은 1592년과 1597년 두 차례의 왜란과 1627년과 1637년 청국과의 전쟁을 겪은 후 나라를 단단히 닫아걸고 있었다. 일본인은 자유롭게 부산을 통과할 수 없었고, 부산에 거주하는 일본인들은 지정한 거주지 밖으로 마음대로 나올 수 없었으며, 쓰시마 도주는 매년 일정한 수의 배만 보낼 수 있었다. 중국 사신들이 조선의 왕이 즉위하는 것을 승인하거나 국상에 조의를 표하고자 조선에 들어오면, 의주부터 한성에 머무는 내내 호위를 받았으며 정해진 관리들 외에 다른 조선인들은 만날 수 없었다. 북쪽 국경 압록강 주변에는 100리가 넘게 사람이 살지 않는 구역이 정해져 있었고, 의주, 횡령, 경원 이 세 곳에만 매년 혹은 격년으로 시장이 열렸다. 장이 서는 시간도 몇 시간에 불과했고 관리들이 감시했다. 임시로나마 조선을 떠나 외국에 갈 수 있는 사람들은 오로지 베이징에 보내는 연행사나 쓰시마 혹은 에도江戸로 가는 비정기적 통신사뿐이었다. 이들은 물품을 거래하기도 하였으며, 베이징에서는 청나라 사람들이나 예수회 신부들에게 서양학과 기독교의 지식을 얻어 오기도 했다. 이것이 바로 조선이 외부 세계와 주고받은 교류의 전부였다.

조선은 이러한 고립을 통해 나라를 보호할 수 있다고 믿었고, 중국과 일본이 양이洋夷를 너그럽게 대한다는 이유로 이들 두 나라를 무시했다. 사실 양이가 조선에 들어오려는 시도를 한 바 있는데, 그 결과로 프랑스 주교와 선교사들이 처형되었다(1839, 1866). 외국 배는 조선의 항구에서 쫓겨났고, 1866년 8월에는 셔먼Sherman 호와 그 승무원이 몰살당하는 사건도 일어났다. 프랑스(1866년 10월)와 미국(1871년 7월)의 침입 시도가 실패하자 조선 관료들은 더욱 의기양양하였고, 1868년, 1871년, 1874년에 총리아문의 경고를 무시하는 결과를 낳았다.

우선 일본은 참을성을 갖고 기다렸다. 이와쿠라와 오쿠보의 지나친 인내심은 1873년 9월에 내각의 위기를 불러오기도 했다. 그러나 1875년의 일본 성세는 평안했고 재정 상태도 만족스러웠다. 지지부진하던 청과 러시아, 프랑스 그리고 영국과의 외교 문제도 해결된 터였다. 12월 13일에 일본 정부의 결정에 따라 구로다 기요타카黑田淸隆와 이노우에 가오루井上馨가 일본의 사신 자격으로 호위를 받으며 조선으로 향했다. 조선 조정은 얼마간 항의를 하였으나 결국 뜻을 굽혔고, 1876년 2월 26일 강화에서 12개 조항의 우호통상조약, 즉 '강화도조약江華島條約'을 체결했다. 이로써 지금까지 두 나라의 관계나 부산 소재 일본 공관에 관련된 기존의 모든 법령들이 철폐되었고(제4조), 부산과 새로 지정될 2개 항을 통한 교역이 허가되었다(제4조, 5조). 또한 이 세 개항장에 영사를 둘 수 있고 영사는 자국민에 대한 재판권을 갖게 되었으며(제8조, 10조), 일본은 서울에 위임받은 특사를 파견할 수 있었다(제2조). 양국간 협약이 하나둘 체결됨으로써 통상을 비롯하여 부산(1876년 10월 14일, 1877년 1월 30일), 원산(1879년 8월 30일, 1881년 8월 4일), 제물포(1882년 8월 30일, 1883년 9월 30일)에 세워진 일본인 거주지에 대한 규정이 정해졌고, 저탄장(1877년 12월 20일)과 표류인 혹은 어업에 대한 기본 원칙도 결정되었다. 조선은 이런 과정을 거쳐 일본에 개방되었고, 일본은 서방 국가들이 일본과 중국에서 얻은 지위와 동일한 지위를 조선에서 얻게 되었다.

특히 조선은 독립선언에 서명하는데, "조선은 자주국가로서 일본과 동등한 권리를 누린다"('강화도조약' 제1조)는 내용으로 시작한다. 물론 이 주요 조항은 일본 메이지 정부에 반대하는 군사 세력의 마음에 들 리 없었다. 이들은 조선을 동등하지 않은 일종의 조공국으로 취급하고 싶어 했기 때문이다.

그 후로 날이 갈수록 일본인들은 더 많은 권리를 누리게 되었다. 일본 선박들은 해안 측량을 실시하였고, 일본 장교들은 관광객이나 상인처럼 여행하면서 육로 지도를 작성하였으며 또한 어부들은 조선의 어장을 이용했다. 조약 내용과는 달리 일본 상인들은 개항장과 한성은 물론이고 조선 내부에서도 상권을 넓히면서 조선의 낙후된 상업 조건을 이용하고, 높은 이자나 담보로 대출해 주는 고리대금업과 다름 없는 은행업을 운영하여 이윤을 챙겼다. 조선에 정착한 일본인들은 대부분의 경우 질이 안 좋은 사람들이었다. 따라서 이들은 허영심이 많고 외국인들을 무시하는 경향이 있어 마치 정복자나 되는 듯한 태도로 조선인들을 대했다. 초라한 외모에 체구도 빈약한 일본인이 자기보다 머리 하나는 더 크고 건장한 조선인을 밀치고 때리는 광경이나 이에 아무런 저항을 하지 않는 조선인의 모습을 흔히 볼 수 있는데, 참으로 가소롭고 딱한 광경이다.

이러한 갈등은 '왜놈'에 대한 조선의 증오와 함께 증폭되어 갔다.

1592~1598년 왜란의 기억은 조선인들에게 민담이나 민요를 통해 계속 전해 내려온 역사였다. 조선의 귀족 계급인 양반들도 일본에 대해서는 대개 같은 생각을 하고 있었다. 쇄국주의를 견지한 양반들은 청국에 경도되어 있었다. 일본과 교류가 있었던 일부 양반만이 사익을 위해 혹은 신념에 따라 개혁자 노릇을 하려 했다. 생각은 깊으나 힘이 없는 왕 곁에서 현명하고 열정적인 왕비가 국익을 우선하는 노선을 구상하였을지 모르나, 왕비의 가문인 민씨 집안은 무엇보다도 자신들의 세도를 유지하고자 했다. 왕의 부친으로 1873년까지 섭정한 대원군은 1866년 학살을 단행하는 등 외국인이라면 모두 배척한 인물이지만, 권력을 위해서도 수단을 가리지 않았다.

　1882년 7월 23일에 군란이 일어났다. 군졸들이 곡물 창고를 약탈한 것이다. 위협을 느낀 왕비는 외딴 절로 피신하였는데, 궁에서 왕비의 국상을 거행하려 할 때에야 돌아왔다. 여러 대신들이 살해되었고 공사관을 공격당한 일본인들은 하나부사 요시모토의 지휘 아래 제물포로 피신하였다가 정박 중이던 영국 배에 올라 겨우 목숨을 건졌다. 8월 말이 되자 하나부사는 500명의 군사의 호위를 받으며 입성했다. 그리고 양국간 협약을 맺어 이 군사들을 공사관의 호위대로 삼고, 50만 테일_{tael}[144]을 배상하도록 했다. 그 중 40만 테일은 곧 조선 정부로 되돌아갔다(1884년 11월 9일).

중국은 안남,[145] 포르모사Formosa,[146] 류큐 제도에서와 마찬가지로 조선에서도 군림은 하나 조공국에 대해 어떠한 책임도 지지 않는 이중적 태도를 견지했다. 직례의 총독 자격으로 조선 문제를 담당했던 이홍장李鴻章은 '강화도조약' 제1조를 약화시키려 하였고 1879년부터 조선 고위 대신에게 이이제이以夷制夷 정책을 펴도록 했다. 이홍장의 후원과 개입으로 조미조약(1882년 5월 22일), 조영조약(1882년 6월 6일), 조독조약(1882년 6월 30일)이 체결되었다.[147] 조선 왕이 조약문과 함께 미국 대통령에게 보내는 서한의 내용을 보면, 조선의 자주성을 확인하면서도 조선에 대해 중국이 갖는 종주국으로서의 지위를 여전히 인정하고 있는 점이 엿보인다. 1882년 7월의 군란으로 중국은 조선에서의 권리를 강화했고 일본과의 협력을 통해 일본의 영향력을 약화시켰다. 청은 제물포 남쪽 남양에 4,000명의 병사를 상륙시켰고, 1,500명이 질서가 이미 회복된 한양에 입성할 수 있었다. 그리고 얼마 안 되어 청국 사령관들 중 하나인 마건충馬建忠은 홍선대원

---

144 중국에서 1테일은 은 37.7그램을 말한다(옮긴이).
145 인도차이나 반도에 있었던 왕국으로 현재 베트남의 일부(옮긴이).
146 타이완의 옛 이름(옮긴이).
147 조영조약과 조독조약은 비준을 받지 않았고, 1883년 11월 26일 체결된 새 조약으로 교체되었다. 그 이후로 체결된 조약에는 조러조약(1884년 7월 7일)과 조불조약(1886년 6월 4일)이 있다.

군을 연회에 초대하고는 그 자리에서 대원군을 체포하라는 어명을 받았다고 선언했다. 대원군은 보정부保定府에 감금되어 1885년 9월까지 3년간 갇혀 있게 된다.

대원군이 잠시나마 조선을 떠나게 되었으나, 나라 사정은 여전히 복잡했다. 청국은 다른 나라가 조선에서 얻는 통상 이익을 똑같이 얻고자 했다. 이에 따라 이홍장은 두 개의 협약을 체결하여(1882년 9월, 1883년 3월) 육로 및 해로 교역권을 얻어냈고, 개항장에 거주하는 중국인들에 대해 청국이 재판 관할권을 갖는 통상 대표를 조선에 두었다. 이와 같이 이홍장은 조선과 중국의 관계를 서구의 국제법 기준에 맞추기는 하였으나, 동시에 조선에 대한 종주권을 강력하게 주장하면서 중국의 법에 따라 조선 왕과 동등한 자격을 스스로에게 부여했다. 조선 조정은 새로운 상황에 필요한 기구를 신설했는데, 묄렌도르프Möllendorff[148]가 조직한 해관과 통리기무아문(1882)이 그것이다. 개화파는 수는 적었지만 매우 적극적이어서 더욱 많은 것을 원했다. 결국 일본군과 청군은 조선에 머물게 된다. 1884년 12월 4일에 우정국 개국 축하 연회 직후 왕비의 측근인 민영익이 매복하고 있던 자들의 칼을 맞고 부상하는 사건이 발생했다. 사건의 공모

---

148 이홍장이 묄렌도르프를 왕에게 천거했는데 임명했다고도 할 수 있다(1882년 말).

자인 김옥균, 서광범, 서재필은 박영효를 수장으로 하여 궁으로 들어가, 왕이 보는 앞에서 민씨 일가 혹은 그 측근에 속하는 대신 11명을 살해한 후 일본 공사와 호위대를 불러 왕의 신변을 보호했다. 그러나 그 다음 날인 12월 6일, 오장경吳長慶과 1898년 이후 중국의 거물로 부상하게 되는 원세개袁世凱가 군사를 이끌고 왕 앞에 나타났다. 한 시간에 걸친 전투 끝에 청군은 폭도들과 일본군을 물리쳤고, 백성들이 들고 일어나 길거리에서 일본인들을 학살했다. 12월 7일 다케조에 신이치로竹添進一郎 공사와 일본인들은 일본 공사관를 떠나 제물포로 피신했다. 공사관은 곧 불길에 휩싸였는데, 아마 조선인들의 소행이거나 일본인들이 피신 전에 불을 놓았을 것이다. 1월 9일, 조선은 일본에 사과하고 반란자들을 벌하며 배상할 것에 동의한다. 그해 4월에 이토伊藤 백작은 텐진에서 이홍장과 다음과 같은 내용의 협약을 체결한다. 청일 양국은 조선에서 철병하고 고종에게 청국과 일본이 아닌 제3국의 군사 교관을 고용할 것을 권고하기로 합의하며, 군대 파견이 필요하다고 판단될 경우에는 상대국에 통보하는 의무를 갖기로 한다.

일본이 정변을 사주했을 가능성이 큰데, 만약 그랬다 하더라도 사실상 일본이 얻은 것은 거의 없었다. 원칙적으로는 일본과 청이 동등한 관계가 되었으나, 조선에서 청의 위치는 여전히 우월했다.

조선의 해관은 청국 해상관세부의 지부가 되었고(1885), 청국은 이홍장을 통해 한성과 의주 사이에 전신선이 개통되도록 하는 한편, 원세개는 추차관으로서 입궐할 때 특별 대우를 받았으며 조선 조정의 고문 역할을 했다. 원세개는 청국의 입장을 강조하고 특권을 지나치게 주장했으며, 이로써 조금씩 조선의 왕과 일부 대신들의 반감을 샀다. 이들은 실제로 그럴 준비가 되어 있지 않음에도 불구하고 독립을 얻을 수 있다는 생각에 고무되어 있었다. 해외에 대표부를 설치하려는 시도(1887)에서 이러한 조선 군주의 생각을 읽을 수 있다.[149] 같은 급이라도 청의 관리가 조선의 관리보다 우월한 위치에 있었고, 이홍장은 유럽에 사신을 파견하려는 조선 조정에 반대 압력을 넣었다. 그럼에도 조선의 대표들은 이미 도쿄와 워싱턴에 파견되었다.

청일 간 휴전 상황은 크고 작은 사건들을 거치며 몇 해 동안 계속되었다. 1884년 정변의 주모자들은 일본으로 망명하였고, 차후에 필요한 경우를 생각한 일본 외무성의 보호를 받았다. 1894년 3월 28일, 이들 중 하나인 김옥균이 상하이에서 조선인 홍종우에게 암살되었다. 홍종우는 그보다 몇 해 전 조선을 떠나야만 했고 얼마간

---

149 일본에는 민영준과 김가진을 보냈고, 미국에는 박정양, 유럽에는 조신희를 전권대신으로 임명했다.

파리에 머물고 있었다. 사건은 아마도 개인적 원한이었던 것 같다. 이유야 무엇이든 상하이에서는 조선법이 적용되지 않아 청국의 관리에게 넘겨졌으며, 그들은 홍종우를 김옥균의 유해와 함께 즉시 조선으로 돌려보냈다. 김옥균은 역모자였다. 대역죄를 다스리는 조선의 법에 따라 김옥균의 유해는 능지처참하여 여러 곳에 내걸렸다. 홍종우는 개선장군으로 조선에 들어왔다. 이 사건은 일본 언론의 감정을 자극했다. 이때 모든 외국인을 배척하면서 18세기 중반 무렵에 나타난 동학이 소요를 일으켜 한반도 남서부 지방을 혼란에 빠뜨리고 일본과의 통상을 위협했다. 톈진 협약에 따라 그리고 고종의 동의 아래 일본과 청은 군사를 보냈다. 6월 28일 오토리大鳥 일본 공사는 조선의 왕과 조정으로서는 그다지 달갑지 않은 개혁안을 내놓았다. 일본은 8월 2일 선전포고를 하면서 청이 조선에 내정 간섭을 단행하여 조선의 독립성을 고의로 유린했다고 비난했다. 사실 조선의 내치에 대해서는 일본의 간섭도 적지 않았다. 7월23일이 되자 일본군이 왕궁을 공격하였고 왕과 왕족들을 감금했다. 이어서 왕을 퇴위시키고(곧 보위에 다시 앉혔다) 대원군에게 섭정을 맡겼는데, 대원군은 왕위에 오르기를 거절했다. 27일에 조선은 청국에 전쟁을 선포했고, 일본에게 조선에 들어와 있는 청군을 몰아내 줄 것을 요청했다. 25일에 전쟁 선포 없이 일본 군함 나니와浪速호가 청국 군대를 수송하던 영국 선박 고승高陞호를 침몰시켰다.

일본은 한성을 장악했다. 수개월에 걸쳐 메이지유신과 비슷한 형식의 개혁이 빠르게 진행되었다. 관찰사의 권한을 축소하고 사법제도와 재정 체계의 재정비를 단행했으며, 관리들의 독직과 수탈을 경고하고 이를 막기 위한 조치가 취해졌다. 실제로 이것이 가장 시급한 문제였던 것이다. 그러나 양반과 특권층의 이해에 상반되는 개혁을 단행하는 데에는 단호함만큼이나 신중함이 필요한바 아무 준비 없이 의결 기구를 만드는 것은 무척이나 미숙한 행위였다. 그리고 사회와 가족의 체제를 동시에 뒤엎는 것 또한 무모한 일이었다. 귀족 계급이 폐지되었고 문관과 무관 간의 평등을 선포했다. 관직이 없는 관리는 상업에 종사할 수 있었다. 혼인과 입양에 관한 법이 바뀌었고, 조선인들에게 짙은 색상의 옷을 입고 의복의 소매를 줄이며 담뱃대를 짧게 자를 것을 강요했으며 또한 단발령이 내려졌다. 1884년 갑신정변의 주모자들이 사면되었고, 1895년 중반 무렵에는 이들 중 대표격인 박영효가 역모죄로 체포되었다.

일본 공사는 빈번하게 왕을 알현했고, 대신회의에 참석하여 국사 전반에 개입했다. 오토리 공사의 뒤를 이어 여러 차례에 걸쳐 조선 사안을 맡았던 이노우에 백작이 부임하여 일왕의 대표로서 서울에 머물게 되었다(1894년 10월 20일). 메이지유신의 공신이자 유능한 정치가로 알려진 이노우에 백작은 조선 조정의 개혁을 추진하려 하였으며, 조선 왕에게 일종의 헌법을 제정한다는 서약을 받아 냈다(1월 7일). 이노우에는 청과 일본 그리고 조선의 모든 대신과 파벌에 대항하려는 대원군을 궁 근처에 오지 못하도록 했다. 그러나 얼마 가지 않아 이노우에는 한편으로는 조선의 무지와 파벌주의에 또 한편으로는 조선에 있던 일본인들에게 환멸을 느끼게 되었다. 그는 부정한 상거래, 조선인에 대한 폭력 그리고 공권력에 대한 불복종 등의 구체적 예를 밝히며 불편한 마음을 드러냈다. 1895년 9월 1일에 이노우에 후임으로 미우라 고로三浦梧樓 자작이 임명되었다. 10월 8일에는 조선의 고문관이던 오카모토 류노스케岡本柳之助가 이끄는 일본인 낭인들이 일본군과 훈련대(일본 군사 훈련을 받은 조선군)의 지원을 받아 궁에 난입한다. 그리고 대원군을 호위하여 입궐시키고 왕비가 궁을 빠져나가지 못하도록 모든 궁녀들을 도살하고 기름을 부어 불태웠다. 미우라 공사는 이 사건으로 소환되었다. 히로시마 지방재판소는 심의를 통해 역모 및 계획적 살인 모의 그리고 이에 대한 일본 공사 및 서기관의 동조 등을 인정했다. 그러나 이렇게 "밝혀진 사실들에도 불구하고 피고인들이 계획 범행을 저질렀다고 보기에 증거가 충분하지 않다"는 판결이 내려졌고 피고들은 모두 무사히 석방되었다.

하지만 왕은 음모자들의 포로가 된 채 생명의 위협을 느끼고 있었으며, 그 사이 개혁을 위한 수많은 시행령이 선포되었다.

II

미우라 자작 때문에 일본의 영향력은 큰 손상을 받았다. 그러던 중 그때까지 조용히 머물러 있던 새로운 외세가 모습을 드러내기 시작한다. 러시아는 베이징 조약(1860) 이후로 조선 북동부와 국경을 접하게 되었다. 1863년부터 몇몇 조선인들이 가족 단위로 두만강을 넘어가 러시아에서 토지와 곡식 종자 그리고 가축을 받아 정착했고, 조선과는 사뭇 다른 러시아의 체계적인 행정 제도를 접하게 되었다. 1866년에는 연해주에 거주하는 조선인이 100가구에 달했다. 1895년에는 32개의 마을이 형성되었고 이들은 자치구의 지위를 누렸다. 러시아는 다른 유럽 국가들과 마찬가지로 조선과 조약을 맺고(1884) 서울에 공사를 둔 후, 1888년 8월 20일 협약에 따라 육로 국경에서 조선과의 교역을 통제하였으며 여권 없이 거주하러 오는 모든 조선인을 되돌려 보내기로 결정했다. 사실 함경도 쪽 조선인들의 대량 이동은 예로부터 줄곧 조선 조정의 골칫거리였다. 그로

인해 양국 사이에는 아무 문제도 발생하지 않았다. 1891년에 러시아 공사는 단지 관찰하는 역할만을 하고 있었다. 사람들의 말에 따르면 베베르Waeber가 왕에게 환심을 얻고자 과자와 채소를 보냈다고 한다.

1896년 초, 고종이 음모자들에게 포로로 잡혀 있고 외교단이 논의를 하고 있는 동안, 베베르는 자신이 거느리고 있던 연해주 조선인들로 이루어진 정보부를 통해 비밀스럽게 움직였다. 2월 11일 고종과 세자는 궁녀가 사용하는 가마에 숨었다. 예로부터 여자들이 타고 있는 가마 속은 들추어 볼 수 없기 때문이다. 이렇게 몸을 숨긴 고종과 세자는 은밀하게 궁을 빠져나와 베베르의 관저로 거처를 옮겼다. 조선의 대신들은 1년 이상을 러시아 공사관 공사 집무실 옆의 거실에서 새로운 칙령을 만들었고 왕이 그것을 승인했다. 그러나 왕이 외국인의 거처에 오래 머무는 것에 대해 백성들이 수군거렸고, 조정은 러시아, 미국, 영국 공사관과 인접한 곳에 공사가 끝나가는 궁으로 거처를 옮겼다(1897년 2월 20일). 몇 달 후(10월 12일) 고종은 나라 이름을 조선에서 한으로 바꾸고 중국, 일본, 러시아에 필적하고자 조선 왕을 황제로 격상시키면서 독립성을 확고히 했다.

러시아는 아시아권 외교에서 늘 발휘했던 신중함으로 이 기회를 이용해, 고종이 마음대로 개혁을 취소하고 음모자들을 처벌하며 이들이 몰아냈던 대신들을 복권시키도록 놔두었다. 러시아는 새 황제가 국가를 재조직하는 일을 돕는 것에 만족했다. 그 결과로 1897년 12월에 러한은행이 설립되었고, 교관들이 파견되었으며(1897년 8월), 재정 담당 고문으로 키릴 알렉시예프Kyril Alexiev가 임명되어(11월 3일) 재정에 관해 전권에 가까운 권한을 누리게 되었다. 일종의 러시아 보호령이라 할 수 있게 된 대한제국은 블라디보스토크로는 확보할 수 없는 부동항을 조만간 주겠노라 러시아에게 약속했다. 이미 러시아는 비릴레프Byrilev 소령이 부동항을 얻으려 쓰시마를 점령한 적(1861)이 있었다. 아마도 1885년에 송전만松田灣(라자례프 항)에서도 유사한 시도를 하였던 것 같다. 그러나 쓰시마에서는 호프Hope 제독의 반발로 러시아 함대가 머물 수 없었다. 그리고 영국이 한반도 남쪽의 작은 섬 거문도에 위치한 해밀턴Hamilton 항에 정박하는 사건이 생겼다(1885년 5월 12일). 이에 청과 러시아가 반발하자 영국은 1887년 2월 27일 해밀턴 항을 포기했고, 러시아는 조선의 상황이 변하지 않는 한 조선 해안에서 어떠한 지역도 점령하지 않겠다고 약속했다.

러시아는 1897년에도 숙원인 부동항 확보에 실패하는데, 이 또한 영국 때문이었다. 전쟁 직후 조선 해관이 청과 분리되면서 로버트 하트Robert Hart 경의 전 협력관인 맥리비 브라운McLeavy-Brown이 조선의 총세무사 직책을 맡게 되었다. 브라운은 조선의 가장 생산적인 부서를 관장하면서 1896년 봄 재정고문관직도 겸했다. 그리고 7월에는 모든 세수와 지출을 관리했다. 브라운은 조선의 재정 체계를 훌륭하게 정비하고 파산의 위협을 제거하였으며 결산 때에는 흑자를 내기도 했다. 하지만 영국과 러시아, 두 나라 모두에게 돌아갈 자리는 없었다. 독립협회[150] 기관지 「독립신문」은 알렉시예프의 임명을 불법이라며 강력하게 반발하였고, 제물포에는 영국 함대가 나타났다. 동시에 러시아는 부산, 목포 그리고 증남포甑南浦에서 조계를 요구했다. 러시아로서는 일본의 선례가 있으니[151] 정당하다고 생각하고 요구했지만, 조선 대신들은 항의의 뜻으로 사직서를 냈다. 드 스페에르de Speyer 러시아 공사는 러시아와 조선 간의 우호 관계를 원하며 조선에 어느 것도 강요할 목적이 없음을 선언했다. 독립협회는 1898년 3월 10일 민중대회를 열고 러시아 재정 고문 및 군 교관들의 사임과 한러은행 폐지를 주장했다. 고종 황제는 이에 동의했다.

러시아는 뤼순 항Port-Arthur 인수도 모색하는 중이었고 여기서는 성

---

150 인디펜던스 클럽은 1896년 초 필립 제이슨Philip Jaisohn이 설립했다. 제이슨은 1884년에 갑신정변을 일으키고 미국으로 망명했다가 1895년에 귀국해 비공식 고문관으로 임명된 서재필을 말한다.

151 개항시에서 얻은 조계 외에도 조령도Deer Island(부산)와 월미도Rose Island(제물포)에서 저탄장을 하나씩 얻었다. 현재는 대동강 주변에 위치한 저탄장을 하나 더 요청한 상태이다.

공할 수 있으리라는 자신감에 이러한 조선의 반발을 불러일으키는 이권들을 쉽게 포기했다. 러시아의 포기는 조선에게도 의외였다. 하지만 완전한 포기는 아니었다. 1989년 5월 15일 도쿄에서 체결한 니시로젠Nishi-Rosen 협약은 고무라-베베르 협약(1896년 5월 14일)과, 로바노프-야마가타Lobanov-Yamagata 협약(1896년 6월 9일)의 후속으로 두 체결국인 러시아와 일본이 조선에 대해 갖는 관계를 정의하고 있다. 러시아와 일본은 협약을 통해 조선의 독립성을 확인했고, 조선의 군주가 자국의 방위를 위해 군대를 구성하도록 약속했다. 상황이 정리되는 동안 일본은 한양에 400명, 부산, 원산 그리고 한성과 부산 간의 전신선을 따라 각각 200명의 일본군을 주둔시킬 수 있게 되었다. 러시아는 일본군과 동일한 규모의 군대를 두어 주한 영사관과 공사관을 보호할 권리를 얻었다. 러시아와 일본은 조선에 교관이나 고문관을 파견할 경우에 서로 통보할 것을 약속했다. 이로써 일본은 자유롭게 사업을 계획하고 시행할 수 있게 되었다. 조선이 차관을 도입하고자 하면 러시아와 일본 양국은 이에 협조하였으며, 러시아는 한성과 러시아 국경 사이의 전신선 건설권을 얻었다.

독립국인 대한제국에서 일본과 러시아 두 강대국의 공동 영향권은 이렇게 이루어졌다. 일본으로서는 1885년 상황과 유사한 것으로, 단지 적수가 그때보다 더욱 가공할 만한 존재라는 점만 다를 뿐이었다. 이번에는 일본에게 시간이 더 유용하게 돌아갔다. 경찰력의 지원을 받는 영사관이 개항장에 설립되었다.[152] 조선이 만국우편연합에 가입되어 있었으나, 모든 영사관 근처에 우체국이 들어섰다. 일본어와 서양학 교육을 하는 학교가 15개 가량 설립되었다. 세 개의 일본 은행이 조선에서 영업을 벌였고, 조선 은화 주조를 도왔으며, 한때 어느 정도 계획되었던 조선 국영은행의 설립을 지원하겠다고 약속했다. 조선의 주요 동업조합들의 반대에도 불구하고 조선 국내에서 일본 화폐가 유통되었다. 한성과 제물포 사이에 1899년 9월에 철도(경인선)가 개통되었으나, 건설을 담당한 미국 회사에 인수되었다. 한성과 부산을 잇는 경부선을 건설하는 데에 필요한 재정은 왕가에서 일부를 그리고 대부분은 일본의 대자본가들이 담당했다. 경부선은 이듬해 개통되었고, 철도회사는 모든 역에서 조계지를 요구할 수 있었다. 게다가 작년에 일본은 조선 거류 자국인들을 위해 경작지까지 요구했다. 이와 함께 일본은 끊임없이 모든 외국 기업에 방해 공작을 폈다. 이러한 공작은 무기력하고 변덕스러운 조선인들 덕분에 성공할 수 있었다.

---

152 개항시로는 부산(1877), 원산항(1880), 제물포(1883), 경흥(1888), 증남포와 목포(1897), 평양, 군산, 마산포와 송진(1899)이 있다. 서울 역시 1882년에 외국과 교역을 시작했다.

러시아가 조선에 차관을 제공하거나 조선 어장을 임대하고, 거제도(마산포 전방에 위치한 Kargo-do)[153]에 대한 독점권을 확약하거나, 마산포에 영사관을 설치하는 등, 조선에서 어떤 시도를 할 때마다 일본과 영국 언론은 강한 불평을 쏟아냈다. 지난 봄 로바노프-야마가타 의정서를 근거로 러시아는 두만강 유역에서 경성 방향으로 전신선을 설치하기 시작했다. 조선은 일본의 자문을 받으며 전신주를 제거했다. 그런데 1896년에, 합의에 따라 개발권을 소유한 러시아가 압록강 유역의 삼림 자원을 이용하려는 데 어려움이 발생했다. 용암포를 개발하려 지은 건물이나 여기 투입된 인력을 외국 언론이 요새 또는 군대가 주둔한 것으로 의심한 것이다. 일본 또한 이러한 정보가 부정확하다고 인정했다. 의주의 남쪽에 있는 용암포는 압록강 유역이 끝나는 주요 지대로, 장차 한성과 의주를 잇는 경의선의 종착역이 되는 곳이다. 그러나 용암포는 압록강 상류로서 수천 마일 떨어진 만주 지역의 냥동Ngan-tong이 개방되면서(1903, 미청조약) 그 유리한 입지성을 잃게 된 것이다. 지난해 여름부터 용암포와 조선 전체 그리고 만주를 놓고 일본과 러시아 사이에 협상이 진행되고 있다.

153 현재 정확한 지명을 찾을 수 없음(옮긴이)

III

지금까지 살펴본 주요 이해 당사국 외에 조선에서 활동을 펼칠 또 다른 외세가 있을까?

조선은 중국과 마찬가지로 미국에 대한 신뢰가 크다. 조선에 대한 침략 의도가 없다고 생각하기 때문이다. 따라서 조선은 꽤 많은 수의 미국인 선교사를 받아들였고, 이들은 학교와 병원을 운영하는 데에 물심양면으로 조선 조정의 지원을 받았다. 1885년 협약 이후에 조선 왕이 교관과 고문관을 보내 달라 요청한 국가는 미국이었다. 다이Dye 장군, 데니Denny, 르장드르Legendre, 그레이트하우스Greathouse 등이 조선에 왔으나 별다른 성과가 없었다. 이들은 조선의 관리들에게 일의 연속성이나 정직성을 심어 주지는 못했다. 사실 이는 결코 쉬운 임무가 아니었으며, 어쩌면 그 당시로서는 불가능한 일이었다. 15년 전에 미국의 한 무역상사가 진출했으며, 최근에는 미국의 기업, 전차회사, 탄광회사 등이 조선에 설립되었고, 그 관련 권리는 여전히 미국이 소유하고 있다.

프랑스와 조선의 관계를 보면, 처음에 프랑스는 선교사 학살 사건으로 조선을 매우 두려운 존재로 여겼으나 양국의 불신은 조금씩 사라졌다. 이권에 대한 프랑스의 단호하고도 끈질긴 관리력[154] 덕분에 많은 선교사들이 존경을 받으며 조선의 관리들과 교류하면서 어렵지 않게 자신들의 교구를 넓혀 갔다. 프랑스 무역상사가 한둘씩 설립되었고, 많은 프랑스인들이 우체국장, 조불학교 교장, 경의선 기술자, 탄광회사 고문 등으로 조선에 고용되었다.

독일과 영국 또한 몇몇 기업과 무역회사 그리고 학교를 경영했다. 영국은 몇몇 선교사들이 조선에 와 있었고, 이들은 강력한 권력을 가진 브라운 총세무사의 도움을 받았다.

외세들의 이권이 무엇이든 간에 외교 행위를 넘어선 행동을 정당화하기는 힘들 것이다. 최근 한성에 여러 나라가 군대를 파견했는데, 이는 오로지 조선 민중의 적대감에 대해 자국인들을 보호하기 위해서이다. 더구나 조선 조정은 서방 국가의 군대가 상주함으로써 일본군의 개입을 방지할 수 있다고 보고 이를 반겼다.

조선 사람들도 현 상황에 대해 나름의 의견이 있을 것이다. '왜놈'에 대한 전통적인 반감은 조선에서는 보편적 감정이다. 게다가 지금까지 기술한 일련의 사건과 조선에 들어와 있는 다수의 정직하지 못한 일본 상인들, 밀수꾼과 위폐범들 때문에 이러한 적대감은 증폭되었다. 그러나 적은 수이지만 일본인과 한통속인 일부 조선인이

---

154 1887년 조불조약의 비준서 교환을 수행했던 콜랭 드 플랑시는 몇 년간 조선을 떠나 있었으나, 지금 주한 프랑스 공사로 조선에서 근무하고 있다.

더 문제이다. 왕은 의지가 없고 관리들은 공공이익에 대한 의식이 없으며 조선 사회는 무정부 상태에 빠져 있다. 조정의 정책이 무엇인지 가늠하기가 어렵고 나아갈 방향도 방어력도 잃어버린 듯하다. 그러나 소극적 저항은 물론이고 공격 행위나 게릴라 활동 등을 어렵지 않게 찾아볼 수 있다. 이러한 저항 운동은 나라 행정을 오랫동안 마비시키고 일본 점령자들을 당혹스럽게 만들고 있다.

청은 1895년의 패전과 자국의 사정[155]으로 조선에서 축출되었고, 지금은 일본과 러시아만이 남아 있다. 일본은 조선에서 우월한 경제적 지위를 누리고 있으나, 총 무역액이 1억 프랑 정도인 현재로서는 대단한 이득을 보고 있는 것은 아니다. 그러나 농업과 산업 기반을 잘 운용하면 경제적 이익이 증가할 가능성이 크다. 일본 정부는 북해도나 대만의 환경에 적응하지 못하는 자국인들을 조선에 정착시킬 수 있는 것에 만족하고 있다. 자국에게 위협적이고 위험한 요소들을 제거해 버릴 수 있기 때문이다. 지리적 정세를 보면, 한반도에서 어느 정도 자리를 잡은 러시아가 일본으로서는 늘 골칫거리일 것이다. 오랜 세월을 고립되어 살면서 주변의 약소국들을 지배해온 제국으로서는 유럽 국가들처럼 늘 적국과 얼굴을 맞대고 살아야

---

155 청과 조선의 공식적 관계는 1899년 9월 11일 조약으로 회복되었다. *Bolletino di legislazione e statistica doganale e commercial*(1900년 4~6월, 564쪽) 참조.

하는 것이 힘든 일이 아닐 수 없다. 일본인들에게 꿈을 주는 것은 신화적이면서 역사적인 영웅적 원정의 기억이다. 아르고호를 타고 황금 양털을 구하러 간 그리스 영웅들의 후손들은 항상 콜키스를 향하고 있기 마련이다.

러시아는 역사적 동기가 있거나 이민의 땅이 필요한 것이 아니다. 러시아가 조선에서 취하는 경제적 이득은 크지 않다.[156] 만주를 관장하는 뤼순 항을 소유하고, 뤼순 항과 블라디보스토크에서 이르쿠츠크Irkutsk 그리고 모스크바로 자유롭게 육로로 연결되는 러시아는 동해를 통제할 필요가 없다. 따라서 현재 상황에서 러시아는 조선에 대해 유연한 자세를 취할 수 있다. 그러나 호전적인 이웃과 맞닿아 있는 것이 편할 수는 없다. 아무튼 러시아는 장차 태평양 지역이 갖게 될 중요성을 알고 있고, 다르다넬스 해협[157]에서처럼 항로가 막히는 것을 원치 않는 것으로 보인다.

결국 선전포고도 없이 일본은 전쟁을 일으켰고 중립국이던 대한제국을 점령했다. 조선의 잘못은 300년 전부터 스스로를 방어하는 방법을 잊어버리고 있었다는 점이었다. 이것이 현재 대한제국이 처

---

156 그래도 러시아는 탄광과 북쪽 지역의 삼림, 포경권을 갖고 있다. 러청 은행 지점이 나와 있고 1896년 러조 학교가 설립되었다.

157 에게 해와 마르마라 해를 잇는 아시아와 유럽의 경계(옮긴이).

한 운명이다. 그러나 이 전쟁의 의미는 한반도의 운명을 뛰어넘고 있다. 일본으로서는 그토록 수많은 시도 끝에 마침내 대륙으로 진출할 수 있을 것이냐 하는 문제가 되고 있기 때문이다. 그리고 일본이 과연 16세기에 조선과 명과의 전쟁에서 겪은 패배나 13세기에 몽골에게 당한 침략의 한을 풀 수 있을지, 극동을 향한 유럽의 진출이 이에 자극을 받아 경쟁적 세력을 확대하려는 일본의 시도로 좌절될 것인지를 결정하게 될 사건이기 때문이다.

11. 조선 주재 일본 조계지─15세기 이후의 부산

『식민연람Annales coloniales』에 기재된 1904년 8월 15일~10월 1일자의 기사 내용,

『근대 식민기 프랑스 도서집Bibliothèque de la France Coloniale Moderne』, 파리, 1904년, 24쪽

I

부산은 한국의 남동부에 있으며 일본과 가장 가까운 곳 중의 하나이다. 부산과 쓰시마 사이는 50여 킬로미터 정도이며, 쓰시마 남부에서 이키壹岐까지 50킬로미터, 쓰시마 남부 지역에서 규슈 연안까지는 80킬로미터이다. 이와 같이 일본 섬인 쓰시마는 일본 땅 양쪽에서 보인다. 절영도絕影島로 가로 막혀 있는 부산항은 방어가 잘 되어 있지 않으며, 입구도 좁아서 증기선보다 전형적인 동양의 작은 배가 왕래하는 데에 더 적합하다. 부산항은 야산으로 둘러싸여 있음에도

내지와의 교통이 쉽고, 서쪽으로 얼마 떨어지지 않은 곳에 경상도에서 가장 넓고 비옥한 지역인 낙동강 삼각주가 나타난다.

II

1443년에 조선의 왕 세종이 쓰시마 도주인 소 사다모리宗貞盛와 협정을 맺었다. 80년 동안 끊어졌던 조선과 일본 간의 평화적 관계는 1367년부터 점차 다시 시작되었는데, 왜구倭寇의 약탈 행위와 한국 해상 원정으로 인해 다시 끊어졌다. 한편 교토京都에 거주하던 아시카가 요시미쓰足利義滿 장군은 한국 및 중국과 정기 무역을 추진하고 해적 행위를 엄격하게 처벌했으며 중국에 사절단(1401, 1403)을 보냈다. 그리고 난징南京의 조정(명나라)에게 '일본 국왕'으로 책봉을 받고 일본 상선 앞으로 100여 개의 감합부勘合符(1404, 1405)를 얻었다. 아시카가 요시미쓰 장군과 그의 후계자들과 서울 사이에 사절단이 오갔다. 이 사신들은 불교 서적, 사치품, 상아를 요청하여 얻어 갔다. 쓰시마 도주들은 이러한 우호 관계를 추진했고, 그럼으로써 누구보다도 가장 많은 혜택을 받았다. 1368년부터 아예 쓰시마 도주는 대륙의 이웃 나라들에 방물方物을 보냈고, 이에 대한 답으로 쌀

1,000석石[158]을 받았다. 1419년에는 말썽을 부리던 왜구를 금압하게 되었는데, 왜구가 도주의 선동에 따른 것이라고 보고 도주에게 특권을 부여하여 쓰시마를 조선과 일본의 관계에서 중개인 겸 동남부 해안의 수호자로 쓰자는 발상을 하게 되었다. 그러나 필자가 찾을 수 있었던 최초의 정식 합의는 아키의 고바야카와 모치히라小早川持平와 단지 무역에 관해 맺은 것으로서, 고바야카와는 본 합의에 따라 1년에 세견선歲遣船 세 척을 조선에 보낼 수 있는 자격을 얻게 되었다.

1443년에 쇼군의 승인 아래 조약(계해조약癸亥條約)이 체결됨으로써, 쓰시마 도주는 1년에 세사미두歲賜米豆 2만 석[159]을 수입하기 위해 50척의 세견선을 보낼 수 있었다. 그리고 조선에 들어가는 모든 왜선倭船에 통행허가증과 인장印章을 내렸다. 개항한 곳은 울산부蔚山府의 염포鹽浦, 동래부東萊府의 부산포釜山浦, 내이포乃而浦라고도 하는 웅천부熊川府의 제포薺浦였다. 염포는 부산에서 동북 방향으로 약 170리(68킬로미터) 떨어진 곳에 있으며, 제포는 서쪽으로 130리(52킬로미터) 되는 곳의 낙동강[160] 건너편에 위치하고 있다. 이 세 항구에 대해 더 오래

158 1석石은 180리터에 해당한다.
159 조선 문헌에 의하면 이는 200석에 불과한데, 이 숫자가 훨씬 믿을 만하다. 1석은 20말에 해당하는 양이며 공식적으로 1말은 3.85리터이다. 그러나 서울에서는 소량 말은 약 9리터이며 대량 말은 소량의 두 배이다.
160 이 거리는 1861년의 한국 지도첩에 언급되어 있는 거리이다. 제포의 거리는 좀 멀어 보인다. 주목할 것은 마산포가 북서쪽으로 80리(32킬로미터) 떨어진 제포와 같은 만灣에 있다는 것이다.

된 기록이 있을지 모르겠으나, 일본 저자[161]가 이 문서들을 요약하다가 내용을 다소 훼손했을 가능성은 있다. 그리고 일본인들이 온갖 위험을 무릅쓰고 남부 항구를 이미 자주 드나든 사실을 감안할 때, 본 조약은 이미 벌어지고 있던 상황을 규정화하고 보장해 주는 것이었을 것이다. 이것은 신숙주의 『해동제국기海東諸國記』[162]에서 확인된다. 1417년에 태어난 신숙주는 일본(1443)과 요동에 사신으로 파견된 후 영의정이란 직책까지 맡게 되었기 때문에 이러한 상황을 잘 알고 있었을 것이다. 그런데 신숙주에 따르면, 1409년부터 1429년까지 조선과 규슈의 다이묘大名인 시부카와澁川 가문이 연면한 관계를 유지했으며, 1429년부터는 오토모大友 집안 출신인 분고豊後의 다이묘들이 빈번히 사신을 보냈다고 한다. 신숙주는 또한 『해동제국기』 속의 「삼포三浦를 중심으로 한 군사방어체제 연구」편에서, 1436년 세종이 소 사다모리에게 국서를 보내 삼포에 정착한 도주의 모든 신민들을 귀국시키도록 지시했던 사실을 덧붙인다. 어획과 무역 행위가 허락되고 이를 위한 일시적 체류도 허용했지만, 볼일이 끝나면 바로 쓰시마로 돌아가도록 했고 완전한 정착은 금했다. 신숙주에

---

161 『외교사고外交史考』, 일본 외무성 발간, 도쿄, 1884년, 2책.
162 왕의 지시로 작성된 『해동제국기』는 1471년에 왕에게 올려졌으며, 일본 2권의 in-8은 1809년에 완성되었다.

따르면 조선 당국은 소 사다모리와 이러한 사실을 합의했음에도 정착한 지 가장 오래된 60명에게 일시적으로 정착하는 것을 허용했다고 한다. 그 후에(1469) 세조는 소 사다모리의 후계자에게 같은 지시를 했으나 마찬가지로 효과가 없었다. 조선이 비밀리에 시행한 일본 거주인에 대한 인구조사의 결과는 다음과 같다.

제포	300호	1,200명
부산	110호	330명
염포	36호	120명

역시 신숙주가 작성한 것으로 보이는 『해동제국기』 부록 도표에 나온 조사 결과는 위의 수치와는 다르다.

제포	308호	1,722명
부산	66호	323명
염포	36호	131명

위의 표는 1474년에 만든 것이다.

이처럼 조선 왕은 기꺼이 삼포를 일본인들과의 무역에 개방하였으나 한편으로는 일본인이 지속적으로 거주하는 것을 어쩔 수 없이 받아들여야 했던 것 같다. 그럼에도 조선은 계속해서 개방적인 노선을 유지하려 했다. 1440년부터 1477년까지 조선과 일본의 문서에는 일본의 여러 다이묘가 60번 넘게 조선에 사신을 보낸 기록이다. 가장 자주 왕래한 사신은 쓰시마, 이키, 히젠肥前, 지쿠고筑後(규슈 서북부와 주변 제도) 또한 나가토長門, 이와미石見, 수오周防(혼슈의 서쪽 끝)의 다이묘나 그들의 봉신이었다. 분고豊後와 사쓰마薩摩(규슈)의 영주들이 언급되는 횟수는 비교적 적다. 그러나 아와阿波(시코쿠四國의 동쪽), 하리마播磨와 셋쓰攝津(세토나이카이瀬戸内海의 동쪽 끝), 이세伊勢(교토의 동쪽 태평양 근해), 오키隱岐, 호키伯耆, 이나바因幡, 와카사若狹(동해 해안 지역에서 교토의 북부까지 이어진 번)와 시나노信濃(혼슈 내륙 지역, 약간 도쿄의 서쪽까지 이어진 번) 출신 사신들도 있었다. 그들 중에는 교토나 지방에 거주하는 조정 고관, 다시 말해서 아시카가 쇼군과 하타케야마畠山, 호소카와細川, 야마나山名, 교고쿠京極, 쇼니少二의 사신들이 많았다. 교토와 지방의 제사장 겸 다이묘도 사신을 자주 파견했다. 1467년부터 몇 년 동안 일본 선함이 조선 근해에 많이 나타나게 되었는데, 그때가 바로 오닌應仁의 난이 있던 시기였다. 내란으로 황폐해진 일본은 기아로 허덕였고, 해안 지역의 모든 다이묘가 조선에서 약간의 식량이라도 얻으려 애를 썼다.

사실 지금까지 남아 있는 협정 문건의 내용들은 모두 유사하다. 다시 말해서 다이묘가 조선으로 해마다 세견선을 몇 척 파송하고 정해진 양의 쌀을 일본으로 수입하는 허락을 얻는다는 내용이다. 대부분의 경우에 다이묘들은 1~3척의 세견선을 보내는 권리와 미두米豆 15~20석을 구입하는 권리를 얻었다. 세력이 가장 컸던 다이묘에게는 세견선을 일곱 척까지 허락했다. 쓰시마 도주와 1443년에 맺은 협정은 이런 의미에서 유일한 사례로서, 1467년과 1473년에 그 규정을 세밀하게 갱신한 바 있다.

현재 남아 있는 문서를 토대로 구별해서 보아야 할 것이 있는데, 무역 활동을 행한 연례 사절단 중에 단발성으로 그친 경우들이 있다는 것이다. 많은 사절단이 다이묘의 이름으로 선물을 바치러 왔다가 돌아갈 때 선물을 받았지만, 정기적 무역 교류가 이어진 것은 아니었다. 예를 들면 1470년 이세노카미伊勢守인 마사치카政親는 일본에서 상당한 가치가 있는 선물을 바치고 면포綿布 1,000필, 삼베 1,000필 그리고 쌀 500석을 받았다. 이 일을 계기로 일본은 지정되어 있지 않은 토산물을 보냈다. 그 예로 일본이 구리 500근[163]을 조선에 보낸 적이 있다. 쇼군들이 보내는 특사들은 그림을 그려 장식한 부채 외

---

163 일본의 1근은 (현재) 601그램에 해당한다.

에 붓으로 그리고 금박으로 장식한 병풍, 옻칠한 장식품, 주물을 만들고 금으로 장식한 칼을 가지고 왔다. 조선은 불경, 인쇄물과 목판, 악기, 물시계, 가공한 약초, 무늬를 놓아 짠 돗자리(화문석), 온갖 종류의 직물(견직물, 모시, 삼베, 면직물), 자수품刺繡品, 조선통보라는 동전(그대로 유통시키려고 보낸 것으로 보인다)과 같은 온갖 종류의 생산물과 청밀淸蜜, 후추, 인삼, 백자柏子, 호랑이와 표범 가죽虎豹皮 같은 토산물을 풍성하게 보냈다.

이러한 무역 관계로 만족할 수 없었던 조선 정부는 일본인들을 고용할 정도로 상당히 개방적이었다. 서울 조정의 눈에는 쓰시마 도주와 대다수의 일본 영주들이 인장을 받을 때 이미 자신들을 일종의 속령屬領으로 인정한 것으로 보였을 법하다. 게다가 1581년 조선왕은 선물을 바친 다이젠다이후太膳大夫인 교고쿠 하루히로에게 구리로 만들어진 도장을 보냈다. 더 정확하게 말하자면, 신숙주가 27명의 일본인(분고 치쿠고 7명, 쓰시마 7명, 이키 4명)이 조선군에서 비교적 높은 지위를 받았다고 언급한 바가 있다. 서울에서 임무를 맡은 사람도 약간 있었던 것으로 보인다. 이 가운데 두 명은 곤란한 처지에 놓여 있었다. 분고의 오토모 봉신인데 조선에서 류큐 왕국의 대표로 오인받아 조선의 직책을 얻었던 것이다.

III

삼포에 대한 규정은 1443년의 계해조약과 조선 당국의 결정에 따른 것이다. 조선의 공식 문서집[164]에 보관되어 있는 협정은 아래와 같은 2조항으로 작성되어 있다.

1) 조선에서 쓰시마 도주에게 주는 세사미두는 쌀과 콩을 합하여 200석으로 한다.

2) 1년 동안에 입항할 수 있는 세견선을 50척으로 제한하고, 그 이외에 불가피하게 조선 조정에 알려야 할 사정이 발생할 때에는 특별한 사송선使送船이 입항할 수 있다.

신숙주의 저서에 당시 실시한 규정들이 나와 있는데, 그 내용을 요약하면 다음과 같다.

세견선 수 규정

만약 간파쿠關白[165]와 다이묘의 연례송사年例送使가 조선에 올 경우, 조

---

164 『통문관지』, 공식 간행물(1720), 최종 보관판은 1882년과 1889년에 출간, 서울, 6권, 개본開本. 『동문고략同文考略』, 공식 간행물, 서울, 1850년, 6권, 개본開本.

선은 이들을 대접하고 이들이 조선에 머무는 동안 식량을 배급한다. 쓰시마 도주가 1년에 파견하는 세견선은 50척에 달하는데, 특정 이유로 선함을 파송하게 되면 그 배(수는 규정되지 않음)를 특송特送이라고 칭한다. 일본의 모든 지방 다이묘(현재 전국 40명) 가운데 일부는 1년에 보낼 수 있는 배가 한두 척이며, 나머지 다이묘들은 한 척만(현재 전국 27명)을 보내게 되는데, 어느 경우든 다이묘들은 미리 이에 대한 협정을 맺는다. 만약 위에 언급된 수도서인受圖書人 이외에 다이묘가 직접 조선 조정에 오거나 사신을 파견하려는 경우에, 그들이 와서 대우를 받으려면 왕의 명을 필히 얻어야 한다. 조선의 관직을 얻은 모든 수직왜인授職倭人은 1년에 한 번씩 직접 조선 조정을 방문해야 하며, 이때 대리인을 보낼 수 없다. 간파쿠의 사신 경우에는 본 규정 이외에 추가로 배 한 척이 입항하는 것을 허용하며, 모두 합해 세 척을 초과할 수 없다. 다이묘의 사신 경우에는 추가로 한 척만 허락되는데, 나머지 수도서인에게는 1년에 한 척으로 제한한다. 모든 사신들이 쓰시마[166] 도주에게 도서를 받아야만 조선에 올 수 있다.

---

165 천황을 보좌하는 최고직(옮긴이)

166 신숙주는 다이묘의 개입을 자주 언급하고 있다. 1467~1473년에 다이묘였던 사다쿠니貞國는 조정에 수많은 왜국 사절단을 추천했다.

사신에 관한 규정

정식 숙박 시설에서 사신들을 접대할 경우, 네 가지의 예로 나눈다. 간파쿠의 사신이 그 첫째이다. 다이묘(하타케야마, 호소카와, 좌영대수, 교고쿠, 야마나, 오우치大內, 쇼니 등의 가문)의 사신이 두 번째이며, 규슈의 다이묘, 쓰시마 도주의 사신과 특송사特送使들이 셋째이고, 나머지 다이묘의 사신들과 쓰시마 도주의 신민과 수직왜인이 네 번째 일례에 들어간다.

대소 세견선의 선원 수 규정

세견선은 대선大船, 중선中船, 소선小船의 세 가지로 나눈다. 배의 길이가 25척 이하이면 소선, 26~27척이면 중선, 28~30척인 사송선은 대선이라 한다. 선원 수는 대선 40명, 중선 30명, 소선 20명으로 정한다. 사신들이 도착하면 삼포의 군수郡守인 만호萬戶[167]와 조정 대표가 사송선의 길이를 재고 인원 명단과 인원수를 점검한다. 인원수가 제한된 수를 초과하더라도 더 많은 양의 식량을 배급할 수 없으며, 인원수가 적을 때는 점검된 인원수에 맞추어 해당 식량을 배급한다. 때로는 삼포에 정착한 일본인들 중에 선원으로 행세하여 식량을 지급받는

---

167 모리스 쿠랑은 지세포만호知世浦萬戶의 약자로 쓴 것으로 보인다(옮긴이).

경우가 있었다. 이러한 위반 사례가 나날이 많아져서 최근의 조칙에 따르면, 사송선을 재고 규정된 대로 세 가지 순위에 따라 인원수를 제한하라는 지시가 내려 왔다. 그리고 이 경우에 식량을 배급할 때 인원을 재점검하지 않는다. 간파쿠의 사송선인 경우에는 길이를 재지도 않고 인원수도 확인하지도 않으며, 명단에 실린 인원수를 당국에 알리고는 숫자에 맞추어 식량을 배급한다.

인장 발급

일본 사신들이 도착할 때 받는 접대와 출발할 때의 배웅에 관하여 정한 사례

삼포에 온 사신들의 생활비

사신들은 직급에 따라 대접을 받는다. 가장 높은 사람들은 음식 대접을 받는데, 이 음식의 양과 종류는 규정에 의한다. 직급이 낮은 사신들과 수위대 그리고 선원은 조리되지 않은 식량을 받는다.

삼포 입항

쓰시마에서 해마다 파견한 세견선 50척 중 25척은 내이포에, 25척은 부산포에, 그 외의 세견선은 삼포 중 한 곳에 자유로이 입항할

수 있다.

상경하는 사절단의 인원수

삼포에서 베풀어진 연향宴享

상경 도중에 베풀어진 연향(연향과 각종 의식)

규정에 따른 예단禮單

특별 예단

삼포에서 규정된 체류 기간

간파쿠가 파견한 사신은 체류 기간이 제한되지 않는 반면에, 나이
묘가 보낸 사신의 경우에는 쓰시마의 도서圖書를 얻은 후부터 15일
안에 도착해야 하며 항구에 들어온 후부터는 20일까지이다. 또한 의
도적으로 이 체류 기간을 초과하는 자에게는 식량을 배급하지 않았
다. 병에 걸렸을 경우에는 사신에게 약초를 계속해서 배급하고(치료
를 하도록 의사?)를 보낸다.

선구船具와 항해 준비물

선척船隻의 선구(철제 못) 규격

상경하는 수륙노정水陸路程

(쓰시마, 이키와 규슈까지의) 노정에 필요한 식량

식량 배급

아경사연我境賜宴

예조의 연향 규정

삼포에 관한 금제禁制

이 절節의 대부분은 위에 요약되어 있다. 마지막 부분은 다음과
같다.

옛 조약들에 따르면 상인들은 정착한 일본인들과 비밀리에 연락하는 것, 관계(내통)를 맺거나 어떠한 이유로라도 무리(사람)들을 모집하는 것과 일본인들이 장사를 끝낸 후에도 의도적으로 남는 것은 금지되어 있다.

이 조항에서 말하는 상인이 조선 상인인지 일본 상인인지는 확실하지 않으나, 이보다(1471) 더 오래된 다른 조약들이 있다는 사실을 알려주기 때문에 흥미로운 조항이다. 당시에 아직 유효했던 1443년 조약보다 오래된 조약을 가리키는 것 같다.

조어 · 수세 규정 획어에 관한 금지령

쓰시마의 어부들은 도주에게 봉인된 도서를 받는다. 지세포知世浦에 도착하면 만호에게 그 도서를 제출하며, 만호는 그것을 다른 문인文引으로 교환해 준다. 고초孤草도의 지정된 곳을 벗어나서는 안 된다. 고기잡이가 끝난 후 돌아오면 만호에게 문인을 돌려주고 잡은 고기의 일부를 어세로 바친다. 만호는 쓰시마 도주가 발급한 도서 위에 증빙 내용을 기입하고 봉인한다. 도서가 없는 배들 중 무기를 감추고 일기 악화를 구실로 섬이나 해안 지역에 정박하는 배가 있다면 해적으로 여길 것이다.

위와 같은 조건으로 세 부류의 일본 상인이 삼포에 머물 수 있었다. 첫째는 거주자, 둘째는 무역을 하러 왕래하는 자, 셋째는 사신들이었다. 필자는 첫째나 둘째 부류에 속하는 어부나 또 이 두 부류와 무관하지 않았던 것으로 보이는 해적은 언급하지 않겠다.

일본 다이묘가 파견한 사신들의 목적은 언제라도 선물을 주고받는 데 있었다. 그들은 수입했던 식량을 갖고 와서 대신 다른 식량으로 교환하는 것이 목표였다. 다시 말해 물물교환을 하러 온 것이었다.『외교사고外交史考』의 저자는 1년에 미두米豆 몇 '석'을 수출할 수 있는지 정하고자 맺었던 조약을 항상 언급하고 있다. 당시 방어력을 잘 갖추고 있었던 강력한 조선이 유리한 교역을 할 수 없다면 60개 이상의 유사한 협정을 체결할 이유가 없었을 것이다.『해동제국기』는 이 사절들에 대해 관례와 예절의 차원을 강조한다. 그러나 이세노카미인 마사치카에 대해서는 다음과 같이 말하고 있다(1470). "마사치카가 바친 토산물은 아주 풍성하며, 그는 일본 간파쿠 최고의 마사馬事 담당 대감이오. …… 그에게 보답으로 바친 것이오." 1세기 정도 지난 후에 작성된『고사촬요攷事撮要』[168]에 따르면 처음에는 선물 그 이상이 아니었으나, 1501년에 간파쿠가 바친 사물賜物 품목을 보

168『고사촬요』, 어숙권魚叔權이 1551년에 작성한 책으로 1585년까지 증보되었다. 1권, 2절판, 서울, 1585년(?).

면 처음으로 '매물賣物'이라는 표현이 언급되어 있다. 그러나 1501년과 1504년 그 어느 때도 조선 조정은 이러한 표현을 지적하지 않았다. 그리고 앞으로 언급할 1510년 삼포왜란 후에 맺어진 임신약조에 따라 통교가 재개되어 교린 관계가 지속되었는데, 간파쿠가 바친 사물 품목에 '교역交易'이라는 표현이 적혀 있다. 보내진 상물商物이 풍성해짐에 따라 한국이 치러야 할 비용은 너무 많아졌다. 그럼에도 조정은 부차적인 문제로 분란을 일으키고 싶지는 않았다. 따라서 조선 조정이 일본 다이묘와 교역을 했다는 것이 이제는 암묵적 사실이 아닌 명백한 사실로 공개된 것이다. 더군다나 일본의 상왜商倭들은 조선이 하사한 물품에 대해서 까다로운 반응을 보였다.

『고사촬요』에 따르면 사신들은 개인적인 무역 행위를 삼갔다. 일특송사一特送使, 부특송사副特送使, 도선주都船主, 시봉侍奉, 반종伴從 등은 조선 국왕에게 '정중한 선물(공사물화公私物貨)'로 경의를 표했고, 조선 조정은 이에 정해진 규정없이 공사물화의 가치에 따라 비용을 지급했다. 이러한 물품의 종류가 부담될 정도로 풍성해지자, 호조戶曹는 사신들에게 개인적 선물들은 관례에 어긋나는 일이니 경고를 해야 한다고 하였으나, 성종成宗은 이를 거부했다. 따라서 몇 년 동안은 일본 사신에 대한 이야기가 별로 나오지 않았다. 하지만 1501년에 간파쿠가 파견한 사절이 다시 나타나 교역을 하러 왔다고 고백했다.

이러한 공식 사신 이외에 일을 보고 환국한 일본 상인들이 있었다. 신숙주는 조선과 류큐에서 상거래하면서 때로 외교적인 임무도 맡고 부를 쌓으며 관직을 얻은 상왜가 있었다는 사실을 여러 번 언급했다. 위에 소개한 규정들은 이러한 사실을 암시하는 것이 아닌가 싶다. 『통문관지通文館志』는 정확한 연도를 밝히지는 않았지만 1501년에서 1592년 사이로 추측되는 기간에 대해 몇 가지 사항을 언급했다. 조선은 일본인들이 사적으로 가져온 물품에 대해서는 국내 상인과 거래가 가능하도록 장이 서는 것을 우선적으로 허용했다. 1592년까지 시장은 한 달에 세 번 열렸는데, 처음에 교역을 시행하는 개시일開市日도 한 달에 세 번(3일, 13일, 23일) 있었다. 1610년부터는 시장이 개장되는 횟수를 한 달에 여섯 번으로 늘렸고, 정기적으로 열린 시장 이외에도 교역할 물화物貨가 많아 일본인이 요청하면 별도의 장을 열 수도 있었다. 상거래는 자유롭게 행할 수 없었다. 교환할 물건을 가진 조선 상인은 미리 훈도訓導에게 도장이 찍힌 개인 표문標文을 받아 교역할 물화를 가지고 왜관으로 간다. 그러면 교역 과정을 지키는 조선 관리들이 그곳에 전시해 놓은 조선과 왜국의 토산물을 검품檢品하였다. 그리고 수세관收稅官이 일정한 액수의 조세에 해당하는 물화를 가져가 장부에 기록한 후 입관入館을 허락했던 것이다.

　　조선 장사치는 다 같이 입관하여 관리인 앞에 무릎을 꿇어 절을 한 후 목록 순서에 따라 물물교환을 행한 다음 다같이 퇴관했고, 따로 거래하려는 자는 엄벌에 처했다. 이러한 규정들은 17세기에 이행된 것인데, 이 문제에 대해 별다른 개정은 없었던 것으로 보인다. 16세기부터 조선인과 왜인의 개개인의 관계는 감시 아래 놓여 있었다. 중국을 본 딴 것인지는 몰라도 조선은 1691년에 오히려 혁신적이라 할 조치를 내렸는데, 일본인과의 교역을 맡을 상인 30인을 선정하고 상인조합을 만들어 왜관 시장의 무역을 독점하는 특권과 책임을 맡긴 것이 그것이다. 그러나 그 상인들은 얼마 되지 않아 거래가 잘 안 되어 사라졌는데, 이를 대신할 사람이 없었다. 결국 조합은 폐지되었다(1708).

사무역私貿易에 관한 기록은 극히 드물기 때문에 필자는 15~16세기를 벗어나더라도 이 기록들을 합쳐서 언급하기로 한다. 당시 삼포에 정착한 일본인들은 꽤 많았다. 그들에 대해서는 인구에 대한 것 외에는 아무 정보도 찾아내지 못했다. 그들은 어부였는가 아니면 상인이었는가? 그들 중에는 어부도 상인도 있었으리라. 포소浦所에 사는 일본 거주민과 조선 백성이나 관리들의 일상적 관계는 어떠했을까? 그것은 모르는 일이다. 그들은 조선 조정에 조세를 납부했던 것으로 보인다. 포소의 일본 거주민들은 어느 정도 일본 정부의 통치 아래 있었다. 신숙주에 따르면, 피고여문皮古汝文(히코에몬인 듯)이라는 이름의 한 유력 일본인이 1460년에 조선 조정으로부터 도서를 받고 삼포의 항거왜인(恒居倭人)의 총관리인(항거왜추恒居倭酋) 직분을 받았다고 한다. 히코에몬은 쓰시마 출신이었다. 1471년에 삼포를 관찰하기 위해 쓰시마 도주가 파견한 소 구니유키(宗國幸)도 역시 쓰시마 사람이었다. 서울 조정은 애당초 특별 관리인 훈도, 다시 말해서 지도 장교를 제포와 부산에 두고 있었다. 삼포를 지휘하는 만호(무관)라는 명칭과 얼마 후에는 제포의 첨사(僉使)(군무관직)라는 또 다른 명칭이 문서에 언급된다. 이 관리들은 삼포의 항거왜인들을 감독하고 사신을 대우해야 했다. 통역관(通譯官)과 쇼군의 사신을 접대하고자 더 지위가 높은 관리가 도성에서 내려오면 그들과 동행하여 상경하고 다시 그 후에 포소까지 배웅하였다. 도성에 온 일본 사신들이 머무는 특별 숙소가 있었는데 이를 동평관(東平館)이라 했다. 1592년에 이곳에 방화가 일어났고, 이후에 이 지역이 예관골이란 이름으로 불렸다. 삼포에서는 사신들이 객관(客官)이라고 하는 특별 숙소에 숙박하면서 그곳에서 조선 관원을 만나고 조선 당국이 베푸는 연향에 참석했다. 신숙주가 편찬한 『해동제국기』에 수록된 포소도를 보면 세 곳의 포 모두 야영(野營) 근처에 왜관(倭館)이 표시되어 있다. 부산포의 왜관은 조선 민호(民戶) 근처에 있었던 것으로 보인다. 염포의 왜관은 산과 두 성벽이 경계를 이루는 곳에 있었다. 1436년 이전의 사건들을 기록

한 『해동제국기』 속의 「삼포를 중심으로 한 군사방어체제 연구」에
는 "쓰시마 사람들은 교역과 획어를 할 수 있도록 삼포에 일시적으
로 머무는 것을 허락해 달라고 간청했다. 그들이 체류하고 교역할
수 있도록 정해진 장소가 따로 있었는데, 그 경계를 넘어갈 수 없었
다." 금제 조치가 1443년 이후에 해제되었다는 근거도 없다. 신숙주
의 삼포지도三浦之圖에 표시되어 있는 왜관들은 일본 사신들 전용으로 쓰
였는데, 일본 조계지의 중심지였던 것 같다. 이는 『여지승람輿地勝覽』[169]
을 통해서 확실히 알 수 있다.

IV

필자가 묘사한 평화로운 관계가 먹구름 없이 오래가지는 않았다.
16세기 초부터 일본에서 일어난 내란의 영향을 받아 왜구가 다시
침입했다(1506, 1507, 1508). 조선은 이에 대해 조처해 줄 것을 요청
하고자 여러 차례에 걸쳐 쓰시마에 사절단을 파견했으나, 쓰시마

169 1478년 노사신盧思愼과 서거정徐居正이 왕의 명을 받아 편찬한 『동국여지승람東國輿地勝覽』,
이행李荇이 책을 완성하였다. 25권. 2절판, 서울, 1530년. 이 책은 염포에 대해 "쓰시마에
서 온 일본인들은 바닷가에 위치한 관(일본 사신들을 접대하던 곳) 앞으로 자신들의 거처를
옮겨 달라고 했다. 그곳에 머무는 일본인들의 수는 점차적으로 늘어나 500호戶가 넘었다"
고 쓰고 있다. 22책, 23책, 32책(울산포, 동래포, 웅천포)도 참고할 것.

도주는 의도적이었는지 아니면 나약해서였는지 이에 부응하지 않았다. 그러나 부산포진 첨사 이우증李友曾은 부산포의 왜인(1510)에게 채찍질을 명했다. 같은 나라나 같은 지방 출신의 동양인들 사이에 생기기 마련인 단결심이 어떤 것인지 알거나 해구海寇들이 평화스러운 육지의 일본 상인들과 내통이 있었다는 것을 생각한다면 이런 행위가 그다지 부당해 보이지 않을지도 모른다. 사실 일본의 형벌은 조선 형법보다 훨씬 엄격했다. 그러나 첨사의 방어 정책이 충분하지 못해서 결과가 안 좋았다. 부산의 항거왜인들은 야밤에 조선 야영을 습격하여 진장鎭將들을 살해한 뒤, 제포의 항거왜인들과 합류하여 배를 타고 도주했다. 염포의 항거왜인들은 폭동 소식을 듣자 쓰시마로 피신했다. 다음 해에 요시타네義植 쇼군과 쓰시마 도주는 조선과 통교를 재개하고자 사신을 보냈다. 일본 사신 호추棚中 승려는 화의를 하려면 먼저 난동의 주모자들을 처벌해야 한다는 답변을 받고 귀국했다. 그리고 참수된 범인의 머리를 가지고 다시 조선에 돌아왔고, 이로써 계해조약을 개정(1512)하여 새 조약이 체결되었다. 이 조약에 따라 일본인들은 삼포에 거주하는 것이 금지되었고, 조선 조정은 제포에 사신들이 쓸 수 있도록 객사客舍를 다시 여는 것에 그쳤다. 그러나 거주 금지령은 지켜지지 않아, 얼마 지나지 않아(1541) 유사한 일이 발생했다. 제포에서 조선의 관병과 왜인 사이에 싸움이 일어나자 일본인들은 추방되었다. 요시하루義晴 쇼군이 자발적으로 소요의 주모자들을 넘겨주었으며, 조신 고관인 김안국金安國이 협상을 하러 쓰시마에 파견되었다. 조선은 왜인의 거주를 거절했지만 제포의 왜인 거주지를 폐쇄하고 부산포에 객사를 설치하는 것(1543)으로 합의에 도달했다. 이 객사는 얼마 안 있어 새로운 항거왜인의 중심지가 되었다.

1512년 조약은 정식으로 국교를 규정하고 있다.

> 쓰시마 도주에게 보내는 세사미두 200석을 100석으로 반감한다.
> 수도서인과 수직인受職人 등에 대한 세사미歲賜米를 불허한다.
> 도주가 해마다 보내는 세견선을 50척에서 25척으로 반감한다. 다시 말해서 선원 40명인 대선 9척, 선원 30명인 중선 8척, 선원 20명인 소선 8척만이 허용된다.
> 특송선特送船을 불허한다. 사정이 있을 경우에는 연례송사를 파견할 때 알릴 것이다.
> 쓰시마 도주의 아들인 소 구마미쓰宗熊滿가 1년에 한 차례씩 세 척을 파송할 것이며 해당 조세租稅는 정하지 않는다.
> 쓰시마 도주의 조카인 소 모리우지宗盛氏가 한 척을 파송(허용)한다.

수직인은 1년에 한 차례씩 한 척을 보낼 수 있으며, (이러한 사절단이나 그보다 규모가 작은 사절단의 경우) 한 척에 한 명씩 상경上京하는 것을 허용한다.[170]

이 조약의 여러 조항에서 볼 수 있는 바와 같이, 조선 조정은 외국과 맺는 관계를 최소화하기를 바란다는 뜻을 표명하고 있다. 우리가 파악한 상인 계급은 별다른 발전을 하지 못했다. 또 일본의 서쪽 지역은 상당히 미개했으며, 조선에 없는 생산품은 만들지 않았다. 그리고 그들보다 비교적 문명화된 중부 지방의 일본인과는 정규적인 교류가 없었다. 공역公役의 책임자인 도주, 사신들의 요구와 열도의 난폭한 성격은 끊임없이 문제를 야기했다. 따라서 조선 조정은 이 곤란한 이웃과 거리를 두려 했으나 그럴 용기가 없었다. 조정은 해적에 대한 처벌을 소홀히 한 것에 대해 쇼군에게 불만을 표했다. 실제로 1552년, 1553년과 1555년에 해적 행위가 극성을 부렸고, 조선의 남부 지방은 초토화되어 해상 전투가 벌어질 지경에 이르렀다. 일본의 중앙 권력이 유명무실해지면서 발생한 이 모든 무질서에 대해, 어쩌면 쓰시마 도주도 손을 쓸 도리가 없었을지 모른다. 그러

---

170 마지막 조항의 한문은 애매하다.

나 조선 조정은 도주에 대한 불만을 표하는 동시에 1년에 보내는 세견선 총수를 다섯 척으로 늘려 주었다(1565). 이에 힘을 얻은 일본은 1443년(1581) 조약이 규정한 대로 세견선을 다시 50척으로 늘려 주고 제포를 다시 개항(1567, 1581)해 달라고 간청했지만 모두 거절당했다. 16세기부터 왕권이 약해지자 귀족들은 점차 내정과 당파 싸움에 몰두하게 되었다. 조선 관리들은 바다를 건너가는 것을 두려워해서 일본은 물론이고 쓰시마에도 사신 파송을 거의 포기하기에 이르렀다. 정식 교류가 희박했기 때문에 왜인들이 부산포에 거주하는 것이나 해적들을 막는 것이 불가능했다. 이러한 상황은 우호적인 관계를 유지하지도 공통된 문제점을 해결하는 합의도 도출해 내지 못하는 결과를 초래했다. 통찰력 있는 관리들은 15세기의 관례로 돌아가려 했다. 예조판서인 유성룡柳成龍은 교고쿠 하루히로에게 사물賜物과 서계書契를 작성하여 송부했다(1581, 1584).

완전히 만족할 수 있는 상황은 아니었지만 그렇다고 긴장된 상태도 아니었다. 경제적인 이유[171]나 국가의 위엄 때문에 전쟁이 발발하지는 않았다. 이 상황에서 다이코太閤인 히데요시秀吉가 정치적 이상을 가지고 있었다면, 그것은 중앙정권을 재편성하고자 하는 자신의 의

171 쓰시마는 일본으로서는 한국과의 무역에서 가장 중요한 지역이었다. 쓰시마 도주 소 요시모토宗義智는 이 지역의 평화 유지에 총력을 기했다(1589~1591).

지를 막고 있던 다이묘들을 격퇴하는 것이었으리라. 그러나 무엇보다도 하층민의 신분으로 최고의 직책을 수행하게 되자 성공과 권력에 취한 자만심이 더 강했을 것이다. 다이코의 대차왜大差倭들은 조선 조정에 774~775년 이후로 보내지 않았던 조공을 바칠 것과 중국 정복을 할 수 있도록 군사를 지원해 줄 것 그리고 한반도 통과를 허용하라고 요구했다. 후대의 저명한 일본 작가인 가이바라 아쓰노부貝原篤信는 이와 같은 다이코의 노선을 통렬하게 비판했다. 두 차례(1592, 1597)에 걸친 일본의 침략을 전술傳述하는 것이 본고의 목적은 아니다. 부산에 상륙한 왜군은 전술에 능숙했고, 총으로 무장한 채 사상 처음으로 평양과 함경도 북부까지 쏜살같이 당도했다. 그러나 조선 조정의 거듭된 실정과 내부 분열에도 불구하고, 중국의 지원과 일부 관리들의 열성 그리고 승려를 포함한 조선 백성 전체의 총동원에 힘입어 1593년부터 왜군을 남부로 격퇴시킬 수 있었다. 제2군단이 사대문 앞에 도착하기 전에 막아 내면서 부산까지 밀어냈는데, 그곳에서 후퇴를 거듭하던 왜군들은 히데요시의 갑작스러운 사망 소식이 전해지자 그대로 본국으로 퇴각하기에 이르렀다(1598년 10~11월). 이 전쟁은 그 당시의 야만성을 그대로 보여 주고 있으며, 한국인들은 그때의 폐허와 살육을 아직까지도 잊지 못하고 있다.

초토화가 되었어도 낙심하지 않은 조선은 소 요시토모宗義智가 손을 내밀었음에도 1602년까지 어떠한 강화 협상도 모두 거절했다. 그러나 소 요시토모의 기나긴 협상 끝(1607)에 조선 사절단이 에도를 방문하게 되었으며 히데타다秀忠 쇼군에게 조선 국왕의 국서를 전달했다. 그 이듬해에는 1588년부터 협상에 참여했던 승려 겐소玄蘇가 회답을 가져왔다. 이 회답은 일본이 조선을 조공국으로 보지 않고 오히려 양국을 동등하게 보고 있는 것으로 추측되는 내용으로 작성되어 있었다. 1609년에는 쓰시마와의 관계를 규정하는 조약을 새로 체결했다. 이 새 조약에는 일본에 대한 조선의 불신이 가득 담겨 있으며, 그 내용은 1512년 조약보다 일본에게 불리해져 있었다. 결과적으로 다이코의 노선 때문에 조선은 거의 완벽한 쇄국 정책을 취하게 된 셈이다.

V

새 조약은 선대에 작성된 조약과 유사한 조항이 13개에 이르는데, 그것을 번역해[172] 제공할 길이 없으므로 이 조약과 이행된 규정

---

172 쓰시마 도주가 발급했던 통행증 제도가 계속 이어졌다. 왜선의 등급과 선원 수에도 변함이 없었다. 주로 새로워진 부분만을 게재한다.

을 토대로 부산포와 양국 관계의 상황을 조사하는 방향을 택하기로 한다.

부산포[173]는 왜선이 정박할 수 있는 유일한 포소로서, 일본인들이 하선하고 조선 사신들이 출발했던 곳이다. 조선 사절단은 관례에 따라 에도로 가서 축사나 조의가 담긴 조선 국왕의 국서를 쇼군에게 전달했다. 조선 사신은 여러 차례에 걸쳐 닛코日光까지 가서 도쿠가와德川 가문의 첫 번째 쇼군인 이에야스家康의 무덤 앞에 제물을 바쳤다. 조선 사절단은 예식을 갖추어 영접[174]을 받았다. 수행원(350~400명)이 많았으며 그 접대 비용은 일본 정부의 부담으로 돌아갔다가 1811년부터는 쓰시마에서 접대하도록 지시가 내려왔다. 조선 사신들은 쓰시마 도주를 자주 방문했고 거의 대부분 의식의 성격을 띠었다. 사신들의 신분은 방문 목적지에 따라 달랐다. 조선에 축사나 조의를 전달하거나 혹은 막부幕府 쇼군의 습직襲職, 사망이나 출현 그리고 쓰시마 도주의 사망이나 후계자의 탄생을 조선 조정에 알리기

173 전해지는 바에 따르면, 확실한 시기는 알 수 없으나 부산포의 앞바다에 있는 저령도에 왜관이 설치되었다고 한다. 다른 한편 『동국여지승람』에 따르면, 후에 언급할 초량항(1530)이 저령도에 있는 것으로 나온다. 혼동된 위치를 정확히 파악하기가 힘들다.
174 아라이 하쿠세키新井白石의 자서전(녹스G.W. Knox, 『일본 연구의 궤적과 전망』, 제30권, 89쪽, 도쿄, 1902년)에는 1711년 조선 사절단이 상세하게 묘사되어 있다. 아라이는 사신을 영접하는 예식을 간략히 저술했는데, 1719년에는 예전 관례로 돌아갔다. 의식의 세목에 따르면 조선의 국왕은 적어도 쇼군과 동등하다고 여겨졌다. 『통문관지』 제6권을 참고할 것.

위해 가장 자주 일본 사절단을 파견한 곳은 오직 쓰시마뿐이었다. 그들 중에는 쟁점을 처리하거나 정치적인 목적으로 임명을 받은 사신도 있었다. 예를 들어 17세기에 일본은 배타적이며 반기독교적인 노선에 합류하고자 했고, 여러 차례에 걸쳐 중국의 내정 상황(명나라의 멸망, 오삼계吳三桂의 난)에 대해 정보를 얻고자 했다. 어떤 경우든지 일본에서 온 사신들은 쓰시마 도주가 파견한 것이었고 또한 도주나 막부의 이름으로 통신했다. 도주의 서신은 도주의 지위에 상응하는 직급으로 취급되는 예조판서나 예조참판 앞으로 보내졌다. 전쟁 이후부터 조선과 쇼군이나 다이묘의 직접적인 관계가 폐지된 것이다.

쓰시마의 사절단은 도주의 명의로 왔는지 아니면 쇼군의 말을 전달하려고 건너왔는지에 따라 두 개의 등급으로 나뉘었다. 전자는 대차왜라 하며 80명으로 구성되었고 조선 조정이 파견한 고위 관리가 접대했다. 후자는 차왜差倭라 하며 왕래 횟수가 적고 50여 명으로 구성되었는데, 때로는 그 수가 더 많았고 경상도 관찰사의 접대를 받았다. 대차왜든 차왜든 이들을 접대하는 관리를 돕고자 서울에서 통문관通文館 소속의 통역관이 파견되었다. 왜의 사신이 서울로 상경하는 것은 이제 허용되지 않았다. 이들 중 유일하게 예외로 간주된 일본인이 겐보玄昉라는 승려였다. 겐보는 만주족의 첫 번째 침략 이후 밀사로 파견되었다(1629). 1635년까지는 이 사절단의 비용을 국고에서 부담하지 않았고, 연례송사가 조선에 올 때 이외에는 일본의 통신을 불허(1609년 조약의 제4조)했다. 1635년에 왜의 사신인 야나가와 시게오키柳川調興와 승려 겐보가 조작한 국서 때문에 조사를 벌이는 동안 일본과 접촉이 빈번해졌다. 그 이후로 조선은 외교 사신들이 머무는 동안 식량과 숙박비를 다시 부담하였으나, 『통문관지』에 따르면 이것이 끝없는 지출로 이어졌다고 한다. 사신들의 체류 기간은 제한된 기한 없이 공역 활동을 수행하는 사절단 이외에는 55일로 제한했으며, 사신들은 왜관에 갇힌 상태로 체류했다. 거기에서 부산의 관리와 조선 조정의 대표들이 주최하는 연관례의 연향에 참석하였다. 그들은 특별히 마련된 객사 안에 세워 놓은 국왕의 위패 앞에 무릎을 꿇고 절하러 갈 때 외에는 왜관을 출입하지 않았던 것 같다. 1609년에 협상하러 왔던 왜의 사신 겐소와 야나가와 가게나오柳川景直는 이 의식이 적어도 폐지된 알현을 대신하는 것이라고 여겨 이를 요청한 바 있었다. 사신들은 객사의 앞뜰에만 들어갔고 객사 안에는 들어갈 수 없었다. 이들에 대한 배려로 경상도 관찰사가 뜰에 마루를 설치하는 것(1637년 이후)을 허용하게 되었다.

조선과 일본의 대표들은 늘 사물賜物을 바쳐야 했고 같은 가치의 회사回謝를 받았는데, 사물의 종류와 양이 관례에 따라 정해져 있었다. 해당 예물과 그의 종류와 수량 등을 기재한 목록인 별폭別幅(혹은 봉진(封進)에 사용된 용어는 공여국과 수여국 간의 동등함을 내포하고 있었다. 1632년 이전에 쓰시마 도주는 더 공손한 표현인 진상(進上)이나 진헌(進獻)이라는 용어를 사용했다. 요시나리(義成)(1657)와 요시토모(義倫)(1695) 도주가 국왕에게 바친 사물의 경우에 진상이란 용어를 유지했다. 일본에서는 조선 사물들을 쇼군, 후계자, 에도의 주요 관리, 쓰시마 도주와 그의 수호군에게 바쳤는데, 수여자의 신분에 따라 조선 국왕, 예조협판 혹은 예조참판의 명의로 바쳐졌다. 조선 회례사(回禮使)들도 개인 이름으로 위에 언급한 일본 수여자들이나 부산에서 도일(渡日)하는 중에 만난 일본 관리들에게 사물을 추가로 주었다. 조선 쪽에서는 쓰시마 도주가 조선 국왕에게 올리는 국서를 받을 수가 없었기 때문에, 왜는 예조판서나 협판 그리고 동래부나 부산 당국에 진상을 바쳤다. 조선 관리들은 왜의 사신과 연루된 다른 관리들과 함께 종류와 시기가 정해져 있는 회사예단(回賜禮單)을 바치는 것으로 보답했다. 조선 국왕이 진상의 보답으로 보낸 회사예단은 특별히 값진 것들이었다. 이러한 교류는 어떻게 보면 규정을 만들어 놓은 일종의 사여무역(賜與貿易)으로 여겨질 수도 있다. 필자는 필시 짐작하기 어렵다고 판단되는바, 이 사물들의 가치나 양국의 이득을 감정하지 않고 그저 가장 주요한 사물을 기재해 보겠다.

회사예단

호랑이와 표범 가죽虎豹皮

인삼 2~3근,[175] 때로는 50근까지

식품(호두胡桃, 황률黃栗, 백자柏子, 속이라고 부르는 지의류地衣類 식물, 각종
어류, 청주 등 ……)

화문석(무늬를 놓아 짠 돗자리, 3~4필이나 5필, 때로는 50필까지)

선자扇子

먹, 붓, 채화연갑彩畵硯匣

여러 종류의 종이 두루마리

기름종이油紙

흰 면포白綿布(20필, 경우에 따라 500필까지)

흑마포黑麻布(7필, 때로는 20필)

백저포白苧布(흰모시, 10필, 경우에 따라 100필)

백면주白綿紬(10필, 경우에 따라 100필)

이러한 회사물은 거의 배부분이 지금도 조선과 베이징에서 유명
한 품목이라는 것을 알 수 있다. 몇 년 전까지만 해도 청국 황제의

---

175 조선의 1근은 (현재) 608그램에 해당함.

어의御衣를 만드는 데는 오로지 조선산 직물만 사용했다고 한다.

별폭

성성피猩猩皮와 달호피獺犴皮

후추 200근

단목丹木 300근

침향沈香 3근

진사辰砂 5근

식품(청밀, 생선, 해삼)

은화 500개

촛대燭臺

찻잔, 병, 동철제화병銅鐵製花瓶

석제錫製 찻잔 등

적색, 황색, 흑색, 황금색, 무늬 있는 옻칠을 한 물건(병풍, 채화연갑, 다기, 옷걸이, 책장, 화병, 등燈)

바둑

화병華瓶

낱장 종이

채화彩畵

수정입서水晶笠緒

후추와 호망각노회好望角蘆薈 그리고 단목이라는 품목으로 미루어, 일본이 아마도 17세기부터 남아시아의 특산품을 수입했다는 것을 알 수 있다. 이 목록을 15세기에 바친 품목과 비교해 볼 때, 일본에는 새로운 산업이 발전했다는 점이 주목되는 반면에 한국에서 만든 제품은 다양하지 않다는 것을 알 수 있다. 물론 사물로 바쳐진 희귀하고 귀중한 예물만으로 양국의 생산품에 대해 제대로 파악할 수는 없을 것이다.

VI

외교 사절단이라고 할 수 있는 상기 사절단들이 한국과 일본 간의 유일한 교류였다고 할 수는 없다. 1609년 조약(제5조)에 따르면, 쓰시마 도주는 해마다 도서를 부여한 세견선 20 척과 함께 왜상倭商을 보내어 미두米豆 100석어치를 수출할 수 있었다. 이것은 분쟁 이전 상황보다 나을 게 없었다. 가장 먼저 도착한 세 척의 세견선(특송세견선特送歲遣船)에는 각각 특송사 한 명, 선주 두 명, 방물 관리인 한

명과 기타 장교가 타고 있었다. 뒤따라 온 세견선은 격왜格倭가 40명으로 그 수가 적었다. 그러나 첫번째로 도착한 세 척의 세견선(특송사선特送使船)과 또 한 명의 추가 특송사를 태운 한 척(아래에서 다시 언급함)은 각각 별선別船 한 척(격왜 30명)과 수목선水木船(격왜는 20명) 한 척씩을 거느렸다. 첫번째 세견선은 수목선(격왜 15명)을 거느렸다. 사신과 이들을 호위하는 장교 및 격왜들에게 식량을 지급해야 했던 조선 조정은 상당한 비용이 드는 이러한 규정 위반에 대해 불평했지만 소용이 없었다. 일본인들은 뜻을 굽히지 않았고 조선 조정은 결국 양보하기에 이르지만, 수목선 다섯 척은 결코 받아들이지 않았다. 교역단의 체류 기간은 도서를 가진 정식 특송사의 세견선과 추가 특사의 세견선이 110일이며, 다른 왜선들은 85일로 한정되어 있었다.[176] 연향과 기타 의식의 경우에는 특송사가 1급 외교 사신(대차왜)과 같은 수준의 접대를 받았다. 다른 상왜는 2등급 외교 사신(차왜)과 동격으로 접대했다. 공사물화公事物貨를 바치는 기회에 연향이 베풀어지면, 조선과 일본 당국이 왜관의 연향대청宴享大廳에 모였다. 관례에 따라 인사를 나눈 후에는 조선 관리(접왜출사관接倭出使官)가 공사물화를 검사하고 그것을 초량객사草梁客舍로 옮긴다. 그다음에 왜

---

176 1628년까지 일반 상왜의 체류 기간은 50일에 불과했다.

의 사신들이 그 객사 앞으로 가 국왕의 전비殿牌를 숙배했다.

조선 조정은 점차 세견선 이외에 쓰시마 도주가 실질적으로 소유하고 있거나 아니면 그의 명의로 되어 있는 11척의 왜선을 추가로 허용하게 되었다.

① 제1선船은 특송세견선이다. 1611년에 타이라노 야나가와 가게나오는 평화 회복에 이바지한 공훈을 인정받아 도서와 1년에 한 번씩 조선에 왜선을 파송할 수 있는 허가를 받았다. 조선 조정은 그가 파송한 사신들의 숙식을 부담했다. 자신의 아들인 쓰구오키가 앞에서 언급했던 사건으로 형벌을 받은 후, 도주인 요시나리는 이와 같은 사적인 성격을 띤 사절단을 대신하여 추가 특송사의 세견선(격왜 40명), 별선(격왜 30명), 수목선(격왜 20명) 각각 한 척씩을 보내는 것에 대해 승인을 받았다.

② 제2선은 반쇼인萬松院이 부여한 도서를 가진 반쇼인 송사선送使船이다. 이 사찰은 쓰시마에 있는데 1598~1609년 협상에서 적극적인 역할을 맡았던 소 요시토모의 위패에 바친 것이다. 조선 조정은 이 군자의 공로를 생각해 세견선 한 척을 파송(1622)하는 것을 허용했다. 조선 정부는 이 사신과 그의 일행인 격왜(40명)에게 숙식 편의를 제공했으며 수목선을 허용했고 본선의 격왜는 15명에 달했다.

③ 제3선은 류호인流芳院의 도서를 가진 류보인 송사선이다. 류보인은 야나가와 가게나오에게 바쳐진 사찰로서, 도서는 1622년에 하사되었다가 1636년에 야나가와 쓰구오키가 형벌을 받으면서 도주에게 돌려주었다. 결국 도서와 사신도 폐지되었다.

④ 제4선은 이테안以酊菴의 도서를 가진 이테안 송사선이다. 1609년의 협상자인 승려 겐소가 1611년에 이 거처를 건립했다. 겐소가 죽은 후에 해마다 한 번씩 오는 승려를 위해 사찰에 도서를 부여하였다가 1636년에 압수하였는데 도주의 요청으로 1638년에 다시 발급되었다. 인원수와 대우는 ②와 같이 이루어졌다. 수목선은 없었다.

⑤ 제5선은 타이라노 히코산平彦三의 도서를 가진 타이라노 히코산 송사선이다. 히코산은 쓰시마 도주인 요시나리의 평상시 이름이었다. 1611년에 그의 아버지인 요시토시義智[177]가 1년에 한 번 왕래할 수 있는 도서를 얻었다. 도서는 요시나리의 습직이 결정(1615)되고 난 후에도 쓰시마에 남아 있다가 그가 죽은 뒤(1657)에야 반환되었다. 그때까지 지속적으로 1년에 한 차례씩 조선을 왕래했다. 격왜의 수와 접대 조건은 ②와 같았다. 수목선은 허용되지 않았다.

⑥ 제6선은 타이라노 요시자네平義眞의 도서를 가진 타이라노 요시

---

177 앞서 언급된 소 요시토모와 같은 인물(옮긴이).

자네 송사선이다. 요시자네가 요시나리의 후계자로 지명되었을 때 도서를 받았다. 그의 사후(1702)에 본 도서는 조선에 돌려주었고 그 이후로 조선 조정이 내린 도서는 없다.

⑦ 제7선부터 제11선까지는, 1609년의 평화 회복에 이바지한 공로가 있다고 인정받은 쓰시마 사람 다섯 명이 관직을 받은 후에 조선 조정에 충성을 바치고자 1년에 한 차례씩 부산으로 이끌고 갔던 세견선이다. 문서에 나타나 있는 인물은 후지藤(이름의 일부인 듯함), 나가마사永正, 타이라노 도모요시平智義와 타이라노 노부토키平信時 중에서 세 명뿐이다. 이들이 죽자 쓰시마 도주는 이 다섯 척의 왜선을 특송선에 넣을 수 있도록 해 달라고 조선 조정에 요청하여 허락을 받았다. 그러나 왜선의 장교들에게 베푸는 연향과 회사예단은 폐지되었다.

이와 같이 쓰시마 도주들은 여러 수단을 이용해 최초의 조약에 허용되었던 왜선 수보다 훨씬 많은 배를 부산에 파송하는 데 성공했다. 마찬가지로 수입품이나 수출품의 양을 늘리는 방도도 모색했다. 왜선은 조선 조정 앞으로 보낸 선물(진상을 말함) 이외의 상품을 싣는, 이른바 이중으로 선하船荷를 싣는 방식을 취했다. 진상 별폭의 종류와 양에는 변함이 없었고, 조선 쪽에서도 회사예단이 정해져 있었다. 그러나 이것들이 모두 현물로만 전달된 것은 아니었던 것으로 보인다. 왜냐하면 『통문관지』는 각 왜선에 전달된 회사예단에 대해 조선식으로 계산한 가치를 표시하고 있기 때문이다. 이와같이 조선은 세견선에 면포 1,140통補[178]을 회사回賜했다고 한다. 규정된 품질의 면포는 조인照印이 찍혀 통용되었다.

송사送使, 시봉과 격왜 등이 가져온 선물들은 위에서 언급한 바와 같이 사역私易 대상이었다. 이는 18세기까지 이어졌는데 그 후에도 폐지된 것 같지는 않다. 다시 말하면 일본인들은 다른 종류의 사업 수단을 찾은 것이었다. 조선 상인들은 수가 적고 조심스러워서 수입한 상품의 일부가 남아 있었다. 그들의 반발과 만행이 반복되자 조선 조정이 이 상품들을 구매하고 나섰는데, 이를 공무公貿라 했다. 조선 관리와 일공日供들이 관내에서 화물의 검량과 검문을 담당하고 도장이 찍힌 면포로 공사물화의 값을 지불했다. 처음에는 수입품에 대한 한도가 정해져 있지 않았으나 상왜들이 가져오는 불화의 양이 해마다 크게 늘어났다. 이들이 위협까지 가하면서 다 받을 것을 강요하기에 이르자, 1613년 동래부사 이창정李昌庭은 사선使船[179]마다 무

---

178 1통은 50필에 해당하며, 1필은 폭이 7인치(7/10피트)에 길이가 35피트이다. 정부가 정한 직물에 대한 피트(자)는 포백척布帛尺이며 218밀리미터에 해당한다.
179 부산에서 교역 활동이 재개된 것은 1611년의 일이므로 공무는 전쟁 이전의 제도로 보인다. 동철 값은 1601년부터 정해졌으며, 이러한 문제가 기유조약 협상 초에 언급된 것으로 보아 정가가 사전에 존재했을 가능성이 있다.

역하는 수량의 최대치를 약정했다.

약정을 위반하는 일이 일어날 것이 뻔하므로 이를 방지하고자 조선 정부는 사선을 두 차례로 나누어 파송하고 매물을 총계하도록 지시했다(1635).

공사화물의 절가折價는 1601년에 정해졌는데, 얼마 안 있어 25퍼센트 증가했으며 1609년[180]에 다시 한 번 20퍼센트나 올랐다. 면포로 지불받은 쓰시마 사람들은 나중에 미두로 지급해 달라는 요청을 했고, 거래량의 일부를 허용했다(1635). 그 후(1660, 1680) 이들은 더 많은 양을 요구했다. 사신들은 "쓰시마는 조선의 미두에 의존한다"고 했다. 미두로 바꾸는 공목公木의 교환율도 논쟁의 대상이 되었다. 40척에 8승[181]이었던 교환율이 35척에 5승으로 30퍼센트나 대폭 내리고 일본인들의 반발이 심화된 결과 면포의 길이와 품질에 따라 배상이 허용되었다. 조선 당국은 정가 문제를 전혀 이해하지 못해서 늘 그랬듯이 반발로 시작해 양보로 끝냈고, 일시적으로 한 양보는 늘 그대로 확정되었다. 조선이 국가의 기조로 삼은 고립에 대해 일본인들은 아무런 조치를 취하지 않아도 끈기를 가지고 조선을 위협했다. 그들은 기유조약己酉條約(1609)의 조항을 회피하는 방법을 알고

---

180 동철 100근은 순차적으로 공목公木 40, 50, 60필疋로 정해졌다.
181 1승=1/10석.

있었기 때문에 한반도에 엄청난 양의 물품을 들여왔으며, 범람한 공사화물에 대해 『통문관지』는 "조정은 쓸모없는 화물을, 그것도 제값보다 10배가 넘는 가격을 지불하고 들여왔다"라고 전하고 있다.

『통문관지』에 18세기 초의 별폭(예단식)이나 공무로 수출입한 품목 표가 실려 있어 여기에 옮긴다.

총 수입품의 품목

동철銅鐵	2만 9,373근
납철鑞鐵	1만 6,013근
소목蘇木	6,335근
흑각黑角	400통
후추胡椒	4,400근
명반明礬	1,400근
진사辰砂	8근
채화서가彩畵書架	2각脚
후백지厚白紙	3속
금병풍金屏風	1쌍雙
동철제화위銅鐵製火爐	1개箇

흑칠화전갑黑漆華箋匣	1좌坐
수정입서水晶笠緒	1결結
채화彩畵	7권
채화칠촌경彩畵七寸鏡	2면面
백동연죽白銅煙竹	10자루

공무로 수출된 공사화물의 품목

도장이 찍힌 면포는 1148통 5필 20척 5/10 척[182]

해 조회례별폭(발췌)

매鷹	58연連[183]
인삼	32근
호피虎皮	13장張
표피豹皮	17장
백저포白苧布(흰모시)	40필
백명주白明紬(흰 명주)	32필

---

182 17세기 중반부터 300통을 쌀로 바꾸었는데, 1통을 쌀 12석에 해당하는 것으로 정했다. 1660년에 400통을 1만 6,000섬으로 바꾸기로 했다.

183 매 1연連의 절반 가치는 17통과 옷감 20필에 해당하고 나머지는 쌀 435석으로 교환했다.

흑마포黑麻布	32필
백면포白綿布(흰 면포)	65필
황필黃筆	475개
진묵眞墨	475개
화문석	110장
백면지白綿紙	77속
우산지雨傘紙	29권卷과 10장張
개犬	5구口
선자扇子	80병柄
청밀淸蜜(벌꿀)	22근
백자柏子	67두斗
호두胡桃	67두
대추	67두
황률黃栗	67두
진자榛子	31두
쌀	50석
소두	50석

접왜식예개리정등록接倭式例改釐正謄錄 **발췌**

쌀	2,041석 14두
소두	637석 1두
법유法油	16석 1승
청밀	4석 6승
생선	16,487미尾
건어乾魚	2,273속束
해삼	31석 4두斗
건치乾雉	171수首
활계活鷄	1,655수
생저生猪	73구口
계란	7,440개箇
생리生梨	1,911개
홍시	6,162개
건시	613첩貼
겨자씨	30근
생강	1두
청장淸醬(쇼유)	1석
소스(다른 종류)	32두

소금   10석 6두

기록된 화물의 연구는 조선에서만 가능할 것이다.

1609년의 가격으로 보이는 다음의 물가를 주목할 만하다.

"동철은 100근마다 대가로 공목 40~60필을, 납철은 100근마다 대가로 공목 200필을, 후추는 100근마다 대가로 공목 100필을, 소목은 100근마다 대가로 공목 33필을, 흑각은 10통마다 공목 3필을 주었다."

1698년과 1711년에 쓰시마는 공사화물의 일부를 은화銀貨로 공역하자는 제안을 했으나 조선은 이를 거절했다. 그 이후의 문서를 보면, 공사화물의 질과 양에 대해서는 언급하고 있으나 1876년까지 공무에 대해서는 아무런 변화도 기록되어 있지 않다. 「코리아 리뷰 Korea Review」에 익명으로 게재된 기사('Korean relations with Japan', 1903)는 그 후의 일들에 대해 몇 가지 자세한 사항을 언급하고 있지만, 인용된 조선 수기 문서에 대해 어떠한 정보도 제공하지 않고 있는 데다가 『통문관지』를 인용하는 부분에서는 번역이 심각한 오역투성이다. 따라서 필자는 이 작업을 토대로 연구할 수 없으며, 조선 문서가 부정확하게 요약되어 있는 듯한 『통문관지』의 내용을 따르겠다.

전쟁 후 쓰시마와 교류가 다시 시작되었다(1609). 일본인들은 자신들의 옛터에 왜관을 재건하는 일에 착수했으며 공사는 1618년이 되어서야 끝났다. 일본인들은 이 왜관이 너무 좁다고 생각해 이전해 줄 것을 요청하였으나(1672), 그것을 허락하지 않았다. 그러자 왜인 대표들이 동래부를 찾아가 왜관으로 돌아가는 것을 거부하고 다른 구역으로 침입해 들어갔다. 쓰시마 도주가 나선 이후에야 변을 일으킨 주모자들을 처벌할 수 있었다. 1678년에 조선 조정이 옛 왜관보다 조선 민호民戶에서 더 멀리 떨어진 절영도絕影島 맞은편 해안의 초량항으로 관우館宇, 즉 객사를 옮기도록 허락하자, 일본인들은 그곳에 아예 상주하게 되었다.

이 부지는 양쪽이 만灣으로 되어 있고 동서로 372보步와 4척이며 남북이 256보였다.[184] 서쪽에는 일본에서 온 사절의 숙사로 쓰이는 동관東館, 중관中館, 서관西館의 3관이 있었고, 여러 객실을 칸間[185]으로 환산하면 112칸이었다. 약간 더 동쪽에는 이곳에 상주하는 일본 무

---

184 한국의 1보步는 6피트(1피트는 20센티미터) 혹은 1.20미터이다. 따라서 왜관의 총면적은 447.2미터×307.2미터 혹은 13헥타르이며, 모양은 정확히 장방형은 아니었다.
185 1칸은 일반적으로 각 면이 8피트인 네모이며, 이 경우에는 296밀리미터인 영조척이다. 1칸 = 5제곱미터.

관의 숙사(각각 48칸과 32칸), 개시대청開市大廳(40칸), 연대청宴大廳(32칸), 협상실(25칸)이 있었다. 문, 수비영, 가옥 그리고 다른 긴물들의 총 면적은 830칸에 달했다. 왜관을 둘러싼 담장은 높이가 6척이었으며 길이는 1,273보였다. 이 모든 건물들은 일본인이 세웠다.[186] 일본 송사들이 조선 국왕의 전패殿牌에 순향숙배巡香肅拜해야 했던 초량객사草梁客舍는 왜관 밖 동쪽으로 5리 떨어진 곳에 있었다.

쓰시마 도주는 장교 몇 명을 부산 왜관에 배치했다. 왜관의 지휘관인 관수왜館守倭(일어로는 간주kanju라고 불렸다)는 요시나리 도주와 야나가와 쓰구오키 사이에 생긴 어려움으로 인해 소요가 발생할까 염려되어 1639년에 생긴 관직이다. 관수왜의 임무는 조선과 일본의 규정을 지키는 데 있었고, 이 임무를 다하기 위해 부관 3명과 22명에 달하는 금도왜禁徒倭(일어로 킨토라 한다)를 두고 지휘했다. 후자는 해마다 바뀌었으나 관수왜는 2년 동안 임무를 맡았으며, 교대를 하게 될 때는 선물을 주고받았다. 관리인인 대관왜代館倭(일어로 다이칸이라 한다) 24명이 1635년부터 공역 사무를 관장하여, 면포와 쌀을 인수하고 두 나라 사이에 왕래하는 서신을 담당했다. 1684년에는 그

---

186 1877년 1월 30일 자에 조인된 조일조약의 부록 지도에는 왜관이 거의 장방형으로 그려져 있다. 동서(동북동-서남서)쪽의 양 옆면은 약간 더 짧게 나타난다. 왜관 한가운데에 언덕이 보이며 또 다른 언덕 하나는 반도 모양으로 동남부로 이어져 있고, 객사들은 첫번째 언덕의 서쪽과 동쪽에 있다. 다른 옆면에 언급된 면적은 직사각형에서 약간 벗어나는 것을 보여주므로 왜관의 실제 전체 면적은 한국 자료보다 넓은 듯하다.

수가 10명으로 감소했으며 근무 기간은 3년이었다. 외교 문서를 작성하는 왜승(倭僧)인 서승왜(書僧倭)는 소규모 사찰인 동향사東向寺(일어로 이곳을 도호지라 한다)를 담당했으며, 3년에 한 번씩 교대했다. 1693년에는 통역사인 통사왜通事倭(일어로 쓰지라 한다) 2명이 추가로 발령되었는데, 이들은 3년 동안 머물렀다. 지휘관만이 공식적인 상사賞賜를 수령했으므로 다른 장수들은 개인용 도해료渡海料밖에는 수령할 수 있는 것이 없었다. 획어세 등 각종의 세금은 조선 정부에 납부된 것 같다.

앞에서 언급한 1672년의 소요 때처럼 때로 일본 장수들이 동포들을 선동하여 조선 당국을 위협하기도 했다. 1652년에 개시대청 이외의 장소에서 물자를 교류하는 것을 금지한 규정에 대해 대관왜 중 한 명이 항거왜인 90명을 거느리고 동래부를 찾아갔다. 대관왜는 체포되고 조선 조정은 쓰시마 도주에게 항의했다. 이 경우, 앞에서 언급한 것과 마찬가지로 도주가 조선의 반발을 무마시킨 듯하다. 한편 도주는 조선과의 잠상潛商을 중벌로 다스리겠다며 금지했다(1725).

1639년 왜인 지휘관이 처음으로 정착했을 때 왜관의 출입문인 설문設門 앞에 규정을 적어 넣은 표지를 세웠다. 1653년 쓰시마와 조선은 동시에 새 규정을 공포했다.

지정된 관아가 아닌 곳에서 이루어지는 모든 교역은 잠상으로 여겨 금지한다.

왜인에게 대출을 받는 것을 금지하며, 교역은 물물교환에 한정된다.

모든 사적 교류는 물론이고 교역과 관계가 없는 모든 면담은 국가 기밀 누설로 간주되어 금지되며, 이를 어길 때는 처벌을 받는다.

왜관의 수문守門은 조선 병사가 담당하며 첩문帖文(통행증)을 가진 자만이 왜관에 들어갈 수 있다.

항거왜인들은 왜관 앞을 흐르고 있는 개울을 건널 수 없다. 그들이 일상 식량을 구하는 것 이외의 목적으로 조선인을 만났을 경우 (조선 법에 따라) 태형笞刑에 처한다.

그 외에 조선인을 상대로 한 대출 금지, 부정확한 저울 사용 금지, 화폐 위조 금지, 첩문 없는 왜인의 왕래 금지, 무기나 금물 매매 금지 등의 내용이 있으며, 조선인과의 분쟁에 대한 사항, 왜인은 예의를 갖추어서 조선인을 대해야 하며 지휘관의 허가 없이 왜관 출입을 금한다(일본법)는 내용 등도 들어 있다.

1683년의 규정에 따라 왜관이 설 자리에는 표지가 세워졌다. 필자는 이 표지문과 유사한 두 개의 문서를 찾았다. 하나는『통문관지』

에서 언급한 바 있으며 또 하나는 오늘날의 부산 주재 일본 영사관에 보관된 이 표지의 표면 압인押印[187]이다. 이 규정은 불법적인 상행위 금지, 왜관 외출 금지 등에 대한 것으로, 조선인이나 왜인의 처벌은 왜관 출입문 앞에서 시행된다고 언급하고 있다. 이 문서는 다섯 명의 왜인무관 조인하였다. 1707년 사건에 대해 1711년에 내려온 부속 규정에 따르면, 왜인이 조선 여인을 강간하거나 농락할 경우 사형이나 추방형에 처해지며 조선 여인은 이보다 한 단계 아래의 형벌을 받는다고 되어 있다.

VIII

이러한 상황은 1876년까지 이어졌다. 1868년부터 일본 제국은 조선에 접촉을 시도했으나 조선 조정은 칙유勅諭와 칙령勅令이라는 제목으로 작성된 국서國書를 받지 않았다. 일본이 서양 오랑캐와 교류를 하고 있었으므로 일본에 대한 원래의 불신감이 배로 늘었다. 그러나 상륙 군단을 거느리고 온 두 명의 일본 사신, 즉 구로다 기요타

---

187 콜랭 드 플랑시 대한제국 주재 프랑스 전임 공사 덕분에 이 낙인을 입수할 수 있었다.

카와 이노우에 가오루는 강화조약을 맺는 데 성공했다(1876년 2월 26일). 이 조약을 보면, 조선은 자주국으로 일본과 동등한 권리를 가진다는(제1조) 언급이 있어 외교적인 성과를 거두었다고 해석할 수 있는데, 무엇보다도 쇄국을 끝내고 일본에 문호를 개방한 것으로 보인다. 일본 정부는 사신을 조선 경성에 파견할 수 있게 되었으며 (제2조), 항거왜인에 대한 영사재판권을 인정받아(제9조와 제10조) 공관을 설치(제8조)할 수 있게 되었다. 양국의 백성들은 각각 마음대로 무역을 할 수 있고 양국 관리들은 조금도 제한할 수 없게 되었으며 (제9조), 통상 규정은 양국이 토의해서 결정하고 이에 따라 무역 활동을 개방하게 되었다(제11조).[188]

응당 종전의 규례들은 일체 폐지되었고(제1조), 특히 부산 왜관과 교역에 관한 모든 관례(제4조)가 사라져 버렸다.

부산항과 차후에 지정할 두 곳의 항구를 개항하고 일본 신민들은 땅을 임차하여 집을 짓거나 혹은 임시로 조선 사람들의 집을 임차할 수 있는 권리(제4조)를 얻었다. 1877년 1월 30일 자의 협정[189]에 따라 부산항의 조계와 왜관 건물의 대부분을 일본에 맡기는 대신 일본

---

188 이중으로 보낸 1876년 10월 14일자 통보서에 따라 모든 일본 상인들이 부산에 가서 교역할 수 있으며 쓰시마의 독점이 폐지됐다는 사실이 선포되었다.
189 부산항조계조약釜山港租界條約을 말한다.

정부가 50엔円의 연세年歲를 지불하기로 약속하면서, 일본인들이 양도된 조계의 관리 업무를 맡게 된 것이다. 왜관의 출입문과 담장이 허물어졌고, 일본인은 개항장에서 조선 10리(4킬로미터) 안에서는 여권 없이 오갈 수 있게 되었으며, 이로써 동래까지도 갈 수 있게 되었고 마음대로 조선인의 힘을 빌려 쓸 수 있게 되었다(1876년 8월 24일 부록 참조). 그 이후, 일본인들이 자유롭게 통행할 수 있는 제한 거리는 조선 100리로 확장되었으며, 그들에게 내지 여행 허가증도 발급했다(1882, 1883).

둑을 쌓는 공사로 확장한 왜관은 영사가 담당하는 시의회가 관리했으며, 영사는 시 행정 경찰을 거느리게 되었다. 1883년부터 부산항의 해관 사무를 관장하는 관리가 임명되었으며, 조선은 여러 나라와 수호조약을 맺으면서 열강 대국에 부산항의 문호를 점차 개방했다. 그중에는 일본 상인들이 가장 많아 거의 모든 상업 업무가 그들의 손아귀에 들어갔다. 1883년부터 부산과 나가사키 사이에 해저 전선[190]이 설치되었고 부산과 서울 간의 전선[191]이 1888년 7월 9일에 개통되었다. 1901년 8월 20일에 마침내 일본 회사가 서울을 연결하는 철도 공사를 시작하는 기공식[192]이 있었으며, 철도는 1905년에

---

190 朝日海底電線敷設條約.
191 京釜電線.

완공되었다. 유센 가이샤郵船會社, 오사카 쇼센 가이샤大阪商船會社, 동청철
도東淸鐵道 등 여러 운송회사가 이 항구와 나가사키, 원산, 블라디보스
토크, 상하이, 제물포, 치후(오늘날의 옌타이煙臺), 톈진, 달니大連 Dalny,
뉴좡(오늘날의 잉커우營口)을 연결했다.

마산포(294쪽 각주 참고)는 1899년 5월 1일에 개항되었다. 낙동강
하구에서 좀 더 멀리 떨어져 있으나 섬들이 방패 역할을 하고 있어,
강을 따라 내려오는 배들로서는 오히려 접근하기 쉬운 항구이다.
정박지가 훌륭해서 풍랑에도 배를 잘 보호할 수 있다. 따라서 마산
포는 부산의 미래를 위협하는 항구이긴 하지만 드나드는 배들의 일
정, 지금까지 해 낸 공사 그리고 특히 앞으로 개통될 경부선의 출발
점으로서 지속적인 번영을 약속하고 있는 셈이다.

---

192 永登浦.

연도별 상황	1885년	1893년	1900년	1901년	1902년
부산, 대외 무역(수입)	335,789	855,171	2,216,023	2,718,226	2,711,204
부산, 대외 무역(수출)	184,474	854,438	3,326,936	3,105,903	2,607,876
부산, 거주 외국인(일본인) 인구(총수)		1883년	1900년	1901년	
		1,500	6,005	7,048	
		1,500	5,903	6,916	
마산포, 대외 무역(수입) 마산포, 대외 무역(수출)	1899년 5월 1일 개항	1900년	1901년	1902년	
		16,687	45,615	32,979	
		6,204	19,731	71,895	

조선 전역으로 수출된 주요 물품(가치)

	1885년 달러	1893년 달러	1900년 엔	1901년 엔	1902 엔
쌀	15,691	367,165	3,625,629	4,187,353	3,524,619
콩	28,884	628,324	2,368,545	1,890,674	1,818,081
밀	—	1,634	109,978	36,070	176,561
가축	—	9,791	150,701	169,349	189,868
소가죽	282,357	274,682	624,129	650,415	693,715
홍삼(1886)	5,325	—	1,547,400	515,955	1,198,093
건어물	1,025	151,801	177,708	145,114	82,458
고래고기와 지방	—	134	189,383	223,911	46,416
제련 구리	—	—	104,162	9,509	1,154
금(1886)	1,130,488	918,659	3,633,050	4,993,351	5,064,106 [193]

193 『기드마드롤Guides Madrolle』의 「북중국」(글과 지도)에는 필자가 쓴 '한국' 기사가 나온다. 그런데 필자와의 논의 없이 출판이 되면서 잘못된 연도와 이름이 들어가 있다. 본 논문을 통해 그 일부를 정정하였다.

찾아보기

(ㄱ)

(ㄴ)

(ㄷ)

(ㄹ)

(ㅁ)

프랑스 문헌학자 모리스 쿠랑이 본 한국의 역사와 문화

펴낸날	초판 1쇄 2009년 9월 7일
	초판 2쇄 2021년 12월 31일

지은이	모리스 쿠랑
옮긴이	파스칼 그러트 · 조은미
펴낸이	심만수
펴낸곳	(주)살림출판사
출판등록	1989년 11월 1일 제9-210호

주소	경기도 파주시 광인사길 30
전화	031-955-1350 팩스 031-624-1356
홈페이지	http://www.sallimbooks.com
이메일	book@sallimbooks.com

ISBN	978-89-522-1245-0 03910
	978-89-522-0855-2 03910(세트)